本书由现代服务业河南省协同创新中心
与河南财经政法大学政府经济发展
与社会管理创新研究中心共同资助出版

河南省
知识产权服务业
发展研究

赵传海　方润生　等◎著

HENANSHENG
ZHISHI CHANQUAN FUWUYE
FAZHAN YANJIU

北京

图书在版编目（CIP）数据

河南省知识产权服务业发展研究／赵传海等著.
—北京：中国经济出版社，2017.11
ISBN 978-7-5136-5278-0
Ⅰ.①河… Ⅱ.①赵… Ⅲ.①知识产权—服务业—研究—河南 Ⅳ.①D923.44 ②F719.9
中国版本图书馆 CIP 数据核字（2018）第 150487 号

责任编辑　杨　莹
文字编辑　郑潇伟
责任印制　巢新强
封面设计　久品轩

出版发行　中国经济出版社
印 刷 者　北京建宏印刷有限公司
经 销 者　各地新华书店
开　　本　710mm×1000mm　1/16
印　　张　15.25
字　　数　226 千字
版　　次　2017 年 11 月第 1 版
印　　次　2017 年 11 月第 1 次
定　　价　58.00 元
广告经营许可证　京西工商广字第 8179 号

中国经济出版社 **网址** www.economyph.com **社址** 北京市西城区百万庄北街 3 号 **邮编** 100037

内容提要

在全面阐述国内外知识产权服务研究和知识产权服务业发展特征的基础上，全书梳理和分析河南省知识产权服务业的发展现状，按照河南知识产权强省试点省建设的实施方案，围绕实施方案确定的 2020 年河南省专利、商标、版权等主要知识产权发展目标，阐述和分析河南省需要培育和发展的相关知识产权服务业，并根据这些产业目前的发展现状，分析和阐述了河南省知识产权服务业的特征、存在的问题及其发展趋势，提出适应河南省知识产权服务业健康发展的路径选择，以及保障河南省知识产权服务业有效实现知识产权强省战略目标的主要运行模式。按照河南省知识产权强省建设第二阶段的发展目标——到 2020 年，河南省知识产权服务业在由支撑型强省转变为引领型知识产权强省，提出构建河南省知识产权服务业产业升级所需的市场条件和政策环境等相关政策建议。

目 录

第一章　绪论

当今时代，科学技术进步日新月异，国家和地区的知识产权竞争日趋激烈，国家、地区和企业的发展，越来越离不开知识产权。知识产权已经成为企业核心竞争力、国与国之间竞争的重要战略性资源。2014 年 11 月 5 日，国务院总理李克强主持召开国务院常务会议时强调，知识产权是发展的重要资源和竞争力的核心要素。习近平总书记在党的十九大报告中明确指出，要“强化知识产权创造、保护、运用”，这些都清楚地显示了中央决策层对知识产权服务业发展的更高要求和更大的希望。

第一节　河南省知识产权业发展的新态势

2015 年 12 月，国务院发布的《关于新形势下加快知识产权强国建设的若干意见》（国发〔2015〕71 号）指出，全球新一轮科技革命和产业变革蓄势待发，我国经济发展方式加快转变，创新引领发展的趋势更加明显，知识产权制度激励创新的基本保障作用更加突出。为了深入实施国家知识产权战略，深化知识产权重点领域改革，有效促进知识产权创造运用，要“实行更加严格的知识产权保护，优化知识产权公共服务，促进新技术、新产业、新业态蓬勃发展，提升产业国际化发展水平，保障和激励大众创业、万众创新，为实施创新驱动发展战略提供有力支撑，为推动经济保持中高速增长、迈向中高端水平，实现‘两个一百年’奋斗目标和中华民族伟大复兴的中国梦奠定更加坚实的基础”。《关于新形势下加快知识产权强国建设的若干意见》提出了到 2020 年的奋斗目标——在知识产权重要领域和关键环节改革上取得决定性成果，知识产权授权确权和执法保护体系进一步完善，基本形成权界清晰、分工合理、责权一致、运转高效、法治保障的知识产权体制机制，知识产权创造、运用、保护、管理和服务能力大幅提升，创新创业环境进一步优化，逐步形成产业参与国际竞争的知识产权新优势，基本实现知识产权治理体系和治理能力现代化，建成一批知识产权强省、强市，知识产权大国地位得到全方位巩固，为建成中国特色、世界水平的知识产权强国奠定坚实基础。这个目标将成为当前和今后一段时间河南省知识产权服务业发展的强大动力和努力方向。

2015 年年底，国家知识产权局为加快实现知识产权强国建设目标，明确以开展知识产权强省建设为抓手，以加强知识产权运用和保护为主线，以深化知识产权领域改革为重点，以提升区域创新驱动发展能力及知识产权对经济社会发展的贡献度为目标，以推动形成与国家重大区域发展战略相匹配、与地方发展实际相适应的知识产权强省建设战略格局，探索具有区域特色、符合时代要求的知识产权强省建设的路径，启动了知识产权强省建设工程。国家知识产权局按照“试点探索、分类推进、分步实施、动态调整、整体升级”的工作方针，科学规划了知识产权强省建设的总体布局。其中，主要分为三个层次：到 2030 年，全国要建成 3~4 个引领型知识产权强省，以运用知识产权提升区域经济发展国际竞争力为重点，对标西方主要国家知识产权发达区域，大幅提升知识产权对经济社会发展的贡献度，推动知识产权创造、运用、保护、管理和服务能力全面提升；到 2030 年，全国还要建成 5~6 个支撑型知识产权强省，以增强知识产权支撑创新驱动发展能力为重点，推动知识产权创造、运用、保护、管理或服务等某几个重点环节突破发展，引领带动其他环节加速发展，实现知识产权与区域经济、科技有效融合；到 2030 年，全国同时还要建成 4~5 个特色型知识产权强省，以夯实知识产权基础、优化知识产权环境为重点，聚焦区位优势和特色产业，统筹知识产权资源布局，在知识产权支撑特色产业升级发展、加强与周边国家知识产权合作交流等方面培育形成特色优势。为了加速推进知识产权服务业的发展，国家知识产权局明确提出，要出台培育发展知识产权密集型产业的政策，引导财政、税收等政策向知识产权密集型产业倾斜；建立专利导航产业创新发展机制，创新知识产权服务模式和服务业态，促进知识产权服务与产业融合发展。毫无疑问，这些措施的推进实施以及目标实现，必将极大地促进我国知识产权创造、保护和运用能力和地位在国际上快速提升。

在国家加强知识产权服务业建设的背景下，河南省知识产权服务业建设也得到了较快发展。2016 年，为了充分发挥知识产权在河南省经济和社会发展中的支撑和引领作用，河南省申请知识产权强省计划并顺利获得国家知识产权局批准，立项开展知识产权支撑型强省试点省建设。2016 年 10 月，河南省人民政府发布《河南省建设支撑型知识产权强省试点省实施方案》（以下简称《方案》）。《方案》明确指出，要“通过加大知识产权服务园区建设，发展知识产权虚拟市场，培育知识产权品牌服务机构，带动知识产权服务业快速发展”。《方案》明确提出，到 2020 年，要显著提升知识产权对全省经济和社会发展的贡献度，力争建成支撑和引领优势明显的知识产权强省。

河南省建设知识产权强省的一个重要的建设任务，就是“通过加大知识产权服务园区建设，发展知识产权虚拟市场，培育知识产权品牌服务机构，带动知识产权服务业快速发展”。2017 年，河南省政府明确表示，将支持国家级、省级高新区和经济技术开发区、省级产业集聚区和“两区”建设产学研合作的省级知识产权导航公共服务平台；面向优势行业构建行业知识产权资源及基础数据库；支持产学研合作建设知识产权产业化和商业化应用的“双创”示范基地；支持企业和知识产权服务机构与高校、科研院所、行业协会组建省级产业知识产权创新战略联盟；推进以专利、版权和商标转化运用和商业化为核心的知识产权创造和运营体系建设；认定省级知识产权政策及产业发展智库；进一步建设省级专利导航试验区；支持国家专利局审核并协助河南中心与龙子湖环湖高校开展专利导航协同创新；支持国有基金引导社会资本设立知识产权运营基金；在郑洛新等知识产权示范城市，设立知识产权创造和运营专项资金，推动知识产权质押和知识产权证券化；推进郑洛新等市面向行业完善重大经济、科技活动知识产权评议制度和科技计划项目完成后的知识产权目标评估制度，遴选知识产权分析评议示范机构；制定河南省高校、科研院所研究成果和知识产权处置、使用、收益改革若干意见，并认定一批高校和科研院所进行试点；面向产业集聚区和“双区”，编制河南省知识产权密集型产业认定标准，研究制订产业目录和发展规划，落实知识产权密集型产业的支持政策；在省内高校建立知识产权学院，将完善人才培养体系等具体任务列入其年度工作推进计划中，显示出知识产权服务业在河南省级政府工作层面中的地位和作用越来越重要。

当前，加快经济发展方式转变，实现经济转型，建设“四区一群”，是河南省经济社会发展的重大战略。根据河南省委和省政府的有关精神，河南全省加快实现创新驱动发展，实现弯道超车，就需要知识产权先行。因此，不断优化产业结构，进一步消除资源和环境等因素的制约，就要通过完善的知识产权制度为自主创新和可持续发展提供动力机制和环境支撑，全面提高政府和市场经济主体运用知识产权制度的能力，把实施知识产权战略作为促进经济转型、经济发展方式转变的重要路径，将河南省的人力资源优势和创新优势转化为知识产权资源优势，实现由依靠增加物质资源消耗向主要依靠科技进步、劳动者素质提高、管理创新转变，实现“知”与“资”的互换，使知识产权资源优势真正成为河南省经济社会发展的后发优势，努力探索出一条加快经济发展方式转变、实现河南崛起的“制胜之路”。

近年来，河南省知识产权服务业在政策和市场需求的驱动下，实现了快速发展，服务体系不断完善，机构规模不断扩大，知识产权服务业新业态不断涌现。

一是政府主导的公益类知识产权服务体系不断完善。各地陆续建成多种形式的知识产权公共服务平台，包括知识产权信息服务公共平台、知识产权数据检索与服务系统、维权援助服务公共平台、知识产权交易转化公共平台以及各种综合性服务平台等形成了公益性服务网络。全省已建设了16家知识产权维权援助中心，各级专利信息公共服务机构达到20家，专利信息数据库平台达到39个，并开通了“12330”知识产权维权援助服务热线。

二是市场主导的传统知识产权服务机构规模扩大。河南省知识产权代理机构在“十二五”期间有了较大发展，已成为河南省目前知识产权服务业发展的基本力量。截至2016年年底，全省共有专利代理机构40家，执业专利代理人300余人，拥有专利代理人资格的达600余人，从业人员达1000余人。

三是新兴知识产权服务业态不断涌现。知识产权数据加工、软件开发、评估、交易、咨询、托管、投融资司法鉴定等其他各类服务处于起步成长阶段。在市场的需求下，专利运营、风险预警、战略制定等新兴高端服务形态不断涌现。

四是知识产权公共服务载体建设成效显著。拥有专利审查协作河南中心、郑州国家知识产权服务业集聚发展试验区、国家知识产权创意产业园、国家专利导航产业发展试点园、中国河南专利孵化转移中心、国家知识产权局专利信息传播利用基地等一批国家级知识产权服务产业园区。

五是知识产权服务能力进一步提高。涌现一批知识产权高端服务人才，目前，全省拥有5名国家级知识产权服务领军人才，30余名国家级知识产权高层次人才，70余名省级知识产权高层次人才。拥有5家国家级知识产权服务品牌机构。领域不断拓展，提供专利预警、分析、运营和专利诉讼等服务的机构数量不断增加。国际化服务能力逐步增强，一部分专利代理机构已经开展了PCT专利申请业务，一部分知识产权服务机构已经有海外维权的能力，将知识产权维权业务拓展到了海外。

尽管河南省知识产权服务业取得了不错的成绩，但是我们也应该清楚地看到，河南省知识产权服务业的发展与知识产权强省建设的目标和创新主体越来越高的服务需求还存在很大差距，主要表现为：人才队伍和机构整体规模仍显不足，行业资源过于集中在郑州市，发展很不平衡；服务质量尤其是知识产权代理等核心业务的服务质量还需进一步提高，服务领域亟待大力拓展；人才结构不够合理，国际型和复合型高端人才仍然缺乏，培训体系有待健全；行业管理体制机制仍需完善，行业自律亟待加强，违法违规经营现象仍然存在。

在河南省包括知识产权服务业在内的生产性服务业整体发展滞后于制造业的背景下，不论是郑州市和洛阳市相对先进的知识产权服务市场，还是处于起步阶段的其他省辖市知识产权服务市场，都需要紧密结合地区制造业发展的需求，创新模式促进知识产权服务业与制造业的融合发展。河南省知识产权服务市场尚不发达，市场主体相对弱小，市场配置知识产权资源的决定性作用尚需引导和培育，还需要学术界践行中央提出的“五大”发展理念，通过学术研究成果的提出和运用，积极推动政府部门发挥其“看得见的手”的引领作用，制定更具针对性的产业政策、构建更加有效的工作推进机制，不断强化知识产权创造、保护和运用，为河南省在“十三五”末全面建成小康社会做出更大的贡献。

第二节　探索河南省知识产权政策创新的新模式

习近平主席在2016年5月召开的全国“科技三会”上指出，在科技创新上要有“新理念、新设计、新战略”。大力发展河南省知识产权服务业，也要有新理念、新设计、新战略，应该借助互联网和信息服务平台，以及“众创、众扶、众包”机制，以促进知识产权优质服务要素的快速汇聚和低成本、高效率配置为目标，构建符合河南省产业特点的知识产权服务业发展的政策模式。

1. 支持知识产权服务业发展要有新理念

大量的理论研究和创新实践显示，许多有价值的创新成果，最初并不知道会是由谁来创新的、最终是为谁而创新的。也就是说，从创新的供给侧到需求侧存在很多的变化和不确定性，需要从不同的领域、不同的层面和不同的环节以及不同的视角来进行多维度的探索。“大众创业，万众创新”正是充分体现这一创新规律的有效实现形式。以“大众创业，万众创新”为政策模式创新的载体，遵循“存量带动增量”的新理念来构建知识产权服务业发展的政策模式，能够让广大创新者充分利用现有技术资源、尤其是存量的专利技术资源来开展创新创业，是最大限度地减少创新创业过程中存在的诸多不确定性，提高创新创业绩效的一个有效途径。

挖掘存量的专利资源进行创新创业，就是对以往主要重视“增量型”研发投入模式的一种革新。由于创新者可能遇到许多不确定的过程和环节，采取“增量型”模式进行创新创业，不仅需要花费较长的研发时间，而且，还会涉及很多创新者不熟悉的知识领域和方法，影响其研发成果的质量和后续的实施绩效。而聚焦已有研发成果的“存量型”模式，能够使创新者站在前人研发成果的基础上进行再创新，不仅会大大缩短研发的时间，而且，后来的创新者还会基于自己独特的研究视角，优化原有专利技术的价值实现方式和再创新的研发路径，使创新产出更加完善、更具市场价值。

通过制定“知识产权驱动型”创新创业政策，构建面向制造企业提质增效和转型升级需求，多维度挖掘存量知识产权资源的工作推进机制，是激活制造企业内部的知识产权服务需求、促进知识产权服务业与制造业融合发展的一个重要条件，也是河南省知识产权服务业实现可持续发展的一条有效途径。

2. 支持知识产权服务业发展要有新设计

从创新和创业的全过程来看，都需要经过由最初的创意到最后的市场实现这样一个较为漫长的过程。在创新创业的初始阶段，产品技术的研发风险是最高的，也是消耗创新者时间、精力和财力最多的一个环节，它同时也是河南省制造企业实现转型升级的一个亟待突破的环节。而基于协同创新的理念、采取众包模式开展存量的专利资源的创新创业活动，则是推动河南省知识产权服务业发展的一种政策创新的“新设计”。

专利文件所包含的技术知识和实施细节信息，通常是本技术领域普通工程师可以充分理解并运用的。这表明，专利权一旦被政府授予，利用这种专利技术进行某种功能或者功能实现形式的市场化开发，其不确定性就会大大降低。基于专利技术进行创新创业，相对许多零起点的创新来说会有更高成功概率。

利用存量的专利等知识产权资源开展创新创业活动，有利于构建促进存量专利技术加快产业化应用的“众创”网络和“众包”机制，使相关创新者能够基于同一个专利技术共享各自独特的创意，以及各具优势的创新资源和创新能力，形成动态的协同创新体。正如国家知识产权局局长申长雨指出的——“各类创新创业主体对知识产权公共服务的需求呈现出井喷式增长”。通过政策支持“大众创业，万众创新”这种有效的价值创造活动，构建分享各级政府和社会搭建的公共服务的工作机制，能够更有效地开发存量专利技术潜在的市场价值，使“沉睡”在世界范围内的专利价值“重见天日”，并共享全球知识产权制度带来的惠泽。

3. 支持知识产权服务业发展要有新战略

利用存量的专利资源推进知识产权驱动型的创新创业，构建专利创造、运用、保护、管理和服务一体化的地区知识产权发展战略，能够打破目前各地区专利创造和运用之间严重失衡的局面。我国自2011年起，连续5年专利申报的数量位居全球第一，但专利授权及授权后的应用率却远远低于发达国家的水平。这种创造和应用严重失衡的结构表明，我国专利创造的质量还处于较低的水平。推进专利领域供给侧的改革，既需要从“增量”部分下功夫，创造更多新的高价值专利；同时，还需要针对一些“存量”部分的专利进行改进和完善，以激活其“冗余”价值。而针对一些尚未得到产业化应用的“存量”专利技术进行“大众创业，万众创新”活动，就是发挥广大社会成员的聪明才智，来弥补已有专利技术的不足，使再创造之后的专利技术的市场化价值明显提升，从而加快河南省实现知识产权强省的步伐。这为制造业和知识产权服务业融合发展提供了广阔的发展空间。

利用存量的专利资源、尤其是利用那些处于不维持以及失效的专利进行创新创业，就是在知识产权领域践行绿色发展的理念。我国发明专利的法定保护期为20年，但目前我国有效发明专利的平均维持年限仅为6年，大量的发明专利授权后不久就处于放弃状态。这类曾消耗了许多企业及发明者大量的人力、物力和财力的存量专利，并非完全缺乏市场价值，而很多是因为缺乏某些配套的技术和条件，以及转化的机制和能力。如果任其长期“沉睡”，就是对宝贵社会资源的浪费。通过“众创”“众包”等机制整合省内外部智力资源，促进制造企业搭建存量专利资源转化和应用的完整链条，变“废”为“宝”，无疑能够大大节约稀缺的社会研发资源，有力地推进河南省知识产权创造和应用领域的绿色发展。

利用存量的专利资源，尤其是充分整合利用国内外尚在“沉睡”的专利资源，践行开放的发展理念，针对国内企业的国际专利布局开展创新创业，能够大大降低专利技术的研发成本，提高研发的效率和参与国际市场竞争的灵活性与针对性，快速增强我国企业进军国际市场的竞争优势。对包括专利在内的各类知识产权存量资源进行市场化的开发，既是河南省推进“大众创业，万众创新”活动由劳动密集型向知识密集型发展的一个新的途径，也是促进河南省制造企业实施创新驱动发展战略，有效提升企业创新能力，加快企业提质增效步伐的一个可行的政策创新方向。

第三节 构建河南省知识产权驱动型“双创”工作的新机制

充分利用存量的专利资源开展创新创业活动，是我国在经济发展新常态形势下秉持“创新、协调、绿色、开放、共享”发展理念，加快知识产权强国建设的一项十分重要的工作内容。国家知识产权局局长申长雨在2016年全国专利信息年会上指出，“如何把这些丰富的专利资源盘活用好，成为我们当前关注的重大课题”。积极探索知识产权存量资源产业化开发的有效实现形式，需要相关政府主管部门创新引导和支持“大众创业，万众创新”活动走知识密集型发展道路的具体政策和工作机制。在深化知识产权供给侧领域改革的过程中，更加重视推广运用“存量型”创新资源投入模式，不仅能够极大地促进我国创新创业者作为“增量”活劳动的智慧释放；同时，聚焦各类现有知识产权开展创新创业，还能极大地释放那些“存量”活劳动蕴含的更加巨大的智慧和潜在的经济价值，由此而获得新的、难以估量的“改革红利”。

1. 构建知识产权制度的宣传和巡讲机制

知识产权制度是新型的产权制度安排，它包含产权安排机制、创新激励机制和有效的市场机制，是推进科技创新和技术转移转化的基本制度保障。河南省各级政府的知识产权主管部门应不断加强以专利权为重点的知识产权法律法规和支持政策的宣传和专题巡讲机制。应构建与新闻媒体合作开展知识产权政策和法规的常态化宣传机制，积极宣传基于知识产权创新创业的典型案例，举办“好创意”选秀节目和专栏等。应组织专家团队定期到产业集聚区、龙头骨干企业、高校、科研院所以及创新创业孵化器等开展巡讲活动，提高全社会对知识产权制度的认识和理解，在全社会营造尊重创新、保护知识产权的良好氛围。应继续加强专利管理部门和服务机构定期开展知识产权进企业、进园区、进学校、进社区、进机关的“五进”宣传活动。

2. 构建多级协调联动的知识产权公共服务平台

不同的地区应根据地区产业及产业特色领域的发展需求，加快建设互联互通的知识产权信息公共服务平台，打通不同知识产权领域之间存在的“信息孤岛”，实现专利、商标、版权等各类知识产权基础信息的有序流动、聚合发展，免费或低成本向社会开放，以有效满足基于知识产权开展的创新创业活动，提高知识产权信息的利用效率，对知识产权信息公共服务的迫切需求。通过知识产权信息的有效供给，增强知识产权服务的针对性，减少盲目性，对知识产权服务业发展提供信息支撑。应面向产业集聚区、创业园区等知识汇聚和流动规模大的智力汇聚地，构建政策汇聚机制，将各级政府相关政策的“阳光普照”式的公共服务，转换“格式”生成为针对集聚区企业共同需求的“重点聚焦”式的具体解决方案，让政策支持措施渗透到企业的知识产权创造、运用、保护、管理和服务的全过程。应建立政府知识产权服务采购机制，推进知识产权服务供给主体通过竞争方式进入知识产权公共服务领域，促进“众创”“众包”模式在政府有关部门和社会监督下推广应用，实现知识产权服务业与制造业融合发展。

3. 构建知识产权服务领域的协同创新机制

针对河南省科教资源相对匮乏的现实，应坚持智力资本的引进与培育并举。各级地方政府有关部门应该面向地区主导产业和传统优势产业创新发展的需求，积极支持省内高校、科研机构和企业联合设立协同创新中心，按照全产业链成立产业技术创新战略联盟等产业组织，整合省内外、甚至国外的优质智力资本和创新资源，推进河南省产业共性技术的知识产权的创造、运用、保护、管理以及服务。基于协同创新机制构建产业创新的“众创”网络，培育一批能够汇聚全产业链资源的市场化的知识产权服务供给主体，为制造企业知识产权运用“众包”模式提升创新能力奠定社会基础。政府有关部门应通过各类年度的政府支持计划，引导知识产权服务主体与制造企业开展合作，探索不同产业领域的知识产权服务与制造融合发展的新机制。

4. 构建知识产权驱动型创新创业公共服务支持体系

河南省各级地方政府应积极落实知识产权领域“一业多会”的政策，鼓励设立民间的知识产权创新创业组织，促进企业尤其是小微企业之间的创新创业交流与合作，推动民间组织在各自行业领域的公益型和商业型知识产权服务的发展，扶持本行业的创新创业活动。政府主管部门可通过专项计划项目，积极支持民间的知识产权行业组织与高校、科研院所、创业孵化器和企业开展合作，构建本产业领域的存量知识产权信息库、行业专家库及创新项目库，引导和支持本产业领域基于存量的知识产权开展创新创业活动。通过知识产权导航服务、项目对接服务、人才对接服务和人才支撑对接服务，形成从创新创业活动到创新成果的知识产权化及其市场价值实现全过程的公共服务支撑体系。

赵传海

第二章　知识产权服务的内涵及其属性特征

知识产权服务是现代服务业的重要组成部分，它提供知识产权“获权—用权—维权”相关服务，促进知识产权权利化、商业化、产业化，是提高产业核心竞争力的新兴业态（刘菊芳，2012）。知识产权服务业是以知识产权法律为基础，以提供专利、商标、版权、著作权、植物新品种、软件、集成电路布图设计、奥林匹克标志、地理标志、商业秘密以及与知识产权密切相关的遗传资源、传统知识、民间艺术等的代理、转让、登记、鉴定、评估、认证、咨询、检索服务为核心内容的知识密集型服务业（杨武，付婧，郑红，2011）。知识产权服务业既包含法律服务，又包含技术、经济、管理等专业化服务，它是高技术服务业发展的重点领域（毛昊，毛金生，2013）。我国知识产权服务业起始于20世纪80年代的科技服务业，主要包括为技术创新提供直接服务的生产力促进中心、创业服务中心、工程技术研究中心等，为技术创新提供外围服务的科技评估中心、科技招投标机构、情报信息中心和各类科技咨询机构等，以及为科技创新提供各种要素条件的技术市场、人才市场等（王勉青，2010）。知识产权服务与创新之间的关系越来越密切，与一般的服务业明显不同的是，知识产权服务高度依赖多学科专业性知识和法律法规，知识产权服务的专业化是促进企业创新发展的一个重要因素，深刻认识和理解知识产权服务的内涵及其价值特征，对加快河南现代服务业强省建设，实现基于知识产权的创新驱动发展意义重大。

第一节　基于学科视角的知识产权服务的内涵及其属性特征

作为产权化的知识，知识产权对促进技术创新与可持续发展，提高企业综合竞争力的作用日益显著，它已经成为企业发展最重要的生产资源与竞争要素，是参与国际竞争的重要筹码（丁巨涛，宋振东等，2016）。知识产权服务业，是指以人的智慧成果——知识、信息资源的创造、加工、传播、运用为主导，以这些智慧成果的权利——知识产权的确权、用权、维权为主线所形成的知识密集型服务业（郭罗生，2009）。知识产权服务业的概念与发达国家的知识密集型服务业具有较强的关联性，其主要的差别是后者所涵盖的子行业大多与各类运用知识产权的服务密切相关，而前者则将不具有知识产权内涵与外延的服务排除在外，以体现产权化的知识与一般知识的运用之间在权属方面的差异。作为服务学科的一个重要的分支，知识产权服务学科汲取相关各个学科知识的营养，在融合中不断完善和发展，是该学科不断成熟的一种体现（胡锦光，陈雄，2005）。因此，基于不同学科视角来认识知识产权服务的内涵及其属性特征，是发挥知识产权服务、推进企业创新发展的一项重要任务。

（一）不同学科视角的知识产权服务的内涵及其属性特征

有关学者通过文献分析发现，21 世纪以来，发表知识产权研究文献的期刊所属领域增加到了 137 个学科；其中，占主导地位的是经济学、法学、管理学。经济学领域国际权威期刊的知识产权研究文献约占 29%，位居第一；法学领域期刊的同类文献位居第二，约占 15.4%；管理学领域期刊的同类文献位居第三，约占 15.1%（侯海燕，赵楠楠等，2014）。通过中国知网以“知识产权”为主题检索中文文献，发现在 2 万多篇文献中，文献量排在前 15 的学科中，排在第一的学科是经济学（文献量占比 30.18%），排在第二的法学与经济学文献相当（文献量占比 30.1%），排在第三的学科是管理学（文献量占比 17.14%），这个排序与国际上相似。但是，在文献作者分布上，排在前三的作者均为法学学科的专家，位居第一的是中国政法大学的冯小青教授（177 篇），位居第二的是中国社会科学院的郑成思教授（170 篇），位居第三的是中南财经政法大学的吴汉东教授（114 篇）。从文献作者的机构分布来看，前 10 位的机构（同时文献量也是超过 1000 篇的机构），分别是中国政法大学（2052 篇）、西南政法大学（1844 篇）、华东政法大学（1843 篇）、华中科技大学（1373 篇）、武汉大学（1288 篇）、中南财经政法大学（1279 篇）、国家知识产权局专利局（1260 篇）、吉林大学（1113 篇）、国家知识产权局（1081 篇）和北京大学（1081 篇）。由此可以看到，我国知识产权的相关研究虽然也涉及众多学科领域，但主要集中在法学领域；即使有经济学、管理学等学科的学者对知识产权服务进行了广泛的研究，但从文献涉及的理论和方法来看，国内知识产权研究、尤其是知识产权服务领域的研究还缺乏综合性和交叉性，长期以来学科之间的交流十分缺乏，学科之间的融合尚未充分展开（何华，2008）。知识产权服务包括知识产权的创造、应用、保护以及管理服务，依靠单一学科知识开展知识产权服务，会使得知识产权的所有权与经营权难以统一并牺牲产权经营的效率。从法学、经济学和管理学三个与知识产权服务关联性最高的学科，来具体地分析知识产权服务的内涵及其属性特征，有利于发现不同学科之间的内在关联，促进不同学科知识的融合，发展和完善知识产权服务学科，进而提升知识产权服务对高水平创新活动的驱动、支撑和引领作用。

1. 基于法学学科视角的知识产权服务的内涵及其特征

法学，是以法律、法律现象及其规律为研究内容的科学，是关于法律问题的知识和理论体系。法律作为社会的强制性规范，其直接目的在于维持社会秩序，并通过秩序的构建与维护，实现社会公正。作为以法律和法律现象为研究对象的法学，其核心就在对于秩序与公正的研究，是秩序与公正之学。西方制度经济学的学者认为，制度是决定科技发展、进而决定经济发展的根本原因，近代西方世界的兴起缘于有效率的产权制度的建立和实施。著名学者诺思认为，要激励技术创新，必须“发展一套法规以便为无形资产的所有和交换提供更有效的所有权”（诺斯，托马斯，1999）。在各种产权制度中，对科学技术发展起着最直接促进和保护作用的是知识产权法律制度；因此，从法学的视角来审视知识产权的立法原则，有利于深刻理解知识产权服务的内涵及其属性特征。

（1）知识产权立法原则及基于法学视角的知识产权服务的内涵

知识产权作为一种产权制度安排，是知识的发明创造者依法享有的独占、排他和一定程度上对自己发明创造成果的垄断权，拥有这种权利不仅能使人们有发明创造的自由权利，而且还能依据这种权利获得利益回报，形成对人们发明创造的激励机制。知识产权制度的立法原则是调动和保护发明创造的积极性和知识成果，本质上讲，知识产权制度是一种利益激励机制。从利益激励的角度来看，知识产权服务的基本功能就是高效率地帮助创新利益主体，满足其在知识产权获取、运用、保护和管理过程中对相关经验、信息和专业化知识的需求。或者说，知识产权服务是具有知识产权确权、用权、维权相关经验、知识和技能的主体，为创新者提供符合知识产权法律制度要求的创新性知识产品的各项智力支持的价值创造过程。从法学的视角来看，知识产权服务的内涵是创新成果的标准化、规范化、权利化和商业化活动，其为创新成果的各种权利设置了可识别的、可能性边界。然而，创新主体能够使其权利在什么时候、什么条件下达到多大的收益或损失，从确权、用权和维权的可能性边界来看，法律制度本身是无能为力的。

知识产权一般包含版权、专利权、商标权、禁止不正当竞争权（郑成思，2003）。在实际的市场环境中，知识产权服务是指对专利权、商标权、版权、著作权，以及软件、集成电路布图设计等不同类型的知识产权的代理、登记、鉴定、评估、认证、咨询、检索、交易、配置、实施、保护等活动。这些活动除了涉及法学与相关专业的学科知识之外，还涉及经济学和管理学等学科的知识。而基于法学学科的知识产权服务，其通常聚焦于知识产权的所有权及其剩余索取权的有效率界定及其获取、存续、转换、救济与维持；因而，基于法学视角的知识产权服务，具有明显的学科属性特征，那就是其价值在具体的知识产权确权之前就确定了——知识产权权利的内容和权利人行为的边界，而非这些权利的多维度的市场价值实现。对知识产权的应用者而言，这种属性的知识产权服务仅仅只能将创新成果配置在其市场价值的输入端；而要进一步推进产权化的创新成果进入商业价值的开发过程，则需要运用经济学和管理学等相关学科的知识来发挥其不可替代的价值转化和放大作用。

（2）当前法学领域知识产权研究的重点内容及存在的问题

以“知识产权”为主题在中国知网进行检索，发现有该主题的文献有201443 篇，包括硕博论文、期刊论文、会议论文以及报刊文章等。以“法学”为主题对这些文献进行二次检索，发现有相关文献 1213 篇，包括硕博论文、期刊论文、会议论文以及报刊文章等文献。

对我国法学领域知识产权研究的这些文献进行可视化分析，就会发现目前我国法学领域的知识产权研究具有以下特征。

一是自 1997 年以来呈现逐年增多的趋势，2016 年达到峰值，但年度发表的文献数量十分有限。处于峰值的 2016 年也仅发表文献 100 篇，其他年份均未超过 100 篇，且近年来文献数量处于波动状态，如图 2-1 所示。

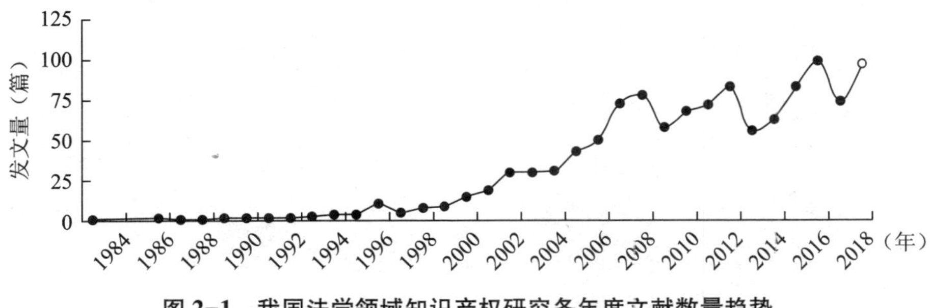

图 2-1　我国法学领域知识产权研究各年度文献数量趋势

二是研究层次的分布主要集中在社科基础研究领域（占 74.52%）、社科政策研究领域（占 10.05%）及社科行业指导领域（占 7.21%）、高等教育领域（占 3.25%），其他领域的文献量均在 3%以下，且较为分散。如图 2-2 所示。

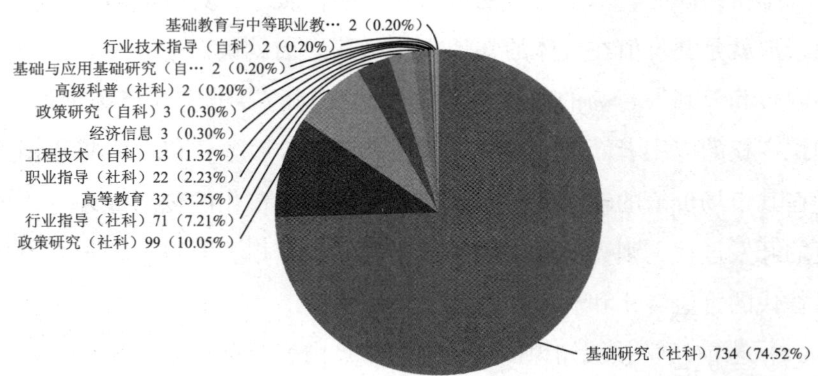

图 2-2　我国法学领域知识产权研究文献的层次分布

三是法学知识产权研究领域的作者产出数量普遍较少，从排在前 30 位作者的文献数量来看，总数排在前列的学者为中国社会科学院的郑思成教授（11 篇），第二为中央广播电视大学的叶志宏（8 篇），第三为中南财经政法大学的吴汉东教授（7 篇），从第 12 名之后均为 2 篇。如图 2-3 所示。显示出大多数作者缺乏围绕具体的知识产权话题进行深入持续的研究成果。

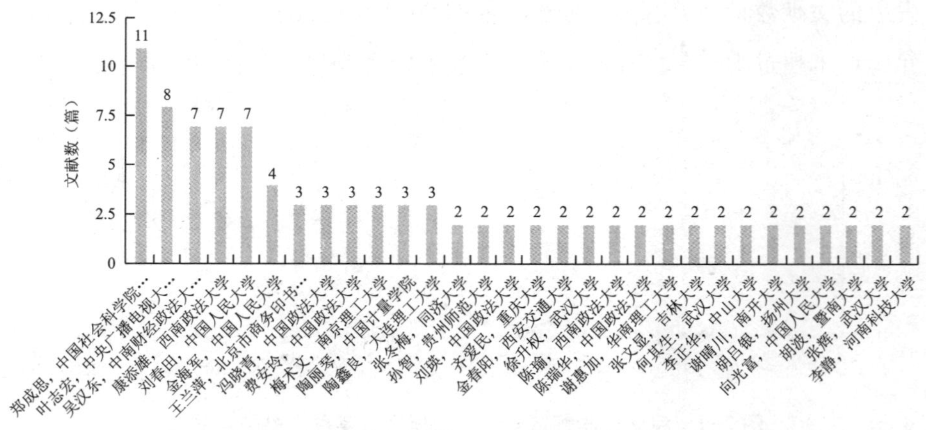

图 2-3　我国法学领域知识产权研究文献的作者分布

四是我国法学领域围绕知识产权话题开展研究的机构主要集中在西南政法大学、中国政法大学、中国人民大学、吉林大学、武汉大学、中南财经政法大学，但机构整体文献产出数量偏少。排在第一位的西南政法大学在 2018 年之前总共发表文献 65 篇，排在 17 名之后的机构文献产出总量均在 10 篇以下。如图 2-4 所示。

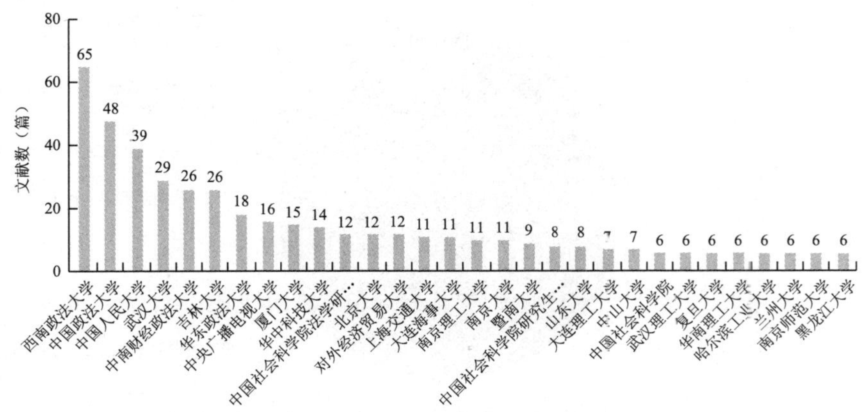

图 2-4　我国法学领域知识产权研究文献的机构分布

五是我国法学领域知识产权研究的文献得到研究资助最多的来自国家社会科学基金，达到 28 篇；但来自其他基金资助的文献非常少，均在 2 篇及以下。如图 2-5 所示。

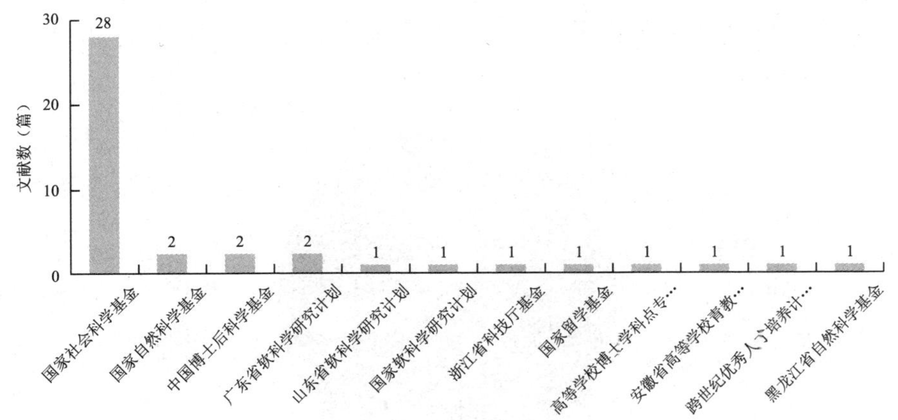

图 2-5　我国法学领域知识产权研究文献受资助的基金分布

六是我国法学领域知识产权研究文献的学科集中偏高，主要集中在法学（77.54%）、教育（7.45%），这两个学科的研究文献数量占比超过了全部文献的85%，其他各学科发表的文献数量较少，且较为分散，文献数量占比均未超过4%。如图2-6所示。

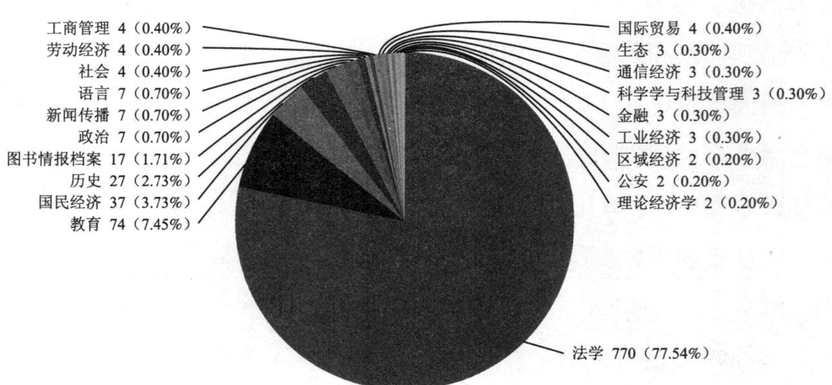

图2-6　我国法学领域知识产权研究文献的学科分布

七是文献的发布载体主要是期刊和报纸，相对分散，发文量最大的西南政法大学也其发文占比也仅为13.02%。各期刊和报纸的载文量呈梯次降低的特征较为明显，文献占比排在前六位的报刊发文量占比超过50%，显示出相关期刊报纸的知识产权栏目发文量比较稳定。图2-7所示为我国法学领域知识产权研究文献的来源分布情况。

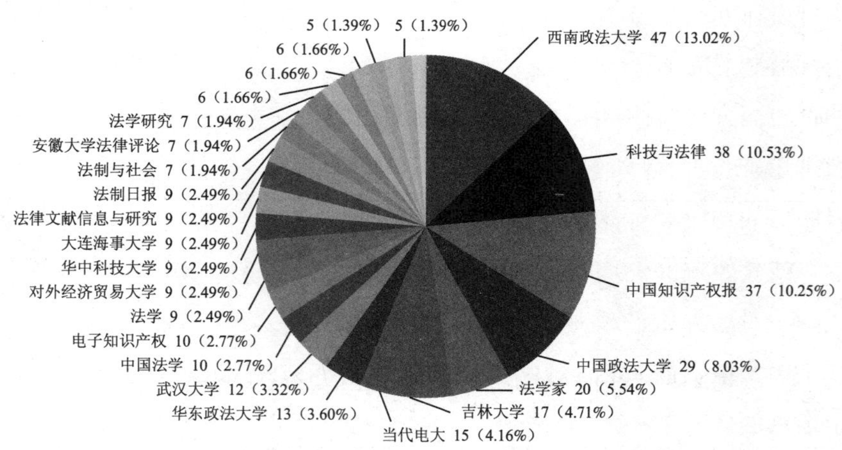

图2-7　我国法学领域知识产权研究文献的来源分布

八是我国法学领域知识产权研究文献的话题非常分散，从文献的关键词来看，除了排在第一位的“知识产权”这个核心关键词高居 114 篇文献、位居第二的关键词“知识产权法”（34 篇）之外，排在第四位之后的关键词的文献数量均低于 15 篇，如图 2-8 所示。

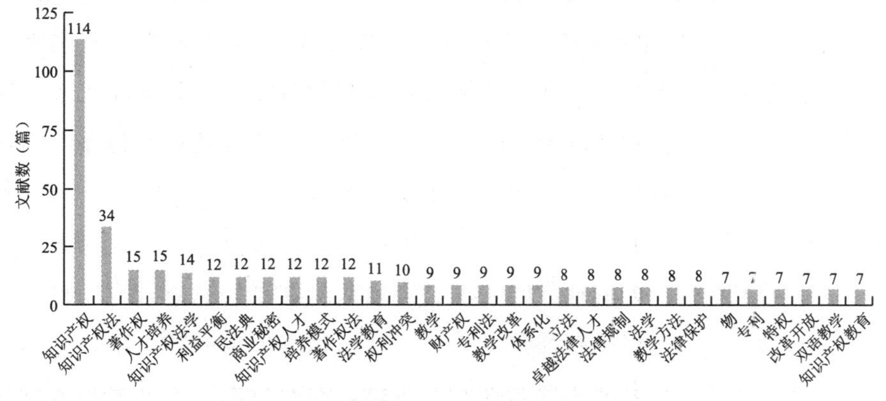

图 2-8　我国法学领域知识产权研究文献的关键词分布

上述结果显示，我国法学领域知识产权研究涉及的内容比较广泛；按照有关专家的分析，近几年来，学界重点关注的有五个方面的内容（李永明，李安璐等，2014）。

一是知识产权法基本理论问题研究，主要包括知识产权法理论基础的反思、知识产权法基本理念的选择、知识产权基本制度的完善、知识产权法律概念的解读等方面，聚焦于制度的设计和知识产权制度与相关制度之间的关系。

二是知识产权法立法机制和修法热点研究，主要包括商标法修改热点问题、著作权法修改热点问题，涉及驰名商标的认定与使用规制、商标先用权的限定、商标侵权的混淆原则、商标使用行为，以及实用艺术作品的著作权保护、版权的追续权确立和制度设计、视听作品作者的利益分享原则、著作权集体管理制度的完善、网络服务提供者的法律责任等方面的内容，聚焦于具体的法律条文的立法原则及其价值意义。

三是实施知识产权战略的反思与推进问题的研究，主要包括现行知识产权制度运行存在的问题、知识产权制度作为“根本制度安排”的制度设计问题、知识产权制度的多元结构问题，以及完善知识产权顶层设计和竞争博弈的政治过程，聚焦的是不同类型制度与制度间的关系，以及知识产权战略的落实问题。

四是知识产权的保护问题，主要包括知识产权的司法保护和行政保护问题、知识产权的国际保护。司法保护问题主要涉及知识产权的损害赔偿、司法定价与市场定价、知识产权裁判原则与规则、“三审合一”审判机制改革。行政保护主要涉及到侵权认定标准、主体及其操作程序和操作规范、双规保护模式。国际保护主要涉及《反假冒贸易协议》（ACTA）及《跨太平洋伙伴关系协议》（TPP）对我国的影响及其应对原则和思路。

五是知识产权研究的前沿问题，主要包括互联网环境下的著作权保护问题、电视节目版式保护问题，以及角色商品化保护等问题，聚焦于新的技术、市场与社会环境条件下版权为重点的知识产权保护的途径与制度选择。

从以上研究内容可以看出，目前我国法学界研究的重点领域缺乏对知识产权服务内涵及其属性特征方面的理论研究，即便是对知识产权保护的研究，除了司法保护和行政保护之外，也缺乏对市场化的知识产权保护体制和机制方面重大问题的研究，这不利于包括知识产权保护服务业在内的知识产权服务的发展。究其原因，可能在于我国知识产权问题的相关研究，缺乏相关学科之间的交叉与融合，使得理论研究不能指导和支撑知识产权产业的快逗、健康发展。为了全面落实知识产权强国战略，形成知识产权驱动创新发展的新格局，以有力促进高质量发展和引领性发展，首先需要基于法学、经济学和管理学等学科的交叉融合研究，来引导、支撑知识产权服务业按照全产业链构建产业结构，实现与先进制造业和现代农业的融合、互动与协调发展。

2. 基于经济学和管理学视角的知识产权服务的内涵及其属性特征

知识产权制度与物权制度有着本质的差别，物权具有排他性（Exclusive），知识产权具有禁止性（Preventive）；物权排除他人对物的占有、使用，而知识产权并不排除他人的使用，而是禁止他人的模仿行为，禁止性是知识产权的独有特性（邹彩霞，2008）。要充分体现知识产权独特的禁止性属性，确保权利人的合法权益，不仅需要基于法学知识支撑下的司法和行政保护服务；而且，还需要基于经济学和管理学知识支撑，来构建市场化的服务机制和运行模式所发挥的保护作用，这种多学科支撑下的多重保护，会极大地维护创新者的各种合法权益，激励创新行为和创新成果的广泛应用。

目前，有关知识产权服务的理论研究，尚未从经济学和管理学的理论视角，来明确地界定和系统地论述不同类型的知识产权服务及其价值创造属性；尤其缺乏从融入制造业产品和服务的研发过程、生产过程、管理过程、营销过程，以及文化建设等价值创造过程来界定知识产权服务的价值属性。探索充分发挥知识产权作为“发展的重要资源和竞争力的核心要素”的服务机制和商业模式，有利于知识产权服务融入制造业企业的价值创造过程，并进而促进包括制造业在内的各类产业的结构调整和转型升级。国外的学者研究发现，美国知识产权领域研究的一个显著趋势是跨学科性的增强，学者们越来越多地从法学转向包括经济学、管理学在内的其他学科以获得营养，并采用越来越复杂的经济学方法分析各种法令的影响并对立法改革提出建议（侯海燕，赵楠楠，2014；周凤华，朱雪忠，2006）。

（1）知识产权的价值交换与基于经济学视角的知识产权服务内涵

人类的经济活动就是创造、转化、实现各种价值，满足人类物质文化生活需要，满足人们对美好生活向往的活动。经济学是研究人类经济活动的规律，即价值的创造、转化、实现的规律，价值规律是经济学的核心规律。经济学的核心思想是通过研究、把握、运用经济规律，实现资源的优化配置与优化再生，最大限度地创造、转化、实现价值，促进社会的可持续发展。基于经济学视角的知识产权服务需要最大限度地创造、转化和实现具体的知识产权的市场价值、社会价值和环境价值。知识产权具有多维度的价值，首先，知识产权是一种商品，具有财产价值和实施价值；其次，知识产权作为智力劳动创造的结晶，具有传承价值和升级扩展价值；最后，知识产权是权利人的无形资本，在许可、转化中能够实现价值增值。知识产权在确权、用权和维权过程中，依次要完成价值创造、价值提取和价值实现三大任务；运用经济学的理论知识和方法，知识产权服务能够有效地推进知识产权的价值创造、价值提取和价值实现达到、甚至超过预期的目标。从经济学的视角来看，知识产权服务具有将市场需求与知识产权权利价值的创造、价值提取和价值实现进行有效匹配的属性特征；概括地讲，知识产权服务的本质特征就是高效率、低成本地最大化知识产权的多维度价值。

按照制度经济学知名学者科斯的产权理论，只要产权交换的交易成本为零，从效率角度看法定权利的最初分配是无关紧要的。按照科斯定理，明确产权只是通过市场交易实现资源最优配置的一个必要条件，却不是充分条件；另一个必要条件就是“不存在交易成本”。产权不明确，后果就是权利关系纠缠不清，意味着交易成本无穷大，导致任何交易都做不成。而产权界定清楚了，即使存在一定的交易成本，一方面人们可以通过交易来解决各种问题；另一方面人们还可以有效地选择最有利的交易方式，使交易成本最小化。科斯发现交易费用及其与产权安排的关系，提出的交易费用对制度安排的影响，为知识产权的交易决策提供了有价值的思路。根据交易费用理论的观点，市场机制的运行是有成本的，制度的使用是有成本的，制度安排是有成本的，制度安排的变更也是有成本的，一切制度安排的产生及其变更都离不开交易费用的影响。因此，当基于法学知识确定了知识的产权边界后，基于经济学知识选择交易费用最小化，就成为知识产权创造、运用、保护和管理各环节价值最大化的基本依据。从经济学的视角来看，知识产权服务的内涵可以概括为知识产权交易费用最小化的价值创造、保护和运用活动。

（2）知识产权价值的市场实现与基于管理学视角的知识产权服务内涵

管理学是一门综合性的交叉学科，是系统研究管理活动的基本规律和一般方法的科学。管理学是为适应现代社会化大生产的需要而产生的，其目的是：研究在现实条件下，如何通过合理地组织和配置人、财、物等要素，来提高生产力的水平。管理实践的特征是，社会组织为了实现其预期的目标，进行以人为中心的各种计划、组织、指挥、控制和协调活动。在一般意义上讲，管理是通过采取某些具体的手段和措施，设计、营造、维护一种环境，包括组织内部和外部的环境，使所有管理对象在这种特定的环境中，做到协调而有序地进行价值创造、应用和保护活动。

知识产权服务包括知识产权的创造、应用、保护，以及知识产权的管理服务，从管理学的视角来看，知识产权服务的重要作用在于，一是要促进知识产权的所有权与经营权保持统一。二是要不断提升知识产权创造、运用、保护和管理的效率，特别是知识产权的运营效率。此外，从确权、用权和维权的价值创造和有效实现的视角来看，知识产权涉及到创新者、政府和相关利益者等主体的利益平衡，要实现创新及其成果的社会经济效益极大化，就需要协调相关利益主体之间的价值关系及其行为模式，知识产权服务中能够协调政府宏观的战略管理的目标与创新主体微观价值创造行为之间，以及创新主体与不同的相关利益主体之间行为的一致性水平，能够极大地减少社会资源的浪费。

不同科学关注的焦点不同，基于法学的知识产权服务更为关注知识产权的所有权及其剩余的索取权；基于经济学的知识产权服务，重点关注知识产权交易的价值实现和实施成本；而基于管理学的知识产权服务，更为关注的是具体的知识产权的创造、运营和保护的效率。大规模的知识产权交易（包括许可、转让、质押融资、股权投资、证券化等），使得知识产权实施过程及其条件极其复杂，仅仅依靠所有权这个基本的关系，难以解决不同的实施主体（合法的与不合法的主体）及其所拥有的相关条件与资源、能力对最终创造、运营和保护效率的影响。换句话说，仅仅依赖合法的产权关系及其交易并不必然带来最终的知识产权运营的高效率；而要获得知识产权运营的高效率，没有合法的产权关系和经济学意义上的合理交易成本会存在极大的市场风险，也难以获得可持续的高效率。原因在于，基于法学逻辑的知识产权服务，只能够解决产权的初始价值——输入性的价值及其限定的价值边界，即，为生产系统引入了熊彼特所说的“新的生产要素”，而要获得高水平的输出价值，还要基于这个“新的生产要素”并与其他的生产要素和条件进行“新组合”，才有可能产生超额的产出绩效。从这个意义上讲，有效率的知识产权服务需要融合法学、经济学和管理学的价值逻辑，将服务聚焦于价值创造的全过程，即，从输入端的初始价值到输出端的高额、高效率的市场价值实现，在法律制度确定产权的归属后，由企业的经济行为和管理制度来优化企业生产系统中以知识产权为核心的生产要素之间的关系及其运行机制，最大限度地提高生产系统的价值创造能力，并使产出价值有效率地在不同要素之间实现合理分配。这里特别重要的是，不同的利益主体拥有的生产要素及其运用方式的选择都会对企业的产出效率产生影响，产权关系只能界定生产要素的归属，但不能解决这些生产要素如何配置，以及配置后的产出绩效。而经济学和管理学则能够指导企业构建一种“新的生产函数”，并有效选择相关利益主体构成一个功能化的团队且动态地优化基于这种“新的生产函数”的运行机制和产出效率。因此，基于管理学视角的知识产权服务内涵，可以概括为知识产权创造、应用、保护和服务资源与能力有效配置的机制构建、模式选择及其优化活动。

（3）当前经济学和管理学领域知识产权研究的特点及存在的问题

以“知识产权”为主题在中国知网进行检索之后，再以“经济学”为主题对这201443篇文献进行二次检索，发现有相关文献1052篇，包括硕博论文、期刊论文、会议论文以及报刊文章等文献。

对我国经济学领域知识产权研究的这些文献进行可视化分析，就会发现目前我国经济学领域的知识产权研究具有以下特征。

一是自1997年以来呈现逐年增多的趋势，2007年达到峰值，但年度发表的文献数量也十分有限。处于峰值的2007年也仅发表文献101篇，其他年份均未超过100篇，且2007年以后文献数量处于波动向下趋势，2017年文献量下降到29篇。如图2-9所示。这表明，现阶段我国经济学领域的知识产权文献，尚未深入系统地研究市场经济条件下我国的知识产权经济问题，这可能既与我国知识产权服务业不够发达有关，也可能与我国知识产权服务与传统产业转型升级和提质增效的需求结合不够紧密有关。促进知识产权服务与实体经济的结合刻不容缓，理论先行、引导实践也要加快步伐。

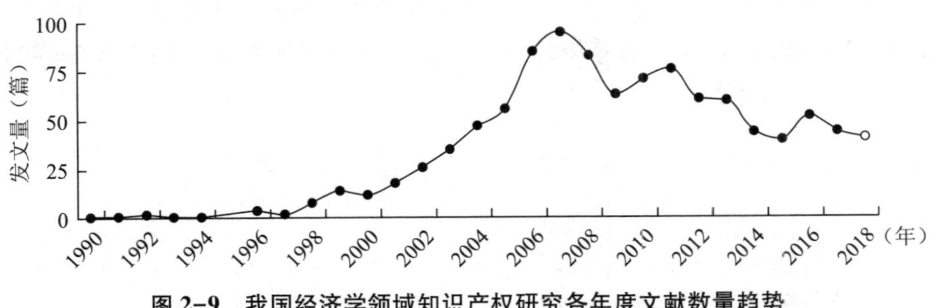

图 2-9　我国经济学领域知识产权研究各年度文献数量趋势

二是研究层次的分布主要集中在社科基础研究领域（占 62.85%）、社科政策研究（占 16.60%）及社科行业指导领域（占 15.74%），前三个领域占据了全部文献的 95%以上；其他领域的文献量均在 2%以下，且非常分散。如图 2-10 所示。这个状态表明，随着我国进入高质量发展、引领性创新发展的新时代，加快推进知识产权经济的基础理论研究、应用基础研究和产业发展的现代研究体系建设，具有十分紧迫的现实意义。

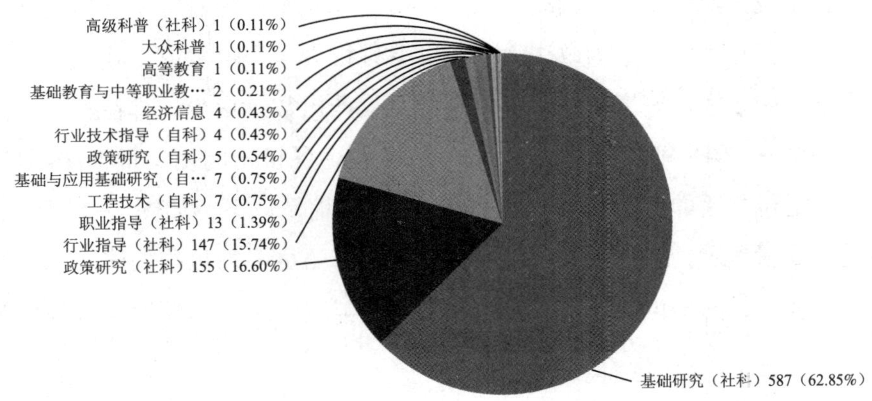

图 2-10　我国经济学领域知识产权研究文献的层次分布

三是经济学知识产权研究领域的作者产出数量普遍较少，从排在前 30 位作者的文献数量来看，总数排在第一位的学者为中国政法大学的冯晓青教授（7 篇），第二位为上海财经大学的丁晓钦（5 篇），第三至十位均为 3 篇，之后为 2 篇，如图 2-11 所示。图 2-11 显示出大多数作者缺乏围绕具体的知识产权话题进行深入持续的研究成果。推进知识产权强国建设，需要更多的学科团队深入系统地研究知识产权经济问题，产出更多更好的理论成果指导实践。

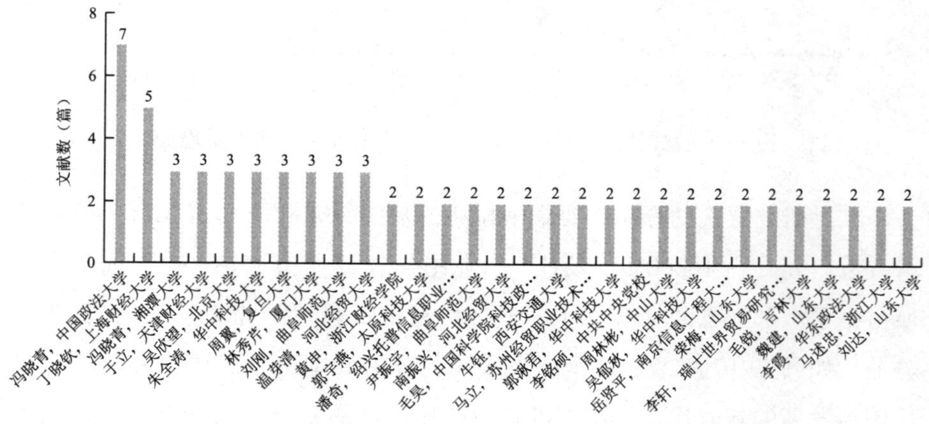

图 2-11　我国经济学领域知识产权研究文献的作者分布

四是我国经济学领域围绕知识产权话题开展研究的机构主要集中在吉林大学、复旦大学、中国政法大学、华中科技大学、哈尔滨工业大学、浙江大学、山东大学等高校，但机构整体文献产出数量偏少。排在第一位的吉林大学在 2018 年之前总共发表文献 37 篇，各机构的发文量梯次降低，排在第七位之后的机构文献产出总量均在 20 篇及以下，如图 2-12 所示。目前的现状显示，推进知识产权强国建设，需要更多的机构构建产学研协同创新体系，为知识产权服务业的发展以及与实体经济的深度融合提供智力支撑。

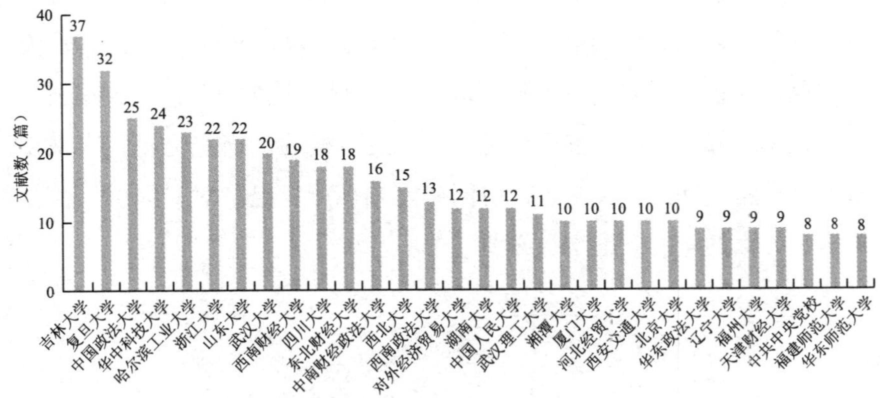

图 2-12　我国经济学领域知识产权研究文献的机构分布

五是我国经济学领域知识产权研究的文献得到研究资助最多的来自国家社会科学基金（31 篇）和国家自然科学基金（26 篇）；但来自其他基金资助的文献非常少，均在 4 篇及以下，如图 2-13 所示。目前，促进各方面关注知识产权研究，为知识产权核心科学问题的研究提供更大的支持十分必要。

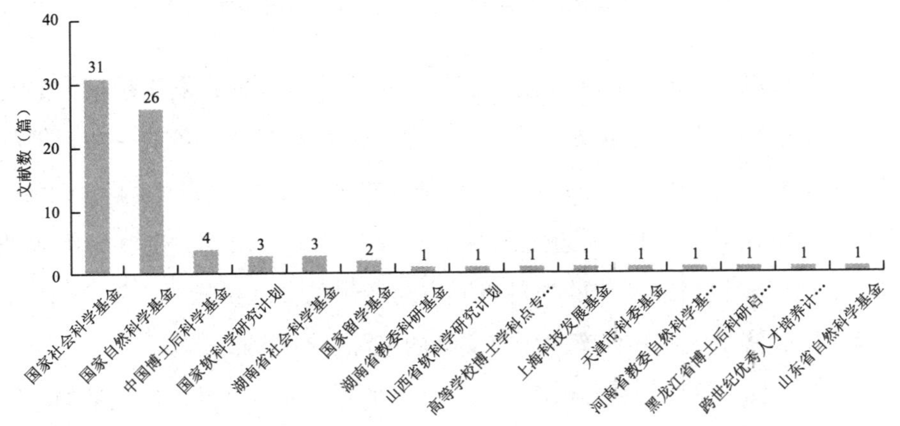

图 2-13　我国经济学领域知识产权研究文献受资助的基金分布

六是我国经济学领域知识产权研究文献的学科呈现梯次变化特征，前三个学科的文献合计超过 50%，主要集中在法学（26.72%）、国民经济学科（15.62%）、工商管理学科（11.01%）、理论经济学科（10.25%）、国际贸易学科（6.49%）。其他各学科发表的文献数量相对较少，且较为分散，文献数量占比均未超过5%，如图2-14所示。这表明，目前我国经济学诸多领域对知识产权开展了研究，具有许多潜在的研究力量；未来积极推进不同学科之间的交叉融合，协同研究知识产权经济对我国引领性创新发展影响方面的重大问题十分必要。

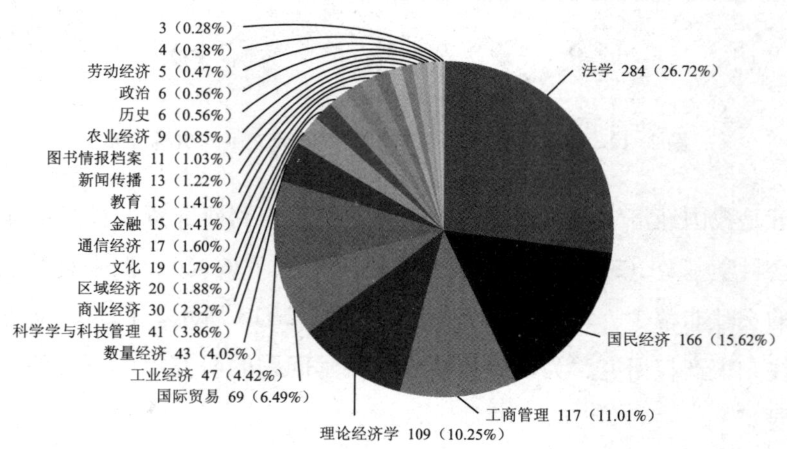

图2-14 我国经济学领域知识产权研究文献的学科分布

七是文献的发布载体主要是期刊和报纸，非常分散，发文量最大的是吉林大学的期刊及硕博论文，其发文占比也仅为9.57%。各期刊和报纸的载文量呈梯次降低的特征较为明显，排在第六位之后的占比均低于5%，文献占比排在前九位的文献量总和刚超过50%，显示出相关期刊报纸等载体的知识产权栏目或学校的学科研究方向产出的文献量较少。图2-15所示为我国经济学领域知识产权研究文献的来源分布情况。

八是我国经济学领域知识产权研究文献的话题非常分散，从文献的关键词来看，除了排在第一位的“知识产权”这个核心关键词高居127篇文献、位居第二位的关键词“技术创新”38篇、第三位的“法经济学”32篇、第四位的“知识产权保护”31篇和第五位的“著作权”30篇，排在第五位之后的关键词的文献数量均低于30篇，且梯次下降，如图2-16所示。

从各类关键词的类别特征来看，我国经济学领域的知识产权研究与具体产业的融合还不够深，宏观和中观的问题设计偏多，而微观经济方面的具体问题的研究还偏少，需要持续推进知识产权服务对微观经济主体的创新发展的影响等研究。

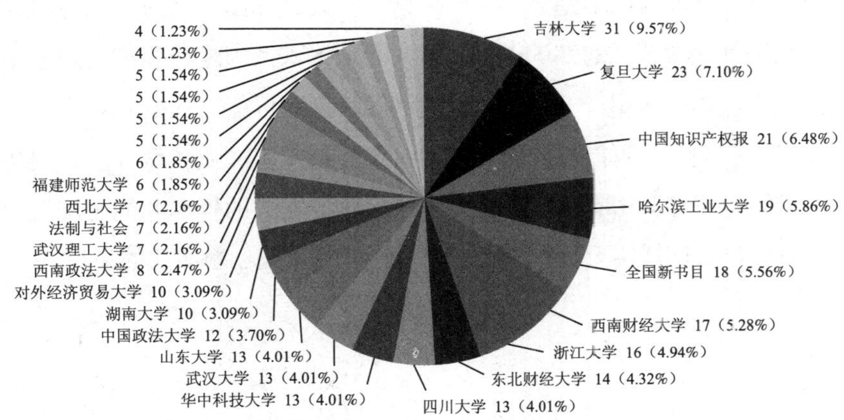

图 2-15　我国经济学领域知识产权研究文献的来源分布

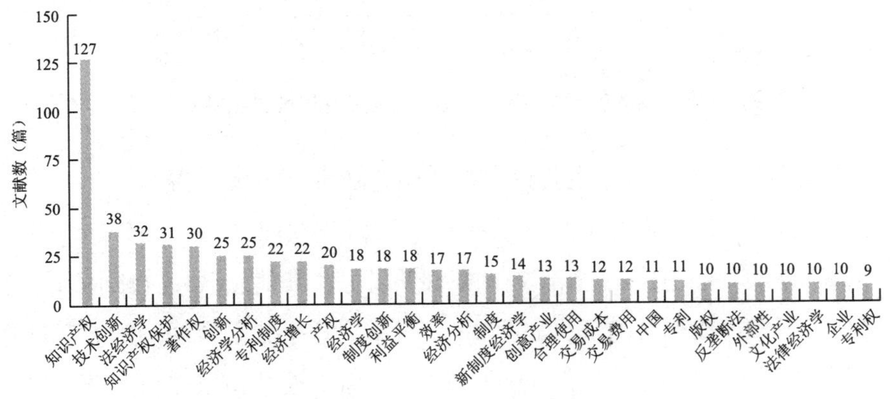

图 2-16　我国经济学领域知识产权研究文献的关键词分布

以“知识产权”为主题在中国知网进行检索之后，再以“管理学”为主题对这 201443 篇文献进行二次检索，发现有相关文献 99 篇，包括硕博论文、期刊论文、会议论文以及报刊文章等文献。

对我国管理学领域知识产权研究的这 99 篇文献进行可视化分析，就会发现目前我国管理学领域的知识产权研究具有以下特征。

一是自 1997 年以来呈现逐年波动增多的趋势，2008 年达到峰值，但年度发表的文献数量也十分有限。处于峰值的 2008 年也仅发表文献 11 篇，其后的 2010 年、2012 年也发表 11 篇，其他年份均未超过 10 篇，且 2012 年以后文献数量处于波动向下趋势，2017 年降到 4 篇，如图 2-17 所示。这表明，现阶段我国管理学领域的知识产权文献，尚未深入系统地研究市场经济条件下我国微观主体的知识产权运营和管理问题，这既可能与我国知识产权服务业不够发达有关，也可能与我国知识产权服务与传统产业转型升级和提质增效的需求结合不够紧密有关。促进知识产权服务相关的资源和能力配置，深度融入实体经济同样需要理论先行、引导产业和企业创新实践的步伐。

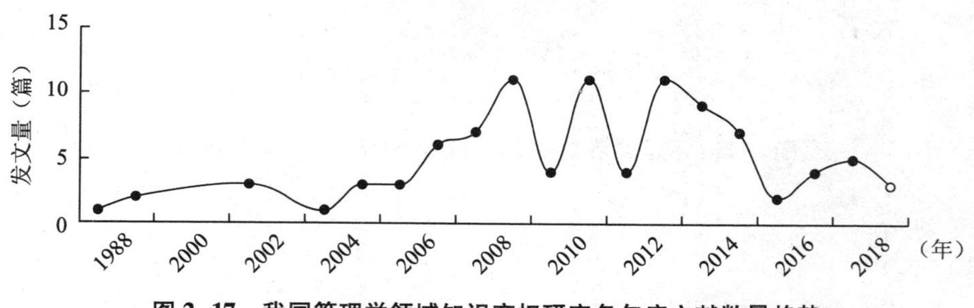

图 2-17　我国管理学领域知识产权研究各年度文献数量趋势

二是研究层次的分布主要集中在社科基础研究领域（占 56. 99%）、社科行业指导领域（占 16. 13%）及社科政策研究领域（占 10. 75%），前四个领域相对集中，占据了全部文献的 86%以上；其他领域的文献量基本都在 5%以下，占比梯次降低，如图 2-18 所示。这个状态表明，随着我国进入高质量发展、引领性创新发展的新时代，加快推进知识产权运营、管理和服务方面的基础理论研究、应用基础研究和产业发展的现代研究体系建设，具有十分紧迫的现实意义。

三是管理学知识产权研究领域的作者产出数量非常少，特别分散，如图 2-19 所示。显示出大多数作者缺乏围绕具体的知识产权管理话题进行深入持续的研究成果。推进知识产权强国建设，需要更多的管理学学科团队深入系统地研究知识产权运营、管理等核心问题，以产出更多更好的理论成果指导实践。

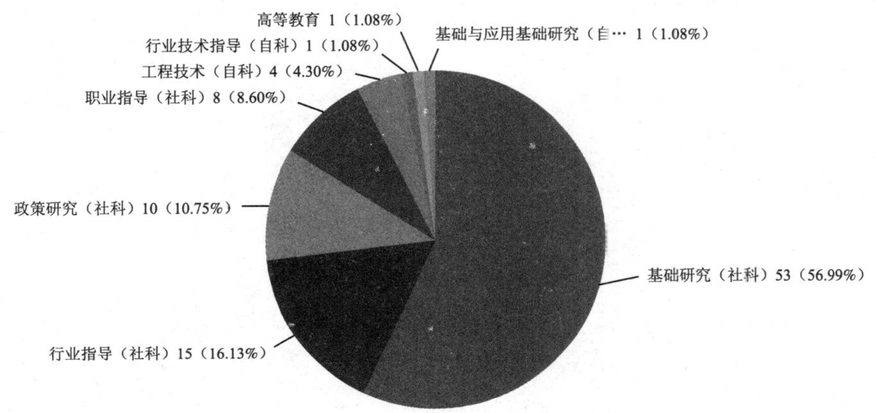

图 2-18　我国管理学领域知识产权研究文献的层次分布

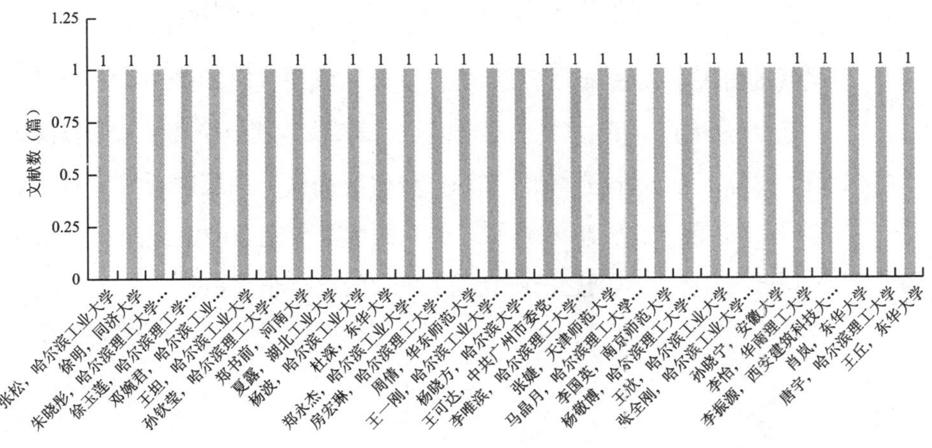

图 2-19　我国管理学领域知识产权研究文献的作者分布

四是我国管理学领域围绕知识产权话题开展研究的机构主要集中在哈尔滨工业大学、哈尔滨理工大学，这两所高校的集中度相对较高，但总体上看机构整体文献产出数量偏少。排在第一位的哈尔滨工业大学在 2018 年之前总共发表文献 29 篇，各机构的发文量梯次降低，排在第五名之后的机构文献产出总量均位 1 篇，如图 2-20 所示。目前的现状表明，推进知识产权强国建设，需要更多的机构构建产学研协同创新体系，围绕知识产权运营和管理的核心问题，开展深入、系统的研究，探索知识产权与制造业和农业等产业深度融合的机制、模式和途径。

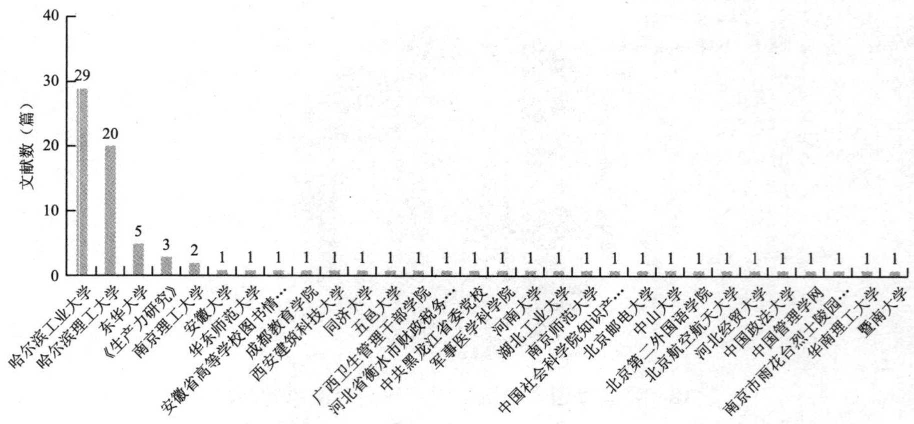

图 2-20　我国管理学领域知识产权研究文献的机构分布

五是我国管理学领域知识产权研究的文献得到研究资助最多的来自国家自然科学基金（6 篇）和国家社会科学基金（3 篇），其他受省级基金资助的仅为 1 篇，总体上看，管理学领域知识产权研究尚缺乏高层次项目支持，如图 2-21 所示。目前，在管理领域促进各方面优势研究资源关注知识产权研究，为知识产权核心科学问题的研究提供更大的支持非常必要、十分紧迫。

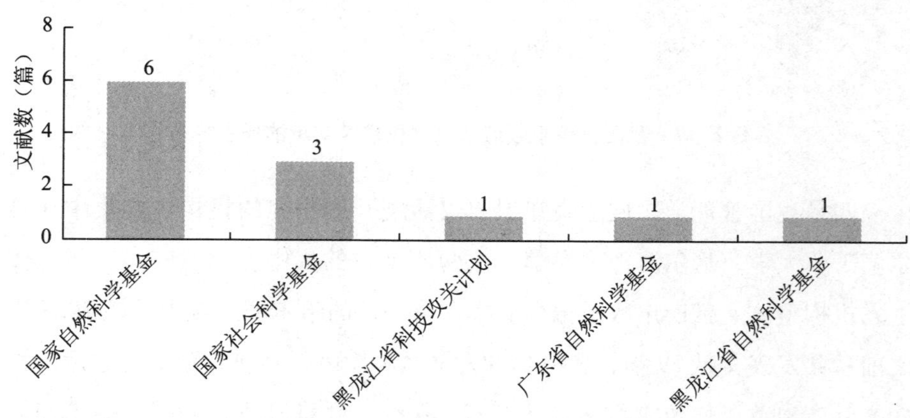

图 2-21　我国管理学领域知识产权研究文献受资助的基金分布

六是我国管理学领域知识产权研究文献的学科呈现出前几个学科相对集中与后续学科梯次降低共存的特征。前四个学科的文献约占 59%，主要集中在工商管理学科（27.73%）、工业经济学科（11.76%）、教育学科（10.08%）、国民经济学科（9.24%），其他各学科发表的文献数量相对较少，且较为分散，文献数量占比均未超过 6%，如图 2-22 所示。这表明，目前我国管理学诸多领域对知识产权已经开展了研究，具有许多潜在的研究力量；未来应积极支持管理学科与不同学科之间的交叉融合，协同研究知识产权的运营、管理和服务对我国企业引领性创新发展的影响等方面的重大问题。

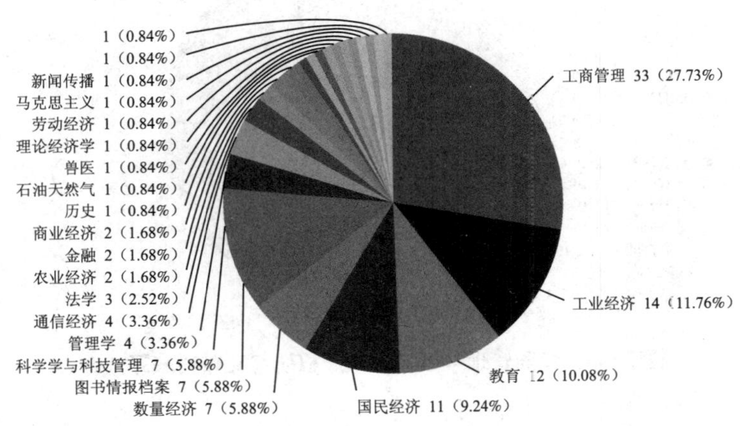

图 2-22 我国管理学领域知识产权研究文献的学科分布

七是文献的来源，呈现前两个机构产出了较多的文献而其他机构梯次降低的特征。产出文献最多的是哈尔滨工业大学，其发文占比高达为 34.52%，第二的机构是哈尔滨理工大学（占 23.81%），这两个机构就占文献总量约 59%。其他机构（期刊）的文献量呈梯次降低的特征较为明显，排在第三位之后的机构占比均低于4%，显示出多数机构的知识产权管理学科研究方向的文献产出量较少，或有关期刊知识产权栏目的载文量过小。如图 2-23 所示为我国管理学领域知识产权研究文献的来源分布情况。

八是我国管理学领域知识产权研究文献的话题非常分散，从文献的关键词来看，管理学、技术创新和知识产权三个关键词均有 6 篇文献，第四位的关键词“知识管理”为 5 篇，排在第五位的和第六位的“中小企业”和高新技术企业均为 4 篇，第六位之后的关键词的文献数量均等于或低于 3 篇，且呈梯次下降，如图 2-24 所示。从各类关键词的类别特征来看，我国管理学领域的知识产权研究涉及面较广但深度不够，与企业转型升级和提质增效方面的问题涉及不够多，需要持续加强知识产权运营和管理对微观经济主体的创新发展的多维度影响等研究。

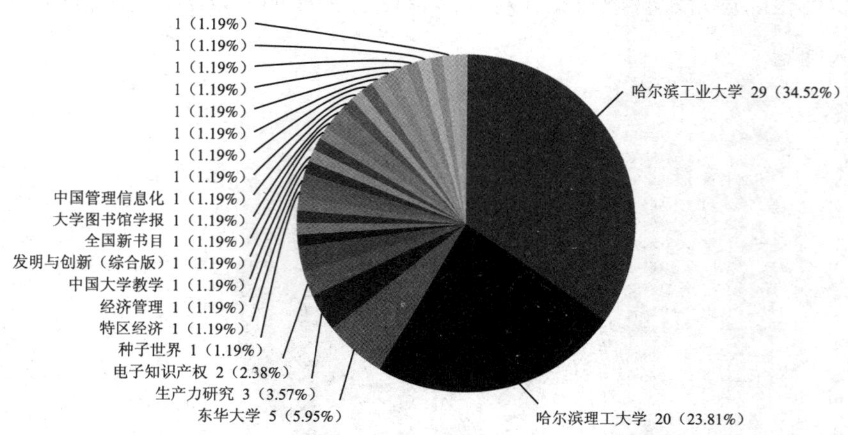

图 2-23　我国管理学领域知识产权研究文献的来源分布

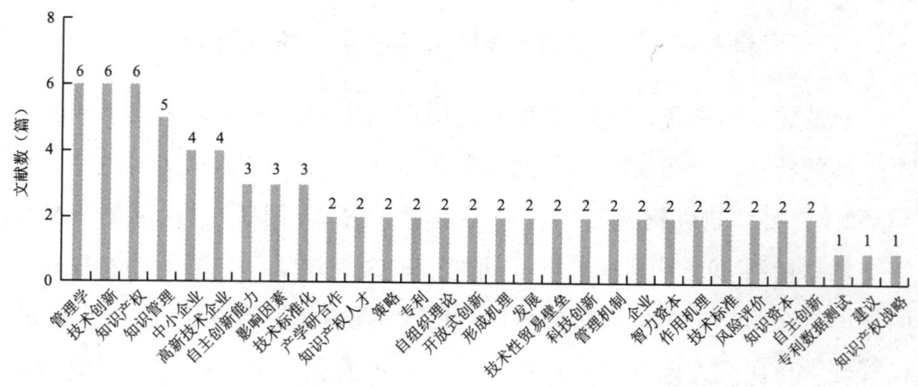

图 2-24　我国管理学领域知识产权研究文献的关键词分布

（二）基于多学科融合的知识产权服务的内涵及其属性特征

在大力推进知识产权强国战略的新形势下，在党的十九大提出要“强化知识产权创造、保护、运用”的新要求下，知识产权服务的业态和运行模式创新的步伐会进一步加快；那些具有创新性价值的知识产权服务，无不融合了包括法学、经济学和管理学等多种学科的理论知识和研究方法。基于法学、经济学和管理学等学科融合的视角来审视知识产权服务，可以让我们对知识产权服务的内涵进行新的概括：依法为创新主体确定其创新成果产权化的权属内容和权利人行为边界，帮助其合法有效地获取、存续、转换、救济与维持知识产权，最小化其知识产权市场交易的成本和费用，有效配置其知识产权创造、应用、保护、管理和服务的资源与能力，通过构建具有竞争优势的机制和模式促进其知识产权运营绩效的极大化。

从多学科融合的视角来界定知识产权服务的内涵，可以引导知识产权服务机构和相关市场主体，针对制造企业不同发展阶段价值创造活动的特点和服务需求，不断开发新的、更加有效的知识产权交易模式和运行机制，快速提升制造企业创新成果的产权化价值及其市场实现效率，为制造业实现转型升级和提质增效提供持续的、全价值链的智力支撑。从知识产权在国内外市场有效配置的视角来看，多学科融合的知识产权服务具有十分明显的知识化、法律化、网络化和国际化的属性特征。

1. 知识产权服务的知识密集性属性特征

知识产权服务的知识密集性，是与知识产权的垄断权密不可分的。这种垄断权决定了知识产权服务的客体是一种具有“独、特、新”的知识、信息和成果等无形资源。如，专利权的客体是具有“新颖性、创造性和实用性”的专利技术文件。商标权的客体是具有“特征显著、便于识别，并不与他人在先权利冲突”的商品标识文件。著作权的客体是指文学、艺术、科学、工程领域内，具有“独创性、可复制性”的智力创作与设计成果等。认知、评价、汇集、传播、开发、运用这些无形资产，并为权利人、利益相关方等提供高性价比的服务本身就需要具有较高的专业化的知识，以及创意和创新能力。

知识产权服务与制造企业创新成果的紧密结合，使得知识产权服务的质量、专业化水平和服务成效与服务供给者的智力、经验和职业素养密切相关。与传统的服务业主要依赖相对单一的技能提供有关服务相比，知识产权服务是知识密集型服务，知识产权的多学科融合的特征，使得其知识密集性的属性特征更加显著。知识密集型服务本质上讲是知识化的服务，是对以技能发挥为主要特征的传统服务业的发展、创新和提升。知识化服务的属性特征，体现在知识产权服务需要依托于多学科基础理论知识、各类技术知识、各种市场及政策信息以及各类法律法规知识，为知识产权权利人、权利相关方和客户提供高知识含量、高技术含量的智慧密集型设计、实施和提升服务。知识产权服务的“产品”设计、服务流程、服务标准、质量控制等需要体现全新的、多学科融合的知识化服务理念。同时，知识产权服务业还具有高度专业化的个性特征，行业进入和就业门槛较高；无论是服务商，还是其从业人员都必须对所要服务的行业和领域有比较深厚的多学科知识与实践经验积淀，有比较扎实的专业研究与实践基础，以及与客户持续不断的交流、互动和概念化能力，并在不断服务的过程中实现以知识、智能为中心的商业模式创新与品牌打造等目标，最终为客户提供具有企业隐形知识特征的系统化的技术规范和行为规范文件。

知识产权服务所依托的多学科知识融合的专业化人才，决定了知识产权服务的质量、效率和绩效水平，文化理念和知识与经验并重的人才队伍的培育，成为强化知识化和个性化服务、提升异质性竞争优势的必然选择。由于在建设创新型国家的进程中，围绕知识产权的许可、转让、产业化以及知识产权资源的创造、占有、传播、加工和运营等制度安排，能够激发全社会、全方位的创新创业活力，并不断产生新的市场价值创造主体，从而改变了产业创新供给侧的价值链形态，成为知识产权驱动创新发展的有力支撑。

2. 知识产权服务的法律化属性特征

知识产权服务与一般服务的最大不同在于其服务的客体几乎都处于严密的国际法的保护与规范。以世界知识产权组织（WIPO）为主导的国际组织建立了一套完整的知识产权国际公约、条约等法律法规。世界贸易组织（WTO）将《与贸易有关的知识产权协定》（以下简称《TRIPS 协定》）、《保护工业产权巴黎公约》（以下简称《巴黎公约》）、《伯尔尼公约》等知识产权基本公约，以及《商标国际注册马德里协定》《专利合作条约》《国际植物新品种保护公约》《关于集成电路的知识产权条约》等针对具体类型的知识产权条约纳入管辖范围。《TRIPS 协定》要求所有 WTO 成员对包括版权、专利、商标、工业设计、地理标识、集成电路外观设计以及未公开信息在内的、范围广泛的知识产权提供最低限度的保护。并在《巴黎公约》《伯尔尼公约》的基础上，增加了地理标识、专利、商业秘密以及政府知识产权强制性执行义务等新内容。WIPO 将国民待遇原则、最惠国待遇原则、透明度原则、最低保护标准、货物贸易的规则、争端解决机制等引入了知识产权领域，强化了知识产权的保护力度，规定了严格的执法要求，包括临时禁令、财产保全、海关边境保护措施、赔偿数额和司法处理等。有效地运用这些重要的国际法规则，是知识产权服务业支撑国内企业“走出去”的必然要求（刘介明，杨祝顺，2016）。

改革开放以来，随着我国法制化进程的不断推进，形成了包括《中华人民共和国专利法》及其实施细则、《中华人民共和国商标法》及其实施条例、《中华人民共和国著作权法》及其实施条例、《专利代理条例》《专利代理管理办法》《知识产权海关保护条例》《反不正当竞争法》等较为体系化的法律法规，这些法律法规对具体知识产权类型的创造、保护、管理和运用均进行了系统而细致的规定，是我国知识产权服务机构开展具体服务的直接依据。市场化运行的知识产权服务机构是企业性质的机构，也要适应我国企业相关法律环境，《中华人民共和国公司法》及相关司法解释、《公司登记管理办法》《中华人民共和国合伙企业法》《中华人民共和国企业破产法》、“三资法”，以及《税务登记管理办法》《中华人民共和国企业所得税法》及实施条例等税收法律法规，是知识产权服务机构建立并有效运行的基本法律环境，也是知识产权服务机构高效率为相关产业提供知识产权创造、保护、运营和管理服务的制度基础，必然高度融合到知识产权服务的全过程及各类服务之中。因此，知识产权服务具有显著的法律化属性特征，各类服务业务都必须依法合规。

知识产权服务的法律化属性特征还体现在以下两个方面：一是知识产权的服务的客体始终处于动态变化之中，面临许多法律法规上的不确定性，包括违反或不遵守法律、法规、规则、行业惯例和伦理标准等带来的风险。二是知识产权的权属关系并不是一成不变的。知识产权的主体、客体及其价值关系存在显著的差异，使得权利相关方和用户的价值诉求千差万别，即使同类的知识产权服务也具有明显的差别。这些异质性特征一方面体现了知识产权服务的特色，但同时也给知识产权服务带来了诸多的不确定性。与此同时，由于知识产权资源及其权利在创造、占有、传播、加工、运用、评估、许可、交易、质押等过程中，用户对服务品种、服务质量的需求始终也是动态变化的；因此，只有依据法律法规规范相关的利益关系和权利义务，才能不断降低服务过程中由各种不确定性所带来的风险，为相关利益主体乃至产业的发展带来良好的经济和社会利益。

3. 知识产权服务的网络化属性特征

与制造企业的产品生产与销售不同，知识化的知识产权服务具有无形性，不必通过物理性集聚来创造和运用其价值，它能够通过知识运用功能的“无形”集聚来实现知识价值的创造、运用、保护、管理等功能。“无形”的知识产权服务可以通过各种载体而有形化，并借助信息网络实现传递。知识产权服务商内外部知识信息的积累、交流与互动必须借助于有形载体，尤其是网络平台，以凝聚客户、树立信用、提升品牌关注度与市场影响力。知识产权服务商的“产品”设计、项目管理、流程控制、质量保障，以及与制造商等服务对象之间都必须借助信息终端与网络化管理技术，对项目预算、流程、计划、进度、质保、文档等方面进行科学、规范、有序管理，以提升服务的质量、效率和信誉等。

知识产权服务的供给主体主要包含三个类别：一是各级政府设立的公共服务机构，二是以高校、科研院所和行业协会等为代表的非营利性的知识产权服务中介组织，三是面向企业提供商业化知识产权服务的知识产权服务机构（杨红朝，2014）；其中，商业化的知识产权服务机构是国内知识产权服务的市场主体，是连接高校和科研院所协同创新的桥梁，成为知识产权服务业发展越来越重要的力量。知识产权服务的网络化能够让各类人才、组织体系和客户群快速检索、合作并共享智慧成果，以支持服务创新、管理创新与持续的技术创新的需求。可以说，没有网络化的服务属性特征，就不能产生打破时空和行业界限的高质量、高效率的知识产权服务。信息网络服务平台的构建对知识产权服务的有效运营发挥着及其重要的作用，它是促进和实现跨学科、跨组织、跨领域、跨国界知识积累、汇聚和价值创造活动的基本支撑。

4. 知识产权服务的国际化属性特征

知识产权服务与一般生产性服务有所不同的一个明显区别，就是知识产权服务的国际化属性特征——在完整的知识产权国际公约、条约、协议等法律法规制约下，知识产权服务伴随产权化的知识、信息和商品的全球化流动而参与全球国际市场的竞争与合作。

经济全球化把知识产权的各种制度、经贸规则、商业模式和技术壁垒等竞争手段，系统地引入国际科技文化与人才交流、国际经济贸易与资本流动、全球价值链整合与产业调整发展之中，这迫使我国必须面向全球化的发展，培育与国际接轨的知识产权服务业人才，必须大力扶持和发展符合国际规范的知识产权服务机构、行业组织和产业公共服务平台，以加速智力成果的产权化、商品化、产业化和国际化，为知识产权权利人与利益相关方提供符合国际市场交易规则的技术服务、商业运作、运营管理和法律保护。WTO 的协议包含了多种规则，如，用于成员国之间服务贸易统计的服务产品分类标准，将全部的服务活动分为 12 个部门，155 个分部门。该标准的商业服务部门涉及知识产权服务的类别，主要包括职业服务、计算机相关服务、其他职业服务三类；涉及法律服务、数据库服务、管理咨询服务，以及与管理咨询服务相关的服务及相关科学与技术咨询服务等分部门。不同的国家和地区之间，因为规制的差异，知识产权服务存在技术和管理的风险，具体地体现在服务流程、服务标准和质量管理等方面的不确定性风险。在国际市场竞争对象的不确定性以及不同国家、地区和行业博弈双方目的和策略的不确定性，都对知识产权服务的多学科知识和技能提出了越来越高的要求。

因此，提升知识产权服务的多学科知识的融合，以及知识产权服务人才的专业化水平、创新知识产权服务的运行机制和模式，成为知识产权服务业健康发展的关键。它对于增强我国制造企业、尤其是中西部地区制造企业做大做强，走知识产权驱动型的创新发展道路，显得十分紧迫。

（三）知识产权服务的主要类别及其价值特征

按照国家统计局国统字［2013］33 号文有关高技术产业（服务业）的分类表，知识产权服务是高技术产业（服务业）九大分类之一，主要涉及以下具体的服务类别：①信息服务，如，检索分析、数据库建设；②代理服务与法律服务，如申请、注册、登记、维权诉讼；③运用转化服务，如，评估、交易、质押融资、托管、经营；④咨询服务，如，预警分析、管理咨询、战略制定；⑤培训服务，知识产权的代理、转让、登记、鉴定、评估、认证、咨询、检索等服务活动包含在此小类（王楠，刘菊芳，2011）。

随着知识产权经济的发展，与知识产权产业密切相关的各种服务活动日益增多，围绕专利、商标、版权（包括计算机软件）、新品种、地理标志与原产地保护等知识产权领域的各种新兴服务业不断扩展，形成对专利、商标、版权（著作权）、软件、集成电路布图设计等知识产权的设计、代理、转让、登记、鉴定、评估、认证、咨询、检索、转化、孵化、融资与产业化等服务领域。从专利、版权、商标、新品种及地理标志与原产地保护这几种主要知识产权领域的服务来看，其功能属性特征在 9 大类知识产权中具有一定的代表性。

1. 专利领域知识产权服务的主要类别及其价值特征

专利服务主要包括专利申请代理服务（包含涉外代理），专利诉讼、调解、仲裁、司法鉴定服务，专利咨询服务（包括专利导航服务），专利维权援助服务，专利技术孵化转移服务，专利技术的融资与产业化服务，专利信息服务（包含专利信息传播平台，专利信息检索、咨询服务，专利专题商业数据库开发与运用、专利预警等），专利许可贸易服务，专利技术（发明、实用新型）/技术秘密/技术标准服务，工业产品外观设计服务，集成电路布图设计代理服务，专利行业社团服务，其他专利服务等。这些不同类型服务所聚焦的价值创造环节不同，其功能属性特征存在一定的差异。

（1）确权环节的服务及其价值特征

专利权的确权是专利授权机构就专利的申请和无效做出决定的行为，它还包括法院对此进行的司法审查行为。狭义上看，专利确权行为是指专利授权后因他人对权利的有效性提出异议而进行的行政复审与司法审查的行为。行政和司法机关对专利申请和无效进行审查并做出决定，涉及诸多的法律法规及技术特征的判断，对于专利的申请者来说，其知识的专业化和复杂性程度较高；因此，围绕专利的确权就需要专业化的服务机构来处理，以便使其创新成果顺利实现产权化，并确保在后续的专利保护和运营中利益最大化。因此，围绕专利的有效性问题，在这个阶段的专利服务主要涉及专利申请代理服务，专利诉讼、调解、仲裁、司法鉴定服务等。由于我国遵循严格意义上的专利确权“单轨制”模式，即，专利有效性问题主要交给行政机关判断，在与有效性相关的侵权诉讼中，若是对专利权的有效性存在异议，法院一般会中止审理，待行政机关确权程序走完再恢复审理（易玲，2012）。随着我国专利规模的不断扩大，涉及专利确权的纠纷越来越多。国家知识产权局公布的数据显示，2017 年，国家知识产权局专利复审委员会共受理复审请求 34123 件，同比增长 160%；受理无效宣告请求 4565 件，同比增长 15%。目前，我国专利确权纠纷处理程序存在程序复杂、周期过长，专利确权制度运行的成本相对较高，呈现出诸多问题（王虎，2016）。因而，提高专利制度的运行效率，一方面需要依靠深化知识产权制度的改革来根本解决，另一方面，需要通过培育市场化的相关服务来填补一些制度性的缺失，使现有专利制度达到效率的可能性边界。一般程序性的专业服务与规避、填补制度性缺失的总体解决方案方面的服务写结合，是目前我国知识产权确权服务实现高效率、低成本目标的一个重要特征。

（2）维权环节的服务及其价值特征

随着我国专利创造和运用规模的快速增长，专利侵权案件的数量也逐年增多。国家知识产权局公布的数据显示，2017 年，全国专利行政执法办案总量 6.7 万件，同比增长 36.3%；其中，专利纠纷办案 2.8 万件（包括专利侵权纠纷办案 2.7 万件），同比增长 35.0%；查处假冒专利案件 3.9 万件，同比增长 37.2%。专利维权是知识产权维权的重要组成部分，专利维权服务，主要涉及代理服务（包含涉外代理），专利诉讼、调解、仲裁、司法鉴定服务，以及专利维权援助等服务。由于专利侵权案件与一般的民事案件或其他类型的侵权案件相比存在巨大差异，这使得专利维权服务具有明显的专业化与跨学科融合的价值创造特征。一是专利是对创造者智慧成果的保护，属于权利人的无形资产，专利侵权案件的审理不仅涉及法律法规的适用问题，而且涉及自然科学理论和复杂的技术知识，其专业化程度显著高于一般民事案件，服务于案件的调查取证、审理辩论的跨学科知识及其专业化水平要求也很高。二是一般民事案件的维权往往是“事后维权”，侵权事实发生后，权利人利用法律武器为自己合法权益的维护提起诉讼，寻求法律的保护。而专利维权不仅涉及“事后维权”，而且包括“事前维权、事前预警”，其贯串于发明创造的课题立项、研发、成果鉴定、市场转化的全过程，且每个阶段的维权重点和方向不一，因此，专利维权体系的构建必然有别于一般的民事案件的维权体系。三是专利维权既可以借助市场化的服务机构实施，也可以借助政府的行政执法以及司法诉讼多种途径及其组合，这使得专利维权服务不仅需要跨学科、跨行业的专业化知识和技能；而且，还要具备跨界资源和能力整合的综合协调能力，在充分弥补权利人能力不足及现有专利制度体系的缺失的同时，为权利人及社会利益极大化。

(3) 用权环节的服务及其价值特征

专利权的运用或运营，是专利价值市场实现的必要环节，是对专利技术的应用、转化和商业化，实现专利技术价值或者效能的活动。专利运营是企业综合运用专利制度赢取市场竞争优势的有效手段。专利运营主要包括专利的许可、转让、托管、质押融资、导航评估、专利贸易和证卷化经营等服务类别。随着我国专利创造和运用能力的快速提升，专利运营服务显得越来越重要，逐步形成一个知识产权服务业的重点领域。国家知识产权局公布的数据显示，2017 年，全国专利质押融资总额 720 亿元人民币，同比增长 65%；质押项目数 4177 项，同比增长 60%。专利质押融资发展从一个侧面显示出我国专利运营服务的良好发展势头。专利运营服务具有投入产出周期长、中间投入成本高，对人才资源和信息资源等要求较高的价值特征，其发展离不开政府的政策扶持和产学研的协同，但由于其服务性质的商业性、服务对象的特定性、服务内容的灵活性，知识产权服务链各个环节都需要高质量的服务机构支撑，并提供优质的基础服务和定制化的前、后端延伸服务（杨宇，马铭泽，2015）。专利运营前需要进行尽职调查、分析、评估和方案制订，选择与客户价值创造模式相适合的运营方式和机制，避免有损所服务企业产品、技术和专利战略的运营行为。专利运营的跨学科、跨领域的价值特征，决定了专利运营服务需要借助各类技术和资产交易平台进行，包括专利交易可通过技术交易所、知识产权交易中心、国家专利技术展示交易中心、国家技术转移中心、创业孵化器，以及高新技术成果交易会、拍卖会、知识产权公共服务机构等进行。

2. 版权领域知识产权服务的主要类别及其功能特征

版权，即著作权，是知识产权的一种类型，它指文学、艺术、科学作品的作者对其原创作品享有的财产权和人身权；它包括自然科学、社会科学以及文学、音乐、戏剧、绘画、雕塑、摄影、图片和电影摄影等方面的原创作品，未经作者同意，他人不得出版或做更改原创者的作品。版权资源是可以“反复生产与复制”的可再生资源，版权服务业是以文化创意和科技成果为支撑，具有技术含量高、资源消耗低、环境污染少等特点，是典型的低碳产业和绿色产业；因而具备高收益性、高成长性和高附加值等特征，对国民经济乃至区域经济的发展存在突出的经济贡献（王行鹏，2013）。为了保障作者因创作作品而获得的正当权益，协调作品的创作者、传播者和广大公众因作品的传播和使用而产生的法律关系，鼓励原创，促进作品传播，发展科学文化事业，世界上已有 150 多个国家和地区建立了版权制度。

（1）版权服务的类型

版权服务主要包括版权代理服务，版权转让服务，版权鉴定服务，版权诉讼、调解、仲裁、司法鉴定服务，版权咨询服务，海外作品登记服务，涉外音像合同认证服务，版权使用报酬收转服务，版权贸易服务；与新闻出版、广播、电视、电影、音像、文化艺术、娱乐和体育有关的版权服务、版权行业社团服务、其他版权服务等；此外，还包含与计算机软件相关的服务业，如，软件登记代理服务、网络与信息服务等。

（2）版权服务的功能特征

版权是法律上规定的某一单位或个人对某项著作享有印刷出版和销售的权利，任何人要复制、翻译、改编或演出等均需要得到版权所有人的许可，否则就是对他人权利的侵权行为。版权制度的实质是把人类的智力成果作为财产来看待。版权是文学、艺术、科学技术作品的原创作者，依法对其作品所享有的一种民事权利。

版权产业的发展，是衡量一个国家、一个地区自主创新能力的重要标志。按照我国的《著作权法》，版权的人身权只能作者享有而不能转让，其主要包括以下权利：①发表权，即决定作品是否公之于众的权利；②署名权，即表明作者身份，在作品上署名的权利；③修改权，即修改或者授权他人修改作品的权利；④保护作品完整权，即保护作品不受歪曲、篡改的权利。从版权的人身权保护视角来看，版权服务具有制度性、政策性、文化性和知识性强，以及融合度高的特征，能够有效地发挥版权制度促进创新创意发展的功能。受版权保护的智力成果，作为一种高附加值的生产要素和基本资源，是支撑支撑广告设计、计算机软件、新闻出版、广播影视、文学艺术等高端产业快速发展的核心要素。

按照我国的《著作权法》，版权的财产权主要包括以下权利：①复制权，即以印刷、复印、拓印、录音、录像、翻录、翻拍等方式将作品制作一份或者多份的权利；②发行权，即以出售或者赠与方式向公众提供作品的原件或者复制件的权利；③出租权，即有偿许可他人临时使用电影作品和以类似摄制电影的方法创作的作品、计算机软件的权利，计算机软件不是出租的主要标的的除外；④展览权，即公开陈列美术作品、摄影作品的原件或者复制件的权利；⑤表演权，即公开表演作品，以及用各种手段公开播送作品的表演的权利；⑥放映权，即通过放映机、幻灯机等技术设备公开再现美术、摄影、电影和以类似摄制电影的方法创作的作品等的权利；⑦广播权，即以无线方式公开广播或者传播作品，以有线传播或者转播的方式向公众传播广播的作品，以及通过扩音器或者其他传送符号、声音、图像的类似工具向公众传播广播的作品的权利；⑧信息网络传播权，即以有线或者无线方式向公众提供作品，使公众可以在其个人选定的时间和地点获得作品的权利；⑨摄制权，即以摄制电影或者以类似摄制电影的方法将作品固定在载体上的权利；⑩改编权，即改变作品，创作出具有独创性的新作品的权利；⑪翻译权，即将作品从一种语言文字转换成另一种语言文字的权利；⑫汇编权，即将作品或者作品的片段通过选择或者编排，汇集成新作品的权利；⑬应当由著作权人享有的其他权利。版权服务业围绕“版权统计—版权登记—版权发布—版权评估—版权交易”产业链而发展。从版权的财产权保护视角来看，高效率的版权服务需要以版权公共服务为支撑；由版权行政管理机关或者非营利性组织提供的版权公共产品和公共服务，能够为版权作品的登记、确权、交易、质押、取证、维权、执法等提供全方位的支持。构建地区高效率的版权公共服务平台，有利于拓展版权利用方式，降低版权交易成本和风险，进一步激发智力创作者的创作激情和作品传播者的运用能力。

3. 商标领域知识产权服务的主要类别及其功能特征

商标在人类的社会和经济生活中由来已久，早期的商标是作为产品标记出现的。清光绪三十年（1904 年），中国第一部正式商标法规《商标注册试办章程》诞生（李永轮，郭栋，2010）。按照世界知识产权组织（WIPO）的定义，商标是将某商品或服务标明是某具体个人或企业所生产或提供的商品或服务的显著标志。国际保护工业产权协会（AIPPI）在柏林大会上曾对商标做出过这样的定义："商标是用以区别个人或集体所提供的商品及服务的标记"。《中华人民共和国商标法》规定，任何能够将自然人、法人或者其他组织的商品与他人的商品区别开的标志，包括文字、图形、字母、数字、三维标志、颜色组合和声音等，以及上述要素的组合，均可以作为商标申请注册。经国家商标行政主管部门核准注册的商标，包括商品商标、服务商标和集体商标、证明商标，商标注册人享有商标专用权，受法律保护。

（1）商标服务的主要类型

商标是企业拥有各种法定权益的商业标记的总合，可以分为主体人格标记、商品与服务标记两大类（张世如，2009）。商标是知产权的重要成部分，其价值是通过承载和分享其他资产以及可包括在商誉中的一些无形资产的价值而实现的。商标的产权可以分解为不同的产权形式。以产品商标为例，商标的所有权可以分为转让权、继承权等，而商标使用权则可分为排他专用权（或独占权）和许可使用权。商标权人通过使用许可合同，转让的是注册商标的使用权。商标的许可专用权通过契约安排可成为交易流通的合同标的物。商标服务包括法律服务和商务服务，旨在为商标注册、异议、诉讼等提供相关法律服务，以及商标权运营诸环节服务。商标服务主要围绕"商标起名—商标设计—商标注册—商标运营—商标保护"全环节的价值需求，提供包括商标设计及标注册代理服务（涉外代理），商标转让服务，商标诉讼、调解、仲裁、司法服务，商标咨询服务，商标信息服务，商标许可贸易服务，与商标\著名商标\驰名商标有关的工商服务，商标行业社团服务，以及其他商标服务，为企业树立品牌，赢得声誉。商标经商标所有权人同意，可以有偿转让，许可他人使用。

（2）商标服务的功能特征

商标是由文字、图形、字母、数字、三维标志和颜色组合，以及上述要素的组合的可视性标志，是体现人类艺术设计的智力成果，是一个企业或者个人区别于他人商品或服务的标志，具有特别显著性的区别功能，使能够消费者快速地识别和记忆。注册商标具有排他性、独占性、唯一性等特点，属于注册商标所有人所独占，受法律保护，任何企业或个人未经注册商标所有权人许可或授权，均不可自行使用，否则将承担侵权责任。商标是依附于商品或服务的标记，与商品或服务不能分离。注册商标所有人对其商标具有专用权、受到法律保护，未经商标权所有人的许可，任何人不得擅自使用与该注册商标相同或相类似的商标，否则，即构成侵犯注册商标权所有人的商标专用权，应承担相应的法律责任。商标是商品和服务生产和经营信息的载体，是参与市场竞争的工具。商标的价值始于对商品信息的披露，厂商通过商标传递关于自身商品和服务的质量信息，以推动消费者对其商品和服务的选择和购买。商标代表着商标所有者生产或经营的质量、信誉和企业形象，使人们能够在同类商品中加深印象，并产生好感。商标的知名度越高，其商品或服务的竞争力就越强。商标所有者通过商标的创意、设计、申请注册、广告宣传及使用，使商标具有了价值，也增加了商品的附加值。商标的功能因素与商标的价值变动呈正相关关系。商标价值主要是与商誉有关，消费者对于某一商标的知晓度、美誉度、忠诚度，需要通过专业的、多样化的商标服务进行塑造、传递和披露商品信息来实现。不同的商标服务功能对商标价值的变动会产生不同的影响。商标服务的战略设计功能，能够帮助企业在形成、维持商标无形资产价值的过程中合理选择所投入的资源及其成本，包括在商标价值形成和维持中的各种广告、公关等促销费用，以及企业生产经营中形成和维持商标价值的文化理念、质量保证、顾客价值等各种隐形价值投入。商标服务的资源整合功能，能够帮助企业将产权变动与商标价值紧密地联系起来，通过整合不同的商标资源，实现商标价值和企业关键资产与其市场价值之间的良性互动。商标服务的市场价值配置功能，能够帮助企业根据所处产业和市场宏观状况对商标价值的影响，将不同的商标价值与产业和市场所处的变动周期匹配起来。当企业产品或服务所在产业和市场处于成长阶段时，配置高知名度商标，使企业商标价值与其市场同步扩张。而当企业产品或服务所在产业和市场处于初期或衰退阶段时，配置价值相对较低的商标，尽可能减少商标价值损失的市场风险。当市场竞争越来越激烈，商标的潜在替代品越来越多时，则配置投入价值相对较少、产权转化能力较高的商标，以减少商标市场价值贬值的风险。国家的法律法规通过对商标产权权属的界定、保护和完整与否直接影响其价值。政府的产业政策通过对商标所处行业及其市场的影响，间接地影响企业商标的价值。商标服务的制度导向功能，能够帮助企业及时调整其商标战略和运行策略，适应所在国家和地区法律法规及产业政策变动对企业及其商标价值的负面影响。

4. 地理标志与原产地名称保护领域服务的主要类别及其功能特征

地理标志也称为商品原产地名称，是一种区域品牌，源于特定地理空间区域的品牌，对区域内成员具有非排他性和非竞争性，是保护地方农民利益，促进地方农业集群发展的重要措施（王寒，2008）。WTO《与贸易有关的知识产权协定》（TRIPS）第22条第一款规定，地理标志是指“其标示出某商品来源于某成员地域内，或来源于该地域中的某地区或某地方，该商品的特定质量、信誉或其他特征，主要与该地理来源相关联”。我国2001年修订的《商标法》将地理标志定义为：“标示某商品来源于某地区，该商品的特定质量、信誉或者其他特征，主要由该地区的自然因素或者人文因素所决定的标志”。地理标志这种体现在商品上的特殊地理来源以及与原产地相关的品质、文化和声誉的标记，可以提高产品在国内外市场的竞争力和价格水平（王志本，2005）。

（1）地理标志和原产地服务的主要类别

地理标志是一种特殊的知识产权，由于地理标志与特定的地域密切相关，受当地独特的地理环境的影响；因此，在本地域外不得使用，具有明显的地域“排他性”；同时，地理标志可以由商品来源地所有产品达到了地理标志要求品质的生产者共同使用，又具有一定的地域“共有性”（吴春岐，2003）。

地理标志与原产地保护领域的知识产权服务，主要包括为地方（区域）名、特、优产品申报地理标志和原产地提供的咨询、策划和代理服务；为地理标志和原产地产品提供技术标准、生产工艺、操作流程和质量控制方面的技术设计服务；为获取地理标志和原产地产品注册、产品质量证书、生产许可认证、计量与标准化管理、国际协调等方面的管理服务；对地理标志和原产地产品的生产工艺，质量特色、质量等级和品牌培育提供培训和认定的咨询服务；对地理标志和原产地产品提供司法与行政保护的维权服务，以及地理标志与原产地保护信息服务、地理标志和原产地产品行业管理公共服务、其他地理标志与原产地市场化保护服务等。

（2）地理标志和原产地服务的主要功能特征

地理标志和原产地名称保护的商品范围主要涉及农产品、食品、葡萄酒、烈性酒等。地理标志与商标都是商业标志，在功能方面具有许多共同点，地理标志与商标在本质上都是一种识别性标记，基本功能都是用来区别商品的来源。与商标不同，地理标志的主要功能是区分商品的来源。地理标志是对商品产地的标示进行区别的，而不是对其制造来源的标示进行区别。由于普通商标和地理标志的作用不同，两者的使用并不冲突，生产者既可以在其产品上标识其合法使用的地理标志，也可以同时使用区别于不同产品制造商的普通商标。

一般而言，商标权的取得只要到商标主管机关注册登记，批准后可取得商标权，并受商标法的保护；通过长期使用产生显著性，起到区别商品或者服务的功能。与商标不同的是，地理标志不是权利人凭主观意愿选定的，往往是经过数百年甚至几千年的时间经过当地劳动人民的辛勤劳作而形成的，对后人来说是客观存在的，使用该地理标志的商品已经闻名全省、全国乃至全世界，能够区别该产地与其他产地的同类商品。地理标志标示商品的质量是直接的，商标标识产品质量是间接的。地理标志的使用权并不属于任何一个商品生产者，而应属于特定地域从事该商品生产的所有生产者，是该地区的“公共财产”，不得转让。其所限定的地域之外的企业和个人，不论其产品的质量或特点与该地理标志的要求多么一致，都不能使用该地理标志。我国现有的国内法以及我国参加的国际条约，都没有对地理标志存续期限进行限定。因此，地理标志可以不受时间约束，永续存在。按照国际公约的规定，在国内受保护的地理标志，在国外也无条件受法律保护。

地理标志与原产地名称属同一个基本概念。原产地名称是根据《巴黎公约》和《里斯本协定》对原产地名称的规定。《TRIPS 协定》所定义的地理标志是比照《巴黎公约》的原产地名称来定义的。

原产地名称是指一个地区或一个国家的名称，它用以说明一种农产品或食品源于该地区或国家，其生产、加工和制备都是在当地完成的，并且该产品的品质和特性实质上取决于由该地区的自然和人文因素形成的独特地理环境。原产地名称和地理标志的基本差异在于，前者与原产地域的关联比后者更紧密。原产地名称的产品质量或特性取决于地理原产地，而地理标志标识的商品具有某种质量、信誉或某些其他特性，只要有一个取决于地理原产地的标准就足够了；与原产地名称相比，地理标志商品的原材料生产和产品开发则不必完全位于特定的地理区域。

5. 植物新品种领域知识产权服务的主要类别及其功能特征

植物的培育与创新对农业、医药、食品、烹饪、园艺等行业的发展以及社会发展具有重要作用，(李菊丹，2017)。1997 年 3 月 20 日，《中华人民共和国植物新品种保护条例》的颁布，标志我国正式将植物新品种纳入知识产权保护。1999 年 4 月 23 日，我国加入国际植物新品种保护联盟(UPOV)，成为其第 39 个成员国。同年，农业部和国家林业局分别出台了《中华人民共和国植物新品种保护条例实施细则》的农业部分和林业部分实施细则。按照《中华人民共和国植物新品种保护条例》的规定，植物新品种是指经过人工培育的或者对发现的野生植物加以开发，具备新颖性、特异性、一致性和稳定性并有适当命名的植物品种。根据《中华人民共和国植物新品种保护条例实施细则（农业部分）》规定，农业植物新品种包括粮食、棉花、油料、麻类、糖料、蔬菜（ 含西甜瓜）、烟草、桑树、茶树、果树（干果除外）、观赏植物（木本除外）、草类、绿肥、草本药材、食用菌、藻类和橡胶树等植物的新品种。根据《中华人民共和国植物新品种保护条例实施细则（林业部分）》规定，林业植物新品种包括林木、竹、木质藤本、木本观赏植物（包括木本花卉）、果树（干果部分）及木本油料、饮料、调料、木本药材等植物品种。2015 年 11 月 4 日，第十二届全国人民代表大会常务委员会第十七次会议通过《中华人民共和国种子法》修订案，增设"新品种保护"一章，将原《中华人民共和国植物新品种保护条例》的内容上升为法律，确定了植物新品种权的法律地位，极大地调动了社会力量参与植物新品种转化运用的积极性（朱岩，周绪晨，朱敏，2017）。

（1）植物新品种服务的主要类别

按照《中华人民共和国植物新品种保护条例》第六条规定，植物新品种权是权利人对授权繁材和授权品名两个部分依法进行支配和控制的"排他独占权"。授权品名是指被授权品种的名称，具有区别不同品种的能力，是育种者的商业标识，是获得授权的前提条件、维持品种的存续要素、制止侵权的重要环节，其在流通环节向外传递着种质特性、育种者身份等信息。植物的品种权既包含了其智力成果权，也包含其品名权。保护授权品名不仅是对育种创新行为的精神激励，也是对这些开创行为后续的诚信经营的肯定和发扬。授权品名作为一种商业标识，具有指示品种、排斥类似品种及后续品种等功能，是品种获权、品种存续的必要条件、也是品种保护的重要环节和直接途径（高景贺，2017）。植物新品种领域的知识产权服务，主要围绕品种权的二元属性在品种权市场开展增值活动；其服务类型主要包括：品种权申请代理服务（包括海外品种权申请及战略布局），新品种转化服务，新品种销售推广服务，新品种权许可服务，新品种权托管和投融资服务，新品种权展示交易服务，新品种信息检索、分析、数据加工服务，新品种评估咨询服务，新品种诉讼、调解、仲裁、司法鉴定服务，新品种行业社团服务，以及其他植物新品种相关培训服务等。

（2）植物新品种服务的主要功能特征

植物新品种权的载体是有机生命体，具有自我复制性，在一定的条件下能够生长繁殖。植物新品种的创新活动通常会在大田进行试验研究，因而更容易通过自身的途径以及外在的影响进行扩散。这种自我复制性是主动扩张的过程，能够在复制的过程中实现外部经济性。与其他类型的知识产权相比，植物新品种在研发及转化过程中存在更多的风险。一是创新成果的外部性相关联的公益性特征，使得新品种的转化不能完全重视经济效益，还要重视社会效益和环境影响，这就使得植物新品种的创造和运营服务不仅要有营利性的市场主体参与，还要有公益性的组织及其公共服务平台作为支撑。二是新品种在上市流通之前还要接受包括食品安全测试等一系列的检测和审查，需要达到的要求和标准较高，成果转化和应用的周期会很长，一般市场主体难以承受。因此，植物新品种服务所具有的公益性、收益不确定性、价值易扩散性、自然条件依赖性、技术转化的风险性等功能特点，使得植物新品种权的转化和运用需要在收益性、社会性之间实现合理的平衡（任端阳，2017）。这些特征使得植物新品种的创造、保护和运用的相关服务不同于其他类型的知识产权，需要政府、市场和相关社会组织的参与及多部门、多产业的协同，共同形成开放式的创新生态体系。

第二节　基于产业发展视角的知识产权服务的内涵及其属性特征

知识产权服务属于生产性服务范畴，除了直接服务于工业和农业的各个产业领域；同时，它还服务于现代服务业的各个产业领域。从产业发展的视角来看，知识产权服务主要包括与知识产权相关的现代物流、现代金融、文化旅游、广告会展、信用评估、知识产权的资产评估、会计审计服务；与知识产权有关的教育、培训和对外交流等方面的服务与知识产权相关的公共卫生、公共基础设施、环境保护和社会福利方面的公共服务，与知识产权服务领域融合发展衍生的其他类型的服务等，都属于新兴的知识产权服务业领域。

（一）基于国内产业发展视角的知识产权服务的内涵及其属性特征

2008 年 6 月 5 日，国务院颁布实施《国家知识产权战略纲要》，将知识产权工作上升到国家战略层面进行统筹部署和整体推进，明确提出在生物和医药、信息、新材料、先进制造、先进能源、海洋、资源环境、现代农业、现代交通、航空航天等技术领域超前部署的知识产权战略，促进这些产业掌握一批核心技术的专利，支撑我国高技术产业与新兴产业发展。2014 年国务院办公厅转发了 28 个部委联合出台的《深入实施国家知识产权战略行动计划（2014—2020 年）》，明确提出了推动知识产权密集型产业和知识产权服务业快速发展的任务目标。2015 年 12 月 18 日，国务院发布《关于新形势下加快知识产权强国建设的若干意见》，进一步强调培育知识产权密集型产业，探索制定知识产权密集型产业目录和发展规划，运用股权投资基金等市场化方式，引导社会资金投入知识产权密集型产业，加大政府采购对知识产权密集型产品的支持力度，试点建设知识产权密集型产业集聚区和知识产权密集型产业产品示范基地。从产业发展的视角来看，知识产权服务业发展的首要任务，就是支撑知识产权密集型产业的发展，提高我国重点产业领域在国际上的竞争力。

1. 基于知识产权强国视角的知识产权服务的内涵及其属性特征

为深入实施国家知识产权战略、建设知识产权强国，2015 年 10 月 21 日国家知识产权局印发了《加快推进知识产权强省建设工作方案（试行）》（国知发管字〔2015〕59 号，以下简称《方案》）。《方案》围绕知识产权强国建设的目标，向全国各省、自治区、直辖市和新疆生产建设兵团提出了知识产权强省建设的远景规划，确定了引领型、支撑型和特色型知识产权强省建设的要求，构建了以知识产权强省为主要支撑，以知识产权强市为发展极，以知识产权强企为重要支点的发展格局。在《方案》中，知识产权密集型产业产值占 GDP 的比重作为一个主要任务目标，在知识产权强省建设中占据十分重要的地位。《方案》明确规定，引领型知识产权强省要“培育发展知识产权密集型产业。出台培育发展知识产权密集型产业的政策，引导财政、税收等政策向知识产权密集型产业倾斜。建立专利导航产业创新发展机制，优化产业发展决策，提升产业发展层次。创新知识产权服务模式和服务业态，促进知识产权服务与产业融合发展”，推进地区重点产业和技术领域的知识产权国际布局。《方案》要求支撑型知识产权强省，要“面向区域重点产业，实施一批专利导航项目”，“引导扶持传统优势制造业企业通过引进、消化、吸收、再创新专利技术，增强市场竞争能力”，支撑地区优势产业转型升级。《方案》要求特色型知识产权强省，要“积极发挥专利等各类知识产权作用，提升农业产品知识产权附加值，促进现代农业升级发展。综合运用知识产权手段，培育生产性服务业品牌企业，促进工业设计向高端综合设计服务转变。打造一批从事服务外包的品牌企业，提升传统服务业发展水平”，助推特色产业做大做强。

从以上《方案》内容可以看出，国家知识产权主管部门在顶层设计上，对知识产权服务业的定位、使命和作用有了明确要求和期待；具体地讲，就是符合国家知识产权强国战略要求的知识产权服务业，其定位在服务国家和地区创新驱动发展战略的高端的、新型的生产性服务业，其使命是实现知识产权与区域经济和科技的有效融合，其发展的现实要求是围绕“知识产权密集型产业”的发展，大幅度提升知识产权对经济社会发展的贡献度，支撑地区优势产业转型升级、助推特色产业做大做强，提升区域知识产权的国际竞争力。由此，我们可以基于知识产权强国视角来审视知识产权服务业的内涵——服务国家和地区发展战略，为实现知识产权与区域经济和科技的有效融合，围绕地区知识产权密集型产业的发展，通过专利导航等服务手段，提升农业产品知识产权附加值、提升传统服务业发展水平，大幅度提升知识产权对地区经济社会发展的贡献度，支撑地区优势产业转型升级、助推特色产业做大做强的新兴服务业。

按照以上知识产权服务业的内涵，基于知识产权强国视角来审视知识产权服务业具有以下属性特征：①战略导向属性，服务国家和地区创新驱动发展战略，推动地区知识产权综合实力整体提升，推进地区知识产权的国际布局和市场竞争力；②产业融合属性，推进知识产权与区域经济和科技的有效融合，支撑知识产权密集型产业的快速发展，支撑地区优势产业转型升级、助推特色产业做大做强；③企业提质增效属性，服务传统优势制造业企业通过引进、消化、吸收、再创新专利技术，增强市场竞争能力，提升农业产品知识产权附加值、提升传统服务业发展水平。

2. 基于河南知识产权强省视角的知识产权服务的内涵及其属性特征

为加快实施《国家知识产权战略纲要》，充分发挥知识产权在河南省经济社会发展中的支撑和引领作用，根据《国务院关于新形势下加快知识产权强国建设的若干意见》精神和国家知识产权局《加快推进知识产权强省建设工作方案（试行）》的要求，河南省人民政府于 2016 年 10 月 14 日发布了《河南省建设支撑型知识产权强省试点省实施方案》（以下简称《实施方案》）。《实施方案》以知识产权运用和保护能力建设为主线，以全面提升全省创新驱动发展能力和产业核心竞争力，引领产业结构优化升级与经济发展方式转变，促进“大众创业，万众创新”蓬勃发展为重点，向全省提出：到 2020 年，知识产权对全省经济社会发展的贡献度显著提升，力争建成支撑和引领优势明显的知识产权强省。在《实施方案》中，国家知识产权局的《方案》中有关知识产权密集型产业发展的任务得到了细化——着力培育专利、版权、商标密集型产业，以及高知识产权密集度的现代农业。其中，包括以电子信息产业、装备制造业等高成长性产业集群和生物与制药产业、新材料产业等战略性新兴产业为重点，在特色产业基础较好的产业集聚区建立 36 个专利导航产业发展实验区；建成 60 个省级产业集群品牌培育基地；以文化创意、工业设计、出版、影视、软件、信息和版权服务等产业为重点。

建设一批版权示范城市、示范单位和示范园区（基地）等。《实施方案》规定的八大试点任务之一就是发展知识产权服务业，培育新型知识产权服务品牌机构；具体任务包括，建设知识产权服务园区、发展知识产权虚拟市场、培育知识产权服务品牌机构。从《实施方案》建设知识产权服务园区的内容来看，推动国内外高端知识产权服务机构集聚发展、知识产权服务业战略联盟建设，优化区域知识产权服务业态结构，开展知识产权高端服务是主要工作任务。从发展知识产权虚拟市场的任务来看，依托现有的技术产权交易所，设立知识产权银行和知识产权运营投资基金，鼓励金融机构为创新创业者提供知识产权资产股权化、证券化等新型金融服务，形成以知识产权评估、转让许可、投融资、股权交易、质押物处置等为支撑的网上网下相结合的交易服务体系是重点。从培育知识产权服务品牌机构的目标来看，“十三五”期间，会重点发展知识产权分析评议、专利分析预警、专利诉讼与应对、专利运营等新型知识产权服务业态，推动专利信息与其他各类知识产权基础信息公共服务平台互联互通，在代理服务、法律服务、信息服务等领域重点培育一批机构，开展特色化、高端化、国际化服务。总体上看，河南省知识产权支撑型强省试点省建设，将通过构建知识产权驱动型创新发展制度体系、知识产权驱动型创新发展支撑体系、知识产权驱动型创新发展激励体系、知识产权驱动型创新发展人才体系，来确保知识产权强省建设目标的顺利实现，这为知识产权服务业的全面、健康的发展提供了难得的机遇。

从以上《实施方案》内容可以看出，河南省政府在顶层设计上，对知识产权服务业的定位、使命和作用有了更加明确、具体的要求。具体地讲，就是符合国家粮食生产核心区、中原经济区、郑州航空港经济综合实验区、郑洛新国家自主创新示范区、中国（河南）自由贸易试验区五大国家战略的知识产权服务业（按照河南省委省政府新的战略性表述是“四区一群”，涵盖了“中原城市群”发展战略），其定位在服务河南承担的国家战略和提升地区创新驱动发展能力的特色化、高端化、国际化的高成长服务业。其使命是实现知识产权与区域产业的有效融合，全面促进全省知识产权运用能力的根本性增强，推进全省创新驱动发展能力和产业核心竞争力提升，显著提升知识产权对经济社会发展的贡献度；其发展的现实要求是围绕专利、版权、商标等密集型产业的发展，推进地区产业结构优化升级与经济发展方式转变，推动大众创业、万众创新蓬勃发展，提高知识产权服务的国际化水平。由此，我们可以基于知识产权强省视角来审视知识产权服务业的内涵——服务河南承担的国家战略和提升地区创新驱动发展能力，为实现知识产权与区域产业的有效融合，全面促进全省知识产权运用能力的根本性增强，围绕地区专利、版权、商标等知识产权密集型产业的发展，通过专利导航试验区等公共服务平台的建设，推进全省创新驱动发展能力和产业核心竞争力提升，显著提升知识产权对经济社会发展的贡献度，推进地区产业结构优化升级与经济发展方式转变，推动大众创业、万众创新蓬勃发展，提高知识产权服务的国际化水平的高端、高成长服务业。

按照以上知识产权服务业的内涵，基于知识产权强省视角来审视知识产权服务业，其具有以下属性特征：①战略导向属性，服务国家战略和地区创新驱动发展能力，全面促进全省知识产权运用能力的根本性增强，提高知识产权服务的国际化水平；②产业融合属性，推进知识产权与区域产业有效融合，推进知识产权密集型产业的全面发展，推进地区产业结构优化升级与经济发展方式转变，推动大众创业、万众创新蓬勃发展；③公共服务能力属性，通过专利导航试验区等公共服务平台的建设，推进全省产业核心竞争力提升，显著提升知识产权对经济社会发展的贡献度。

（二）基于发达国家产业视角的知识产权服务的内涵及其属性特征

现代知识产权制度发源于15世纪的威尼斯共和国，经过几个世纪的发展，以专利制度为代表的知识产权制度在西方发达国家已经非常成熟，知识产权服务市场有了较成熟的市场机制。知识产权服务所涉及的各个领域都有相应的中介机构提供服务，服务市场主要受到几家规模较大的公司的影响，这些大公司在知识产权服务行业起着规范与指导市场的作用。与我国主要由政府推进知识产权的创造、保护和运用有所不同，以美国为代表的当代西方发达国家在长期的市场化运行过程中，已经形成了市场化的知识产权服务体系。从产业发展的视角来看，其知识产权服务的内涵及其属性特征与我国有明显的差异。

1. 基于美国知识密集型产业发展视角的知识产权服务的内涵及其属性特征

在美国，知识产权服务业是以知识密集型产业来体现的，其产业分类与我国类似，主要体现为专利、版权和商标密集型产业。2012年3月，美国商务部的经济统计局（ESA）和美国专利商标局（USPTO）共同完成的《知识产权和美国经济：聚焦产业》报告，首次系统梳理了美国经济中知识产权密集型产业的布局状况，全面分析了以专利、商标和版权为主体的知识产权高度密集型产业的发展趋势和特点，运用数据描述了这些产业对于美国经济做出的实际贡献。ESA和USPTO在2016年发布的报告更新了2012年报告的内容（2012年的报告依据的是2010年的数据，2016年的报告依据的是2014年的数据）。2016年报告的主要研究发现包括以下内容（Antonipillai，Lee *et al*，2016）：

（1）知识产权密集型产业仍然是美国经济最主要的、具有累积性和增长性的组成部分。

（2）确认了81个产业（从313个产业中遴选出来的）是知识产权密集型产业，这些知识产权密集型产业在2014年直接产生了279万人就业，高出2010年80万人。

（3）商标密集型产业在就业人数上贡献最大，从2010年的2260万人增长到2014年的2370万人。版权密集型产业的就业岗位数量也从2010年的510万人，增加到2014年的560万人。专利密集型产业的就业岗位稳中有升，从2010年的380万人增加到2014年的390万人。

（4）虽然，知识产权密集型产业就业岗位在2010—2014年间实现了增长，但非知识产权密集型产业就业岗位的增长却略高于知识产权密集型产业；知识产权密集型产业在全国就业人口所占的比例从2010年的18.8%，下降到2014年的18.2%。

（5）相比较而言，2010—2014年，知识产权密集型产业的增加值在总量及GDP的份额中都实现了持续的增长。知识产权密集型产业增加值的总量从2010年的5.06万亿美元，增长到2014年的6.6万亿美元，增幅超过

30%。相应地，知识产权密集型产业在美国 GDP 中的份额也从 2010 年的 34.8% 增长到 2014 年的 38.2%。

（6）虽然知识产权密集型产业直接贡献的就业岗位约 2790 万个，但其在整个经济系统中间接地带来了超过 1760 万个供应链岗位。总体上看，知识产权密集型产业直接的和间接的支持了 4550 万个就业岗位，大约占美国全部就业人口的 30%。

（7）知识产权密集型产业人员的工资收入显著高于非知识产权密集型产业的收入。2014 年知识产权密集型产业的从业人员的平均周薪 1312 美元，高于非知识产权密集型产业私人部门从业人员平均周薪 896 美元的 46%。知识产权密集型产业高于非知识产权密集型产业周薪的增幅已从 1990 年的 22%、2010 年的 42%上升到 2014 年的 46%。专利和版权密集型产业最近几年高于非知识产权密集型产业的周薪增幅非常大，特别是在 2014 年，这两个行业分别高达 74% 和 90%。

（8）从 2010 年开始观察，直到 2015 年，知识产权密集型产业与其他产业从业人员之间的教育差距几乎消失了。知识产权密集型产业从业人员具有学士及以上学位的占比从 2010 年的 42.4%，下降到 2015 年的 38.9%。而非知识产权密集型产业从业人员具有学士及以上学位的人数同期却从 34.2%上升到 38.9%。

（9）2012 年，28 个专利密集型产业的专利许可费营收达到 1153 亿美元。

（10）知识产权密集型产业的商品出口额从 2012 年的 7750 亿美元增加到 2014 年的 8420 亿美元。然而，由于非知识产权密集型产业的出口增长略快于知识产权密集型产业，知识产权密集型产业的商品出口份额却从 2012 年的 60%下降到 2014 年的 52%。

（11）知识产权密集型产业的服务贸易在 2012 年总计约 810 亿美元，在美国私人部门出口的占比约 12.3%。

从以上研究结果可以看出，美国的知识密集型产业是以就业为主导，以知识密集型产业的增加值及其在 GDP 中的份额增长为目标，以知识产权密集型产业人员的工资收入、知识产权许可营收、知识产权密集型产业的商品出口额及知识产权密集型产业的服务贸易为支撑的、累积性和增长性支柱产业。由此，我们可以基于产业发展的视角来审视美国的知识密集型服务业的内涵——以产业的就业能力为导向，以产业经济增长的贡献为目标，以从业人员的薪酬水平、产业的产品和服务在国际贸易中的地位为支撑的、累积性和增长性产业。

按照美国知识密集型产业的内涵，基于产业发展的视角来审视美国知识产权服务业，其具有以下属性特征：①就业导向属性，知识密集型产业就业人数的增长是衡量知识密集型产业发展的基础；②产业贡献属性，知识密集型产业对国家经济增长的贡献度是衡量知识密集型产业地位的重要依据；③对外贸易属性，知识密集型产业的产品和服务在国内、国际贸易中的表现，是知识密集型成功与否的关键。

2. 基于欧洲知识产权产业发展视角的知识产权服务的内涵及其属性特征

欧洲的知识产权制度有着悠久的历史，从中世纪的封建特权制度中，已产生现代知识产权制度的萌芽。1474 年威尼斯共和国颁布了世界上第一部专利法《发明人法规》。该法规与现代专利法的立法宗旨基本一致，并且与现代专利法的规定基本相近。该法案第一次确定了发明人的独占权，且对专利的首创、新颖的和可实用性属性进行了具体的定义。但是这部专利法由于威尼斯的战争而未能得以充分实施。1623 年，英国颁布了《垄断法》，该法律对现代专利法产生了重大影响。《垄断法》废除了国王的垄断权，使得专利制度真正实现了向保护私权的转变。1710 年，英国颁布了世界上第一部现代法律意义上的版权法《安妮女王令》，其明确规定，作者应当享有作品的支配权。该法还具体规定了作者、出版商、翻印商等的权利和义务。1791 年，法国颁布了《表演权法》，1793 年颁布了《作者权法》。此后，欧洲各国相继颁布了有关著作权的法律。1804 年，法国的《拿破仑法典》第一次将商标划入物权的保护范畴，1857 年，法国颁布的《商标权法》首次确立了注册商标制度。

与美国有所不同的是，因冷战而形成的“统一的欧洲”，同时也为了抗衡美国的经济压力而成立的欧洲经济联盟，1973 年，欧洲 14 国签订了欧洲专利公约，建立了统一的知识产权标准和保护制度，并于 1977 年成立了欧洲专利局。目前欧洲专利公约成员国已发展到 38 个，还有 2 个延伸国。

欧洲发达国家对知识产权行业设立了较高的准入门槛，对从业人员提出了较高的素质要求，知识产权服务机构的从业人员大多具有理、工、商、法律等两种或两种以上的专业背景，以及较为丰富的企业工作经验。知识产权服务机构积极拓展其业务范围，为企业提供包括技术、资金、管理、法律、市场营销、人才等各种服务（王瑛，吕月珍，施勇峰，2014）。

“欧洲 2020”是欧盟为创造一个更具竞争力的经济市场而采取的经济增长战略，在该战略中创新是关键议题。受美国出版《知识产权和美国经济：聚焦产业》研究报告的影响，欧洲专利局（EPO）和欧盟知识产权局（EUIPO）也对知识产权密集型产业对欧盟经济的贡献进行研究，2016 年 10 月 25 日，欧洲专利局和欧盟知识产权局发布了《知识产权密集型产业及其在欧盟的经济表现》报告（以下简称《报告》），《报告》就 2011 年至 2013 年欧盟 28 个国家的商标、专利、外观设计、版权、地理标志和植物品种权等六项知识产权密集型产业的认定及其对欧盟国内生产总值、就业、薪资和贸易的贡献进行了评估（Wajsman，Ménière *et al*，2016）。《报告》共认定了 342 个知识产权密集型产业，其中，277 个是商标密集型产业、165 个外观设计密集型产业、140 个专利密集型产业、78 个版权密集型产业、6 个植物品种密集型产业、4 个地理标志密集型产业。值得注意的是，在这些知识密集型产业中，有不少是多种知识产权密集型的产业，如，有 69 个行业是专利和商标和设计密集型产业，56 个商标和设外观计密集型产业，33 个商标和专利密集型产业，27 个商标和版权密集型产业。也有一些产业只单独使用一种知识产权，其中，有 62 个行业只是商标密集型产业，28 个只是版权密集型产业，15 个只是专利密集型产业，11 个只是设计密集型产业，1 个地理标志密集型产业和 1 个行植物品种权密集型产业。

《报告》的主要研究结果如下：

（1）知识产权密集型产业的直接就业人数为6000多万，占欧盟2.16亿总就业人数的28%；其中，21%在商标密集型产业，外观设计12%、专利10%、版权5%，植物品种权和地理标志密集型产业的就业人数较少。此外，知识产权密集型产业还创造了2200万个间接就业岗位，即欧盟38%以上的就业机会是由知识产权密集型产业直接和间接贡献的。

（2）欧盟GDP的42%以上产生于知识产权密集型产业，商标密集型产业贡献了近36%，而外观设计密集型和专利密集型产业分别贡献了13%和15%，其他类型的知识产权密集型产业对欧盟经济的贡献较小。值得注意的是，知识产权密集型产业占欧盟GDP的份额明显高于就业，这表明，知识产权密集型产业具有较高的额附加值。

（3）对欧盟GDP贡献排在前20的知识产权密集型产业中，有11个行业也是对就业贡献排在前20的行业，两者之间存在很大的重叠。

（4）2013年欧盟知识产权密集型产业产品的出口额占欧盟贸易总额的93%；进口额占贸易总额的86%。欧盟与世界其他地区的知识产权密集型行业的贸易顺差达到960亿欧元。

（5）知识产权密集型产业的报酬高于非知识产权密集型产业。知识产权密集型产业的平均每周776欧元，而非知识产权密集型行业为530欧元，相差46%。其中，在专利密集型产业中相差69%，在版权密集型产业中相差64%，在商标密集型产业中相差48%，在设计密集型产业中相差38%，在地理标志密集型产业中为相差31%。

（6）绝大多数知识产权密集型产业的就业机会产生在欧盟成员国国内，如英国有75%知识产权密集型产业的就业机会由国内企业创造，法国81%、德国84%、西班牙83%、意大利90%。欧盟成员国之间创造了大量的就业机会，匈牙利等5个欧盟成员国中超过30%的知识产权密集型就业机会由国外创造。

从以上研究结果可以看出，欧盟的知识密集型产业也是以就业为主导，以知识密集型产业的增加值及其在GDP中的份额增长为目标，以知识产权密集型产业的商品出口和产业人员的工资收入为支撑的、促进欧盟经济一体化发展的支柱产业。由此，我们可以基于产业发展的视角来审视欧盟的知识密集型服务业的内涵——以产业的就业能力为导向，以产业经济增长的贡献为目标，以产业的产品在国际贸易中的顺差地位及从业人员的高薪酬水平为支撑、以促进欧盟经济一体化发展的增长性产业。

按照欧盟知识密集型产业的内涵，基于产业发展的视角来审视欧盟知识产权服务业，其具有以下属性特征：①就业导向属性，知识密集型产业就业人数的增长是衡量其知识密集型产业发展的基础；②产业贡献属性，知识密集型产业对国欧盟整体经济增长的贡献度是衡量知识密集型产业地位的重要依据；③对外贸易属性，知识密集型产业的产品在欧盟成员国与非成员国之间的国际贸易中的表现，是知识密集型成功与否的关键；④高收入属性，欧盟知识产权密集型产业从业人员的报酬远高于非知识产权密集型产业，这是其保持知识密集型产业经济贡献增长，以及保持对外贸易产品的高知识密集度的重要激励因素。

方润生

第三章　河南省知识产权服务业发展的历史阶段、现状与未来

2016年1月，河南省人民政府《河南省人民政府关于加快科技服务业发展的若干意见》（以下简称《意见》），《意见》要求“推动知识产权服务业发展”。2016年10月，河南省人民政府发布《河南省建设支撑型知识产权强省试点省实施方案》，并被国务院批准建设首批支撑型知识产权强省试点省，《实施方案》的建设目标任务之一，是“通过加大知识产权服务园区建设，发展知识产权虚拟市场，培育知识产权品牌服务机构，带动知识产权服务业快速发展”。本章内容主要是结合河南省知识产权强省建设的发展目标和支柱产业转型升级的发展需求，通过定性与定量地分析对河南省知识产权服务业各个产业领域的发展现状，明确河南知识产权服务业发展存在的问题，归纳出相关服务业领域的发展特征，基于“十二五”以来河南省知识产权服务业演进的特征，为“十三五”期间知识产权服务业实现跨越式发展明确着力点和发展方向。

第一节　河南省知识产权服务业发展的历史阶段

一、河南省知识产权服务业发展的历史阶段概述

从河南省知识产权服务业发展的历史脉络看，知识产权服务业发展主要经历了政府管制为主、市场调节初具力量和协同创新三个发展阶段。政

府管制阶段是指2008年之前，由政府确立知识产权服务业发展的政策目标并制定一系列有助于实现政策目标的具体政策措施，成立知识产权服务机构，主导知识产权服务业的发展，主要表现为依托于知识产权主管部门成立专利代办、商标注册等机构并指导其开展业务。政府管制阶段主要强调知识产权服务业的公益效能，侧重知识产权服务业对经济社会发展在宏观层面的促进作用，相对弱化知识产权服务的市场功能。市场调节阶段是指2008—2014年这一时段，提倡以知识产权服务的供给和需求关系形成市场信息，通过市场调节机制引导资源在知识产权服务市场中的配置。市场调节阶段强调知识产权服务的私益属性，侧重知识产权服务业对微观经济主体的利益影响，要求政企分离，主要表现为知识产权服务机构去行政化以及鼓励和支持大量有发展前途的知识产权服务机构成立和开展业务。协同创新阶段是指2014年以来，基于知识产权服务的公益效应和私益属性，在充分发挥市场引导资源在知识产权服务市场中的配置的基础上，由政府制定鼓励和支持知识产权服务业发展的政策，从而促进知识产权服务业的有序发展。协同创新模式强调知识产权服务业发展的多功能属性，要求政府、市场、企业的协同合作，是混合经济模式的具体表现。

二、2008年之前的政府管制阶段

虽然我国1982年颁布实施《中华人民共和国商标法》，规定了商标注册、注册商标使用和注册商标保护的相关规则，1984年颁布实施《中华人民共和国专利法》，规定了专利申请、专利使用和专利权保护等相关规则，1990年颁布实施《中华人民共和国著作权法》，规定了著作权的界定、权利人的权利和权利保护，但在实践中，围绕着专利、商标和著作权的知识产权服务并没有较大的市场。一方面，企业和社会公众对知识产权尚无清晰的概念，对知识产权保护缺乏自主性；另一方面，知识产权本身具有技术性，知识产权服务缺乏人才储备。但是，知识产权主管部门基于管理职能和经济社会发展的现实需要认为有必要设立知识产权服务机构。在这种情况下，由知识产权主管部门牵头，成立依托于知识产权主管部门的知识产权服务机构成为可行性方案。如河南省专利代理中心（现为郑州科维专利代理有限公司），郑州市专利事务所，洛阳市专利事务所（现为洛阳市凯旋专利事务所），河南省科学院专利事务所［现为郑州联科专利事务所（普通合伙）］等。

知识产权服务业发展的政府管制阶段存在的理论基础是政策科学理论。政府为实现特定的经济管理和社会服务目标，通过制定和实施一定的政策措施调整社会关系中的利益结构，引导经营者和社会公众有序行为，促成政策目标诸项条件的实现，消除政策目标实现的障碍。其中，关于政府对于知识产权的保护，就是知识产权政策。知识产权政策，实质上是在国家层面上制定、实施和推进的，具言之，即政府以国家的名义，通过制度配置和政策安排对于知识资源的创造、归属、利用以及管理等进行指导和规制（吴汉东，2006）。

“命令—控制”工具模型是知识产权保护的政府管制阶段最惯常采用的政策模型，其核心部分是知识产权制度的广泛制定和实施。但是，“命令—控制”型政策的实施也存在一定的问题。首先，政策工具的有效性取决于中央政府和地方政府之间以及地方政府之间的一致行动，而各地经济和社会发展的不平衡性是一致行动的最大障碍。例如，不同国家或一个国家的不同地区知识产权存量存在差异，经济和社会发展水平各不相同，对知识产权保护的支持力度迥异，要求按照同一标准实施知识产权保护政策，存在理论和实践中的困难。其次，政策工具的有效性取决于知识产权政策的公平对待，而各种制定和实施知识产权政策方面的特殊化考虑造成了知识产权政策实施的不公平后果。最后也是最重要的，知识产权政策的制定和实施，固然会增加企业的成本，降低其可期待的经营收益，但这种代价应该是企业可接受的，否则企业就会顶着违法的危险而置知识产权保护于不顾。所以，政府知识产权管制的效果，不仅要考虑政策实施对知识产权保护的正效果，还应当衡量应知识产权政策的实施对企业造成的负效果。尤其是当知识产权问题发生从量到质的转变的时间节点，政府政策随之发生根本性转变，对大多数知识产权保护程度较低的传统产业就不仅仅是转型的阵痛，而是难以承受的危机。

因此，即使出于政绩考虑，政府管制型知识产权保护模式必须基于这样一种耐心：利用市场的力量催化自愿贴上“知识产权”标志的企业的生发与成长，并呵护其力量的增长与壮大。

知识产权服务业的发展壮大的目的和原因，就是在政府制定和实施知识产权保护政策的过程中，通过市场的力量弥补知识产权保护程度过低的“短板”。所以，政府管制模式同样适用于知识产权服务业的发展。虽然从其性质上看，知识产权服务业的公益属性明显低于知识产权，在一定意义上不应当属于政府公共政策的范围。但是，在我国尤其是河南省现阶段，采取一定的政策措施推动知识产权服务业的发展，无疑是提升知识产权保护水平的有效途径，很难想象在一个知识产权存量较低的区域，能够实现知识产权的高水平保护。

知识产权服务业发展的政府管制阶段的发展要素主要包括政府主管部门、政策目标、管制对象、政策措施和平台建设等。知识产权服务业发展的政策目标是政府根据知识产权服务业发展的现状和经济社会发展对知识产权服务业需求的差距而确定的可实现的目标。知识产权服务业发展的管制对象是知识产权服务业中众多的企业、人员及其行为。知识产权服务业的政策措施是为实现政策目标政府制订和实施的鼓励和支持知识产权服务业发展的财政、税收、金融、计划和规划等制度方案。知识产权服务业的平台建设是指为了更好地实现政策目标，推进政策措施的顺利实施，沟通政府和管制对象的相互关系而构建的知识产权服务业平台。

三、2008—2014 年的市场调节阶段

为了发展知识产权服务业，推进知识产权服务产业化、市场化，我国 1991 年颁布实施《专利代理条例》，规定了专利代理机构的设置及其从业人员资格要求和专利代理的业务范围，2010 年颁布实施《商标代理管理办法》，规定了商标代理组织的行为规则及其业务范围和商标代理人的资格条件，为知识产权服务业的有序发展提供了行为规则和法律依据。以此为依据，河南省知识产权服务机构大量成立，但基于业务便利，这些机构并

没有获得与其业务能力相匹配的业务机会。以版权为例，根据国家版权局的统计，2000 年河南省版权代理公司版权代理业务仅为 2 项，版权纠纷代理业务为零。2008 年河南省政府根据知识产权在经济社会发展中的重要作用，结合国情、省情，提出知识产权强省的战略目标：到 2020 年，把河南省建设成知识产权制度体系完善、法制保护有力、专业人才充足、创造机制活跃、实施效果明显的知识产权强省。为实现知识产权强省的战略目标，《河南省知识产权战略纲要》制定了促进自主知识产权创造、推动知识产权运用、加强知识产权保护、强化知识产权管理、建立健全知识产权服务体系、建设知识产权人才队伍、构建完善的政策支撑体系、培育知识产权文化和加强国际合作与交流等九大战略措施。其中建立健全知识产权服务体系，推进知识产权服务业发展是重要举措之一。该项战略措施包含三方面具体内容：一是加强中介服务机构建设。加快发展知识产权代理、咨询、评估、交易、诉讼、援助等中介服务机构，建立中介服务机构诚信管理制度，强化中介服务职业培训，规范执业资质管理。支持中介服务机构拓展服务功能，提高专业水平，向市场化、多元化、规模化、国际化方向发展。二是建设知识产权信息平台。加快建设政府知识产权公共信息平台，构建布局合理、技术先进、功能完善的公共信息服务体系，整合各类知识产权信息，实现资源共享。要围绕我省战略支撑产业、传统优势产业和高新技术产业等不同领域建设完善知识产权专题数据库，向社会公众提供知识产权信息跟踪、查询和咨询服务。三是建立知识产权交易市场。鼓励建立专利、商标、版权、植物新品种等多层次知识产权交易市场，构建知识产权交易体系。健全知识产权交易规则和监管制度，形成流转顺畅的知识产权交易机制，促进专利、商标等知识产权的安全、便捷流通。

知识产权服务业的市场调节阶段以自由主义经济理论为分析框架。经济自由主义者虽然不否认知识产权问题的公共性，但他们一方面把知识产权问题作为经济问题看待，另一方面一贯对通过政府解决经济问题秉持消极态度，在知识产权保护方面亦是如此。所以，在排除政府干预的情况下，知识产权服务业的市场调节旨在通过产权界定，把知识产权这一公共物品私权化，以产权交易方式实现知识产权优化配置，并以此促使市场主体进行技术革新，合理开发知识产权，并最终实现知识产权的有效保护。

知识产权服务业的市场调节倡导知识产权服务市场化。从狭义上看，知识产权服务业的市场调节把知识产权服务交给市场而不是政府来解决，中心策略是发展知识产权服务业，通过发展知识产权代理服务、知识产权法律服务、知识产权信息服务、知识产权商用化服务、知识产权咨询服务、知识产权培训服务，以经济手段解决知识产权问题；从广义上看，知识产权服务业的市场调节把知识产权服务业扩展到可能影响知识产权的所有产业，通过对与知识产权保护有关的市场主体的知识产权服务分级，以市场手段选择利好知识产权保护优化的市场主体，淘汰利空知识产权保护优化的市场主体，通过市场自发的优胜略汰完成知识产权问题的“短板”弥补。

在理论意义上，知识产权服务的市场调节具有一定的合理性，这是因为内生问题应当用内生手段来解决，知识产权服务市场化有助于从根本上解决伴随经济发展逐渐累积的知识产权问题，而政府作为一种外生变量，无论其知识产权保护手段和措施是严厉抑或宽松，都不可能从根本上改变经济发展的内生趋势。但在现实性上，知识产权服务的市场调节的前提，是知识产权服务价值在市场决策中具有无可替代的重要影响这一经济发展趋势的客观存在，市场主体必须把知识产权服务成本和知识产权服务收益纳入市场决策和市场行动中，否则会导致市场决策失真、失效并有可能产生与决策目标相反的后果。

知识产权服务业发展的市场调节阶段的要素主要包括知识产权服务企业和从业人员、知识产权服务的市场需求、知识产权服务的交易与竞争、知识产权服务市场规则。知识产权服务企业和从业人员是知识产权服务业发展的主体，是以盈利为目的利用知识和技能提供知识产权服务的经济组织和个人。知识产权服务的市场需求是知识产权服务对象基于成本和自身能力考虑“外包”出去的诸如专利申请、商标注册、权利许可、技术转让等与知识产权有关的需要借助于他人完成的事务。知识产权服务的交易和竞争是指在市场机制作用下知识产权服务提供方和知识产权服务接收方的相互选择以及对交易机会的获取方式。知识产权服务市场规则是指知识产权服务市场中服务的提供者和接受者及其他相关主体都必须遵守的权利、义务设定和责任划分等行为准则。

四、2014 年以来的协同创新阶段

知识产权服务市场的兴起一方面有助于降低知识产权交易成本，进一步推进知识产权产业的发展，为河南省实现知识产权强省战略提供充分的动力支持；但另一方面，知识产权服务市场也存在乱象频生、无序发展的现实状况。实践证明，仅仅依靠知识产权服务市场无法实现河南省知识产权服务持续协调发展，无法对实现知识产权强省的战略目标提供强有力的支撑。2014 年，为加快实施河南省知识产权强省战略，推动河南省专利事业发展，河南省知识产权局制订了《河南省专利事业发展战略推进计划》，鼓励和支持知识产权服务业发展是其中的重要内容。《河南省专利事业发展战略推进计划》第八项内容为“发展知识产权服务业”，以“培育和发展知识产权服务业”和“推进专利代理服务能力建设”为重点任务，确定了鼓励和支持知识产权服务业发展的行动方案。培育和发展知识产权服务业的具体措施包括：推进郑州国家知识产权服务业集聚发展实验区建设、培育河南省知识产权服务品牌机构、开展知识产权服务业统计调查、积极申请开展知识产权服务联盟试点。推进专利代理服务能力建设的具体措施包括：开展河南省专利代理行业发展中长期规划研究与开展专利代理行业发展试点、开展河南省专利代理行业服务标准试点、研究制定河南省专利代理质量评价体系和专利代理服务质量评价、开展专利代理机构代理能力提升和执业专利代理人实务技能培训、申报专利代理人资格考试郑州考点和开展考前培训。

知识产服务业发展的协同创新来源于公共事务管理的理论和实践创新，经由政府管理、社会治理逐渐演变为以“公共事务公共管理”为基本理念的“多元共治”“复合治理”“多中心治理”。在公共管理理论中，协

同创新被定义为政府、社会组织、社区单位、企业、个人等所有利益攸关者共同参与、协同行动的过程（燕继荣，2012）。在公共管理理论中，权力和权利能够相互协调，政府与社会能够彼此合作，存在公平有效的公共选择和公共博弈，公共事务的利益相关方能够共同参与、共担责任、共享利益，政府与民间组织能够良性互动、分工协作，是实现公共事务管理协同创新的先决条件。

市场经济发展、政府放松管制和知识产权保护问题的日益突出，各因素聚合激发了社会公众关心知识产权保护、关注知识产权问题的意识和开展知识产权保护的力量。随着社会生产力水平的提高，市场中商品供求关系发生了从卖方市场向买方市场的根本转变。在知识产权保护方面，社会公众利用商品购买选择权开始影响企业的知识产权保护决策。知识产权保护结构因经济基础的变迁而走向政府、市场和企业、社会公众多主体共治的协同创新。

协同创新源于市场调节、政府管制及企业自觉等知识产权保护模式在实践中存在的缺陷和不足。一方面，囿于当时的知识产权保护条件和经验，虽然能够取得短期或某一方面的知识产权保护效果，但从总体上看，单独一种知识产权保护模式往往难以真正有效地解决知识产权保护问题；另一方面，坚持利用某一种知识产权保护模式的国家也逐渐地吸收和借鉴其他知识产权保护模式的成功经验，来弥补自身知识产权保护模式的短板，这种知识产权保护模式的交叉和混同，促进知识产权协同保护模式开始登上历史舞台。

知识产权服务业发展的协同创新是知识产权保护的协同创新模式的重要内容。一方面，知识产权服务业的政府管制有助于解决知识产权服务的溢出效应和无序问题，但无法从根本上解决知识产权服务发展的动力源问题，甚至会出现知识产权服务业的各方主体为追求政府便利“粗制滥造”知识产权等舍本逐末行为；另一方面，知识产权服务业的市场调节对市场信号更为灵敏，各方参与者能够较好地衡量知识产权服务的成本和收益，基于自身利益做出更好的选择，但市场本身的盲目性和滞后性不利于实现知识产权服务业跨越式发展。因此，从政府、知识产权服务的提供者和知识产权服务的接受者的不同目标追求和利益考量出发，重新构建符合知识产权服务业新的规则和制度，达成“多赢”效果，需要整合政府管制和市场调节，形成知识产权服务业的协同创新。有学者认为，“协同创新组织应建设与完善内部知识产权治理机制，实现知识产权系统化、集约化管理；同时，出于平衡" 管制" 僵化与" 自治" 无序后果考虑，政府可以通过强化建设知识产权公共服务平台的方式，间接对协同创新组织内部的知识产权权益进行干预。由此形成的双向度、多元化制衡机制，是协同创新组织知识产权管理的理想架构”（李伟，董玉鹏，2015）。

知识产权服务业发展的协同创新的要素主要包括政府引导知识产权服务政策措施、分级制知识产权服务企业、知识产权服务标准化和知识产权服务人才培养等。政府引导知识产权服务政策措施要求在充分发挥市场机制配置资源的前提下，政府制定和实施的矫正“市场失灵”和无序运作的财政、税收和金融政策，建立知识产权服务平台，以政策绩效为衡量标准，引导知识产权服务业的协调发展。分级制知识产权服务企业是根据现有的知识产权服务企业的规模、效益、提供知识产权服务的质量和社会认同度及其发展潜能，对知识产权服务企业进行分级管理，旨在打造知识产权服务品牌经营者。知识产权服务标准化是针对知识产权服务的技术性和复杂化，明确界定知识产权服务的环节及其服务标准，化解知识产权服务方面的纠纷和正义。知识产权服务的人才培养是政府、知识产权服务企业与高等院校、科研院所合作，根据知识产权服务业发展的人才需求，制订知识产权服务业人才培养计划，明确知识产权服务业人才培养机制，培养适应社会需要的优秀的知识产权服务人才。

第二节　河南省知识产权服务业发展的现实状况

根据 2012 年国家知识产权局、国家发展改革委等九部门联合印发的《关于加快培育和发展知识产权服务业的指导意见》（国知发规字［2012］

110 号）中关于知识产权服务业重点发展的领域的界定，本书主要研究和分析了河南省知识产权服务业中关于知识产权代理服务、知识产权法律服务、知识产权信息服务、知识产权商用化服务和知识产权培训服务等六个知识产权服务业务的发展现状。

一、知识产权代理服务

知识产权代理服务是指知识产权代理人接受被代理人委托，代其进行专利、商标、著作权、集成电路布图设计、植物新品种的申请、注册、登记、复审、无效、异议等知识产权相关事项。知识产权代理服务主要依托于知识产权代理服务机构，由其从业人员以知识产权服务代理机构名义对外开展专利、商标和版权代理业务。由此可见，知识产权代理服务的发展状况取决于河南省知识产权代理服务需求量、知识产权代理服务机构的存量和一定时间内知识产权代理服务机构的增量。

（一）河南省专利申请量、专利代理机构及其代理服务开展情况

河南省专利申请量及其发展。对 1996—2015 年二十年间的数据进行分析，1996 年河南省专利申请量为 1552 件，相对较低。在 1996—2007 年呈缓慢增长状态，2008 年河南省专利申请量突破 10000 件，从 2008—2015 年呈高速增长状态，其中 2014 年河南省专利申请量为 46928 件，达到历史最高水平，2015 年略有回落，专利申请总量为 43701 件。

河南省专利代理机构存量与增量。根据知识产权交易平台诚知网发布的《专利代理机构数据分析报告》，截至 2015 年 12 月 31 日，河南省专利代理机构总数为 50 家，代理专利总量为 301227 件。从全国范围看，截至 2015 年全国专利代理机构为 1256 家，河南省专利代理机构数占全国的比例为 3. 98%。从知识产权代理机构的增量看，2007—2016 年十年间，专利代理机构的总量呈上升趋势。2016 年全国新增专利代理机构 255 家，增长率为 20. 3%，主要集中在北京市、广东省、江苏省、浙江省和上海市等省市，河南省 2016 年未注册成立新的专利代理机构。

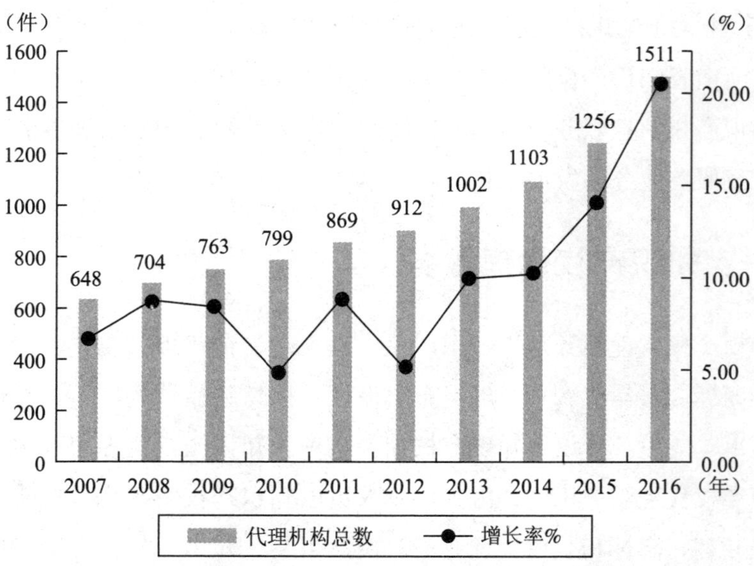

图 3-1　2007—2016 年我国专利代理机构数量变化情况

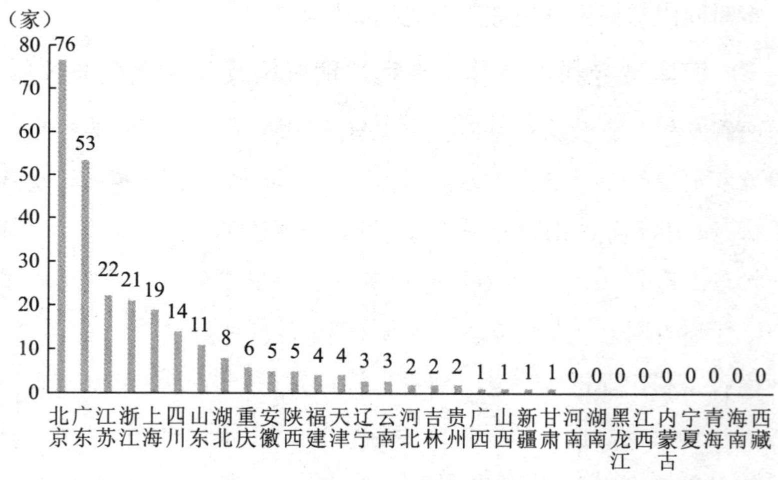

图 3-2　2016 年各省（区、市）新设专利借机构数量

数据来源：诚知网。

河南省专利代理市场结构。在所有的专利代理业务中，中原信达知识产权代理有限责任公司（总部设在北京）、郑州联科专利事务所（普通合伙）、郑州中原专利事务所有限公司等三家专利代理机构共完成代理量 185412 件，占代理总量的 61.55%。其中中原信达知识产权代理有限责任公司以125749件，占专利代理业务总量的41.75%。据统计，依据专利代理总量，截至2015年12月31日，河南省排名前十名的专利代理机构分别为中原信达知识产权代理有限责任公司、郑州联科专利事务所（普通合伙）、郑州中原专利事务所有限公司、郑州睿信知识产权代理有限公司、郑州红元帅专利代理事务所（普通合伙）、郑州大通专利商标代理有限公司、洛阳公信知识产权事务所（普通合伙）、洛阳市凯旋专利事务所、郑州科维专利代理有限公司和郑州中民专利代理有限公司，共从事专利代理业务250512件，占河南省全部专利代理总量的83.16%。

表3-1 河南省内合法专利代理机构列表

序号	专利代理机构名称	代理机构代码	设立时间
1	郑州科委专利代理有限公司	41102	2001.10.16
2	郑州联科专利事务所	41104	2001.04.23
3	新乡市平原专利有限责任公司	41107	1991.12.20
4	郑州中原专利事务所有限公司	41109	1996.0509
5	郑州中民专利代理有限公司	41110	1999.11.22
6	郑州大通专利商标代理有限公司	41111	2000.09.08
7	洛阳市凯旋专利事务所	41112	2002.09.09
8	郑州天阳专利事务所	41113	2002.09.09
9	郑州异开专利事务所）	41114	2003.06.23
10	南阳市智博维创专利事务所	41115	2004.02.01
11	安阳市智浩专利代理事务所	41116	2004.10.18
12	郑州红元帅专利代理事务所	41117	2008.02.02
13	洛阳明律专利代理事务所	41118	2008.07.14
14	郑州睿信知识产权代理有限公司	41119	2008.08.06
15	洛阳公信知识产权事务所	41120	2010.11.29
16	郑州金成知识产权事务所	41121	2011.12.12
17	郑州市华翔专利代理事务所	41122	2013.03.28
18	河南科技通律师事务所	41123	2013.03.28
19	河南广文律师事务所	41124	2013.08.26
20	郑州优盾知识产权代理有限公司	41125	2013.09.18
21	郑州立格知识产权代理有限公司	41126	2013.11.27

续表

序号	专利代理机构名称	代理机构代码	设立时间
22	郑州先风专利代理有限公司	41127	2014. 03. 10
23	郑州德勤知识产权代理有限公司	41128	2014. 06. 26
24	河南大象律师事务所	41129	2014. 11. 01
25	郑州浩德知识产权代理事务所	41130	2015. 06. 18
26	郑州豫开专利代理事务所	41131	2015. 06. 18
27	郑州知己知识产权代理有限公司	41132	2015. 11. 02
28	焦作市科彤知识产权代理事务所	41133	2016. 03. 09
29	郑州铭盛知识产权代理事务所	41134	2016. 06. 16
30	郑州万创知识产权代理有限公司	41135	2016. 09. 06
31	濮阳华凯知识产权代理事务所	41136	2016. 09. 27
32	郑州博派知识产权代理事务所	41137	2016. 10. 31
33	郑州意创知识产权代理事务所	41138	2017. 03. 03
34	新乡市平原智汇知识产权代理事务所	41139	2017. 03. 07
35	许昌豫创知识产权代理事务所	41140	2017. 03. 09
36	郑州多邦专利代理事务所	41141	2017. 03. 23
37	郑州裕晟知识产权代理事务所（特殊普通合伙）	41142	2017. 05. 24
38	郑州隆盛专利代理事务所（普通合伙）	41143	2017. 06. 09
39	郑州华隆知识产权代理事务所（普通合伙）	41144	2017. 06. 26

（注：河南省知识产权局 2017 年 9 月 11 日发布）

河南省专利代理机构品牌经营情况。2013 年起，中国知识产权报社根据全国专利代理机构开展代理业务的情况，对专利代理机构进行行业综合实力星级评价，把全国现有的专利代理机构评选为无星机构和 1~5 星机构，旨在塑造和推介专利代理品牌机构。2016 年，共评选出 174 家星级专利代理机构，其中包括 7 家五星专利代理机构、31 家四星专利代理机构、43 家三星专利代理机构、45 家二星专利代理机构和 48 家一星专利代理机构。2014 年，洛阳公信知识产权事务所（普通合伙）被评为二星专利代理机构；2015 年，郑州睿信知识产权代理有限公司被评为二星专利代理机构；2016 年，中原信达知识产权代理有限责任公司被评为四星专利代理机构。

在打造河南省专利代理品牌机构的同时，专利代理市场中同样存在无专利代理资质的机构。根据中华全国专利代理人协会 2016 年 9 月 23 日公布的数据，截至 2016 年 10 月 18 日，河南省无专利代理资质的机构数量为 40 家。

（二）河南省商标申请注册量、商标代理机构及其代理服务开展情况

河南省商标申请注册量及其发展状况。2013 年 8 月，为全面贯彻落实《国家知识产权战略纲要》，建设商标强省，河南省政府发布《河南省人民政府关于实施商标战略的意见》（豫政〔2013〕55 号），实施商标品牌战略，计划在 2013—2020 年分三个阶段鼓励和支持商标注册和使用。在政策的有效激励下，河南省商标注册量增长迅速。其中 2016 年河南省商标注册申请量首次突破 10 万件大关，达到 12.99 万件，居全国第八位；新增注册商标 7.4 万件，有效商标注册量达 35.61 万件，比 2015 年增长 24.6%。截至 2017 年 9 月底，河南省有效注册商标总量达到 41.96 万件，居中部六省第一位，河南省正在从商标大省行列向商标强省迈进。

河南省商标代理机构发展情况。自 2003 年我国取消商标代理机构行政审批后，代理机构数量增长迅猛。截至 2016 年 12 月 31 日，在国家工商总局商标局备案的商标代理机构总数为 26635 家。2013 年河南省政府启动实施商标战略，基于这一重大利好，河南省商标代理机构发展迅速。2014 年，河南省有代理业务的商标代理机构达到 185 家，其中有 9 家当年商标代理业务超过 1000 件，河南中州商标事务所有限公司、河南省鼎宏知识产权代理有限公司和河南先风商标事务所有限公司分别以 2660 件、2578 件和 2323 件位列前三位。

表 3-2　河南省商标代理机构 2014 年商标代理量排名（前 50 名）

名次	代理组织名称	申请总量（件）
1	河南中州商标事务所有限公司	2660
2	河南省鼎宏知识产权代理有限公司	2578

续表

名次	代理组织名称	申请总量（件）
3	河南先风商标事务所有限公司	2323
4	河南省双信商标代理咨询有限公司	2018
5	河南省隆盛知识产权事务所有限公司	1973
6	河南升信商标事务所有限公司	1549
7	河南盛世商标事务所有限公司	1545
8	河南通远知识产权事务所有限公司	1265
9	米兰登商标专利事务所（河南）有限公司	1228
10	河南中原商标事务所有限公司	979
11	郑州金佰业商标代理有限公司	909
12	河南国立知识产权代理服务有限公司	889
13	河南亚太商标专利事务所有限公司	871
14	郑州安必信知识产权代理有限公司	815
15	郑州欧凯知识产权代理有限公司	799
16	河南立信商标事务所有限公司	734
17	河南国盛知识产权代理有限公司	710
18	郑州中佳知识产权代理有限公司	588
19	河南新一代商标事务所有限公司	582
20	郑州金信商标代理有限公司	555
21	郑州财富商标代理有限公司	515
22	郑州中通富达商标代理有限公司	511
23	河南博大商标事务所有限公司	504
24	郑州品升知识产权代理有限公司	497
25	河南协创商标专利事务所有限公司	473
26	洛阳科智商标事务所有限公司	471
27	河南鼎宸知识产权代理有限公司	470
28	郑州永大商标代理服务有限公司	454
29	郑州佳信商标事务所有限公司	443
30	郑州思坦德商标事务所有限公司	435
31	郑州新知商标代理服务有限公司	424
32	郑州市方圆商标事务所有限公司	410
33	河南恒信商标代理有限公司	408

续表

名次	代理组织名称	申请总量（件）
34	郑州金名策商标代理有限公司	406
35	河南星火燎原知识产权代理有限公司	358
36	郑州传承商标事务所有限公司	339
37	郑州企悦知识产权代理有限公司	329
37	河南美誉商标专利事务所有限公司	329
38	郑州汇诚知识产权代理有限公司	325
39	郑州打匠布知识产权代理有限公司	323
40	郑州捷创知识产权代理有限公司	318
41	南阳市诸葛商标事务所	310
42	河南升龙知识产权代理有限公司	298
43	郑州锐驰知识产权服务有限公司	289
44	河南君合商标事务所有限公司	288
45	郑州名博知识产权代理有限公司	284
46	郑州元野知识产权代理有限公司	283
47	南阳智博商标事务所有限公司	278
48	安阳市天宁商标事务代理有限责任公司	277
49	郑州文博知识产权代理有限公司	276
50	郑州企力知识产权代理有限公司	271

随着河南省商标战略的实施，2013—2015年，河南省注册商标数量增速明显，三年间全省每年新增有效注册商标数量分别为2.9万件、3.4万件和6.7万件，同比增速分别为16%、18%和31%。商标注册量的增长，刺激了商标代理服务市场的兴盛发展，相应带来河南省商标代理机构数量和业务量双增长。

表3-3　2017年河南省商标代理机构代理量排名（前50名）

名次	代理组织名称	申请总量（件）
1	郑州中佳知识产权代理有限公司	5200
2	河南省隆盛知识产权事务所有限公司	3877
3	河南先风商标事务所有限公司	3788

续表

名次	代理组织名称	申请总量（件）
4	郑州金信商标代理有限公司	3775
5	河南省鼎宏知识产权代理有限公司	3215
6	河南新一代商标事务所有限公司	3168
7	郑州安必信知识产权代理有限公司	2777
8	河南米鹿网络科技有限公司	2765
9	河南亚太商标专利事务所有限公司	2745
10	郑州品升知识产权代理有限公司	2676
11	河南盛世商标事务所有限公司	2599
12	信阳国顺知识产权代理有限公司	2304
13	河南恩创知识产权代理有限公司	2242
14	河南欧凯知识产权代理有限公司	2078
15	河南中州商标事务所有限公司	2036
16	河南美誉商标专利事务所有限公司	2027
17	河南全球视野品牌管理有限公司	1964
18	河南知一知识产权代理有限公司	1958
19	河南升信商标事务所有限公司	1882
20	河南省双信商标代理咨询有限公司	1850
21	郑州优客工场知识产权服务有限公司	1611
22	河南通远知识产权事务所有限公司	1597
23	河南立信商标事务所有限公司	1444
24	郑州汇诚知识产权代理有限公司	1388
25	河南华尔商标代理有限公司	1164
26	河南商盾知识产权代理有限公司	1152
27	河南中原商标事务所有限公司	1141
28	北京鼎宏知识产权代理有限公司河南分公司	1111
29	河南恒信商标代理有限公司	1072
30	河南君合知识产权代理有限公司	1006
31	河南龙头知识产权代理有限公司	963
32	洛阳惠仁信息科技有限公司	954
33	郑州联诺知识产权代理有限公司	942
34	郑州企力知识产权代理有限公司	933

续表

名次	代理组织名称	申请总量（件）
35	河南国立知识产权代理服务有限公司	919
36	南阳市梅先商标事务所有限公司	896
37	郑州标炬知识产权代理有限公司	849
38	郑州新知商标代理服务有限公司	838
39	郑州打匠布知识产权代理有限公司	819
40	河南升龙知识产权代理有限公司	814
41	郑州诚志商标事务所有限公司	807
42	郑州传承商标事务所有限公司	797
43	郑州金佰业商标代理有限公司	791
44	郑州众信知识产权代理有限公司	788
44	洛阳迅诚知识产权代理有限公司	762
45	郑州永大商标代理服务有限公司	758
46	郑州荣格商标代理有限公司	752
47	河南星火燎原知识产权代理有限公司	707
48	河南国瑞知识产权代理有限公司	675
49	河南闪标知识产权服务有限公司	668
50	郑州市方圆商标事务所有限公司	664

河南省商标代理市场结构。2014 年和 2017 年河南省商标代理机构商标代理量的数据比较，商标代理机构的数量大为增加。排在前 50 名的商标代理机构虽略有起伏，如郑州中佳知识产权代理有限公司从 2014 年的第十八名跃居至 2017 年的第一名，商标代理业务量从 588 件激增至 5200 件，但大体上看，河南省商标代理机构的排名相对稳定，体现出强者愈强的市场格局。虽然从 2017 年的数据看，排名前 6 名的代理机构代理业务量都在 3000 件以上，但与其他商标代理机构相比较，并没有显著的市场优势，难以形成相对垄断的市场支配地位，市场竞争度比较高。

河南省商标代理机构品牌经营情况。从发展的角度看，河南省商标代理机构在河南省政府商标战略的扶持下，有了长足的进步，代理数量从 2014—2017 年总体上翻了一番，但与全国相比，河南省商标代理机构仍处于发展初期，即使是河南省商标代理量排名第一的郑州中佳知识产权代理有限公司也没有挤入全国商标代理量前100名。而且，全国商标代理机构中，逐渐凝练出如中细软、猪八戒、权大师、知果果和尚标等得到市场认可的知名品牌，在这一方面，虽然河南先风商标事务所有限公司走在省内代理机构前列，逐渐形成了自己的品牌，但与全国商标代理机构的市场知名度相比，还有不小的差距。这需要从市场需要出发，提升自己的服务水平，在条件成熟的情况下，也可以通过合作、合并、发展分支机构等方式做大做强。

表3-4　2017年全国商标代理机构商标申请量排行榜

序号	商标代理机构名称	商标申请量（件）
1	北京细软智谷知识产权代理有限责任公司（中细软）	144，237
2	重庆猪八戒知识产权服务有限公司（猪八戒）	128，886
3	北京梦知网科技有限公司（权大师）	128，089
4	北京知果科技有限公司（知果果）	113，395
5	北京超凡知识产权代理有限公司	79，687
6	厦门叁玖叁科技有限公司	42，228
7	联瑞瑞丰（北京）知识产权代理有限公司（汇桔）	35，789
8	上海尚标知识产权代理有限公司（尚标）	33，052
9	北京快又好信息技术有限责任公司（快法务）	31，496
10	北京集佳知识产权代理有限公司	31，170
……	……	……
100	深圳市杰佳知识产权代理有限公司	6，113

（三）河南省版权代理机构及其代理服务开展情况

从全国知识产权服务业代理服务机构设置、经营范围和业务开展情况看，专门的版权代理服务机构比较少，绝大部分版权代理服务是由包括专利代理服务、商标代理服务和版权代理服务的综合性知识产权代理服务机构提供的。河南省版权代理服务也不例外。虽然有如河南版权代理公司、河南省开元版权代理有限公司这样在机构名称上明确列明“版权代理服务”字样的版权代理机构设立，但未能在版权代理市场中获得相对有辨识度的优势。

二、知识产权法律服务

知识产权法律服务是指知识产权法律事务代理人接受被代理人委托，代其进行专利侵权案件、专利无效案件、专利申请、商标注册、商标侵权案件、不正当竞争、侵犯商业秘密诉讼案件以及知识产权刑事案件以及与知识产权合同签订、知识产权维权保护等知识产权有关的非诉法律服务。知识产权法律服务主要依托于知识产权律师事务所或有专项知识产权业务的普通律师事务所以及专门设立的知识产权法律服务机构等知识产权法律服务机构，由其从业律师或有从业资格的法律服务人员以知识产权法律服务机构名义对外开展专利、商标和版权法律服务业务。由此可见，知识产权法律服务的发展状况取决于河南省知识产权法律服务需求量、知识产权法律服务机构的现有设置和知识产权法律服务市场结构。

（一）河南省知识产权法律服务的市场需求

随着知识产权在市场经济中的重要性的日趋凸显，在知识产权观念中，相比较于专利申请、商标注册等知识产权“权利获取”知识产权代理服务，知识产权“确权”“用权”以及“维权”等知识产权法律纠纷相应增多，知识产权法律服务市场蓬勃发展。例如，根据对河南省各地市中级人民法院网上公布的裁决文书，关于知识产权诉讼案件呈逐年增多趋势。从案件处理的时间看，大部分知识产权案件集中于2014—2017年间，2014年前的案件相对较少。从案件的受理案由看，知识产权纠纷案件主要表现为专利、注册商标、著作权知识产权权属纠纷，专利、注册商标、著作权知识产权侵权纠纷、知识产权损害赔偿纠纷、知识产权刑事案件以及少量知识产权行政案件。

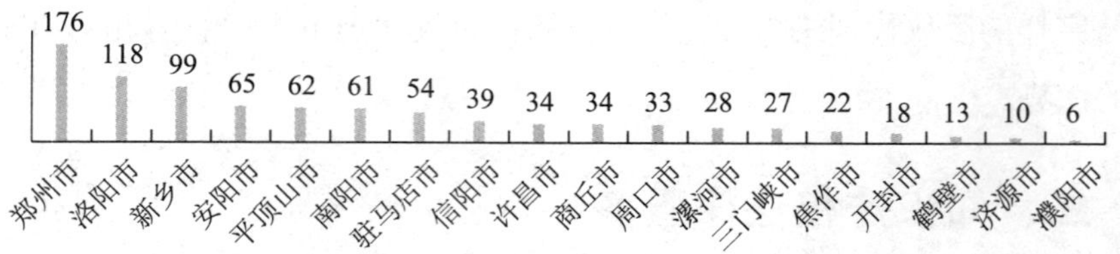

图 3-3　近年来河南省各地中院裁判的知识产权案件数量

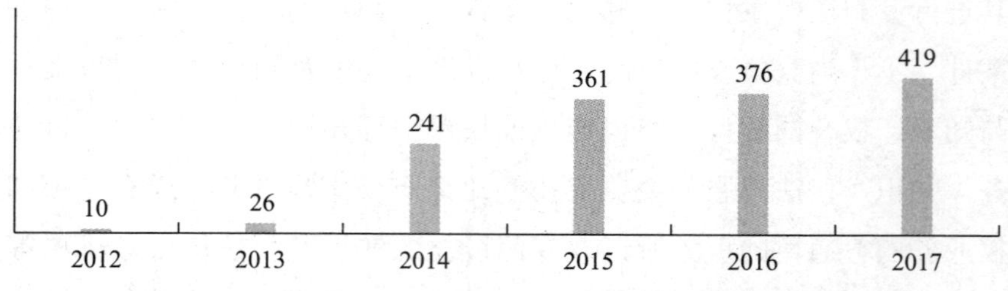

图 3-4　2012—2017 年全省中院知识产权案件变化趋势

在知识产权法律服务市场，一方面随着知识产权存量的提升，知识产权法律纠纷数量呈明显上升趋势，知识产权“确权”、“用权”以及“维权”等知识产权法律服务需求增长迅速；另一方面，虽然 2014 年到 2017 年知识产权诉讼案件相比 2014 年前明显增多，但与知识产权法律纠纷不成比例，说明知识产权法律服务处于市场开发阶段，市场前景广阔。

（二）河南省知识产权法律服务机构的类型和机构存量

对于知识产权法律服务的广义理解，既包括与知识产权有关的案件的司法解决，如专利权、注册商标专用权、版权等法律纠纷通过法院或仲裁机构进行裁决，也包括与知识产权有关的法律帮助、法律咨询服务。基于知识产权法律服务的经营范围和资格限制，知识产权法律服务机构设置表现为两种类型：一是以知识产权律师事务所或有专项知识产权案件代理业务的普通律师事务所，主要法律服务事项为代为参加知识产权诉讼仲裁事务；二是知识产权服务机构，没有参与司法活动的资质，但又拥有知识产权服务的资质，也提供知识产权法律服务中的非诉业务服务。

通过律师事务所提供知识产权法律服务的机构存量包括专门代理知识产权纠纷案件的律师事务所、设有知识产权法律部门的律师事务所和未设专门机构但又有少数律师提供知识产权代理服务的律师事务所三种情况。由于知识产权法律纠纷通过司法程序进行处理的案件在知识产权法律服务中占比较小，所以专门的知识产权律师事务所并不多。而由于知识产权案件的复杂性、专业性，未设专门的知识产权法律部门仅仅依靠某一个律师提供知识产权法律服务的律师事务所很难获得知识产权案源。所以，当前知识产权法律服务的机构大部分表现为设有专门知识产权法律服务部门的律师事务所，如河南国基律师事务所内设知识产权部、河南金博大律师事务所的知识产权法律实务部（后改为电商与知识产权研究会）等。近年来，全国知名律师事务所利用其影响力和业务实力，在河南开设知识产权法律服务方面的律师事务所分所，加剧了河南本地律师事务所开展知识产权法律服务的竞争。

通过非专门法律服务机构提供知识产权法律服务主要表现为具有开展知识产权业务资质的知识产权服务机构，虽然不具有法律服务的资质条件，但熟悉知识产权业务，对知识产权法律制度也不陌生，具有代为处理知识产权非诉业务的能力和资格。在目前的条件下，这类知识产权法律服务机构数量较多，容易得到知识产权法律服务接受者的认同。但由于这些机构及其从业人员没有经过专门的法律思维和技能训练，在处理知识产权法律事务时存在一定的认知风险。

（三）河南省知识产权法律服务市场结构

近年来，知识产权法律服务机构正在经历转型发展，趋同化趋势明显，市场竞争激烈。一方面，传统的知识产权服务机构认识到在专利申请、商标注册、版权认证等知识产权初级市场之外，知识产权法律服务市场需求的不断扩大，以及自身在提供知识产权法律服务中的缺陷和不足，纷纷招贤纳士，旗下设立对应的律师事务所；另一方面，提供传统法律服务的律师事务所同样认识到知识产权的技术性、专业性，在其内部新设或强化知识产权法律服务部门，提升自身知识产权法律服务水平和市场竞争力。知识产权法律服务机构的综合性发展，旨在弥补自身服务业务的“短板”，但也导致知识产权服务市场中市场主体特色和辨识度不够明显，相对处于做大阶段（量的积累），有待于向辨识度明显阶段（质的变化）跃迁。

此外，知识产权法律服务相对停留在辅助式服务阶段，只是根据委托人的要求提供法律技术服务，没有形成一定的知识产权存量，在知识产权开发和交易活动中难以发挥平台和主体作用。

三、知识产权信息服务

知识产权信息服务是指知识产权信息服务机构接受委托人的委托，利用知识产权公共平台和自有知识产权信息数据库，提供知识产权信息检索分析、数据加工、文献翻译、数据库建设、软件开发、系统集成等信息服务。知识产权信息服务的发展现状取决于知识产权信息服务机构、知识产权信息数据库和知识产权信息处理工具开发。

（一）河南省知识产权信息服务机构的设立宗旨和类型

河南省知识产权服务业发展历经政府管制、市场调节和协同创新三个阶段，这对于河南省知识产权信息服务的发展有明显影响。在此背景下，河南省当前的知识产权信息服务机构的设立宗旨存在两个明显不同的偏向，一是旨在整合河南省知识产权信息资源和服务资源，实现知识产权信息资源、服务资源的社会共享，对推动河南省自主创新成果产权化、商品化、产业化提供信息支撑，主要表现为政府管制阶段在知识产权主管部门领导下设立的原知识产权代理服务机构的转型发展，如河南省知识产权事务中心（其前身为河南省专利代理中心）；二是旨在利用信息资源和信息技术优势通过有偿提供知识产权信息服务获取营业收益，主要表现为河南省知识产权服务业发展到市场调节阶段，针对市场主体对于知识产权专项化、特定化信息相对高端的需求而成立的非政府性知识产权信息服务机构，如河南东鹏知识产权服务有限公司、河南行知专利服务有限公司、中规众创知识产权服务有限公司等。

从知识产权信息资源的占有看，基于历史原因，河南省公益性的知识产权信息服务机构对知识产权信息资源的占有程度较高，决定了公益性知识产权信息服务机构在知识产权信息供给、专利信息检索、专利信息服务、知识产权信息系统建设方面更有优势。但是，基于体制原因，公益性的知识产权信息服务机构人员较少，如河南省知识产权事务中心在册职员仅为 18 人，决定了其只能提供一般性的知识产权信息服务，无法满足知识产权信息服务的委托方专项化、特定化的市场需求。

（二）河南省知识产权信息数据库建设

2017 年 5 月 11 日，河南省政府发布《河南省人民政府关于新形势下加快知识产权强省建设的若干意见》（豫政〔2017〕17 号），提出以培育高价值核心专利来实施知识产权强省战略的具体措施，这需要拥有和使用专利技术的企业不仅要“埋头拉车”，通过自主创新研发具有竞争力优势的产品技术，更要“抬头看路”，全面系统了解企业自有专利技术在整个技术市场的定位，确立清晰可行的技术研发目标和规划，克服技术研发的低效率，相对规避技术研发的风险，这需要充分发挥专利数据库建设的作用。

虽然为企业提供知识产权信息数据库建设服务对提高和保护企业知识产权意义重大，但数据库建设需要有较高的专业性技术储备和研发团队，而且大多数侧重于远期效益，目前虽然也有知识产权服务机构明确了知识产权数据库建设服务的业务内容，但未形成有效市场。知识产权信息数据库建设与服务更多来源于政府主导成立的知识产权信息服务机构。

河南省知识产权公共服务平台是知识产权信息数据库建设的主要力量。该平台提供知识产权公共数据库和河南省主导行业专利数据库服务。知识产权公共数据库主要包括中外专利、中国商标、中国版权、植物新品种、集成电路、软件和著作权等数据库。河南省主导行业专利数据库主要包括物流、生物医药、纺织工业、绿色技术、超硬材料和大枣等河南省具有一定知识产权存量且能够进一步扩大发展优势的行业数据库。

（三）河南省知识产权信息处理工具的开发状况

知识产权信息化服务需要借助大数据、云计算、互联网等信息处理工具，对知识产权信息进行收集、整理、统计和评价，旨在发现知识产权发展中存在的问题和发展趋势。河南省知识产权信息化服务的主要做法是建立了河南省知识产权公共服务平台，并通过该平台提供知识产权大数据服务。截至目前，该平台已建立的大数据包括产业专利数据、知识产权统计数据、河南援疆产业专利数据、河南省主导行业专利数据等。

四、知识产权商用化服务

知识产权商用化服务是指利用知识产权商用化平台所进行的知识产权评估、价值分析、交易、转化、质押、投融资、运营、托管等商用化服务。在知识产权服务业中，知识产权商用化服务能够促进智力成果权利化、资本化、产业化，是知识产权服务业发展的核心。

（一）河南省知识产权商用化服务的发展基础

河南省知识产权的发展状况是河南省知识产权商用化服务发展的前提性基础。根据 2016 年 6 月国家知识产权局知识产权发展研究中心发布的《2015 年中国知识产权发展状况报告》，河南省知识产权综合发展水平处于第三类板块，即从全国范围看，河南省知识产权综合实力在中国区域知识产权指数总体排名中居于中游水平，但知识产权商用化起步较晚，相对处于较低水平，但在政府发展知识产权服务业战略政策的鼓励和扶持下，知识产权商用化服务发展迅速。知识产权指数报告课题组根据各省知识产权发展现状（包括知识产权产出水平、知识产权流动水平和知识产权综合绩效）和发展潜力，对个省知识产权发展状况和发展水平进行定量分析，2008 年以来，河南省知识产权发展水平一直居于全国 31 个省、市、自治区的 14~17 名之间，具有一定的发展知识产权商用化的基础。其中河南省知识产权流动水平和创造潜力全国排名比较靠前，显示河南省知识产权市场化发展较快，但知识产权的产出水平和综合绩效在全国排名居于 20 名左右，显示河南省知识产权在发展质量上居于较低水平。

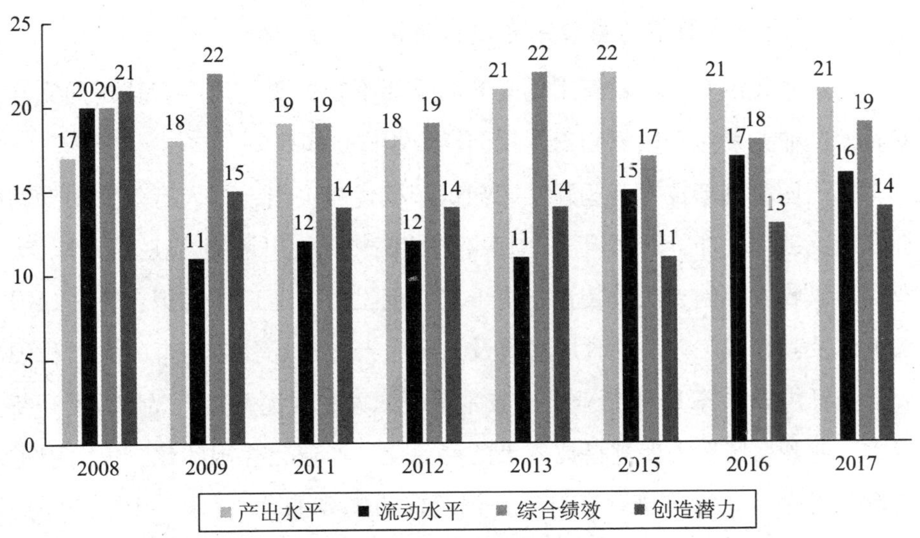

图 3-5　2008—2017 年河南省知识产权在全国排名情况

（注：根据中国知识产权指数报告整理绘制）

（二）河南省知识产权商用化服务的发展情况

1. 河南省专利质押融资发展情况

河南省专利质押融资的发展，取决于两个因素的推动。一是拥有知识产权的企业的需要，与传统企业土地、厂房、设备等固定资产拥有量较多，通过银行贷款可供抵押的有形资产不同，科技型企业在办理抵押贷款时可抵押的有形资产不足，可质押的专利权、商标权等无形资产较多，存在比较迫切的知识产权质押贷款的内在需求。二是政府的牵线搭桥，河南省知识产权局自 2009 年探索开展知识产权质押融资工作以来，积极采取措施，通过多方渠道搭建银企对接平台，全力支持处在创业、成长、成熟期等各阶段的中小企业知识产权质押融资，有效拓展了知识产权质押融资工作空间。截至 2017 年 7 月，全省累计完成专利权质押融资总额 30.5 亿元，惠及企业 169 家，质押专利 1780 项，专利评估价值 40.6 亿元。其中，河南科信电缆股份有限公司、鹤壁百运佳印务有限公司两家企业获得的单笔知识产权质押贷款均超过 1 亿元。

2. 河南省专利质押融资平台发展情况

河南省发展知识产权商用化服务的重要平台主要是河南省郑州国家高新技术产业开发区和国家知识产权创意产业试点园区。

郑州国家高新技术产业开发区知识产权优势突出，万人有效发明专利拥有量突破100件，2016年、2017年连续两年专利申请量突破1万件。半双工通讯收发控制方法及装置、基于北斗卫星的多通道授时拟合方法、刀头毛坯及其合成工艺及其合成磨具及刀头生产方法、驻波约束的大面积硬质合金钎焊方法等12项行业前沿技术获得国家专利优秀奖。郑州国家高新技术产业开发区努力促进科技成果的商品化、产业化、国际化，大力引进高新技术企业，注重培育有自主知识产权的优势主导产业。2016年8月，根据国家知识产权局的《国家知识产权局关于在广州市等地区和单位开展专利质押融资及专利保险试点示范工作的通知》，郑州国家高新技术产业开发区获批为全国专利质押融资试点单位。

国家知识产权创意产业试点园区是是2011年经国家知识产权局批准建设的全国唯一一家创意产业园区。国家知识产权创意产业试点园区依托国家知识产权局专利检索咨询中心世界一流的信息资源和涵盖各专业技术领域的资深检索专家，为全省创新型企业提供专利信息数据检索、专利预警、专利导航等一系列知识产权高端服务，为全省企业进行专利信息检索、专利维权、专利信息运用提供便捷、权威的渠道。2017年以来，园区知识产权服务机构共代理专利3509件，商标3986件，版权412件；检索咨询中心河南代办处共开展检索业务225件，服务企业与机构500多家。2016年8月，根据国家知识产权局的《国家知识产权局关于在广州市等地区和单位开展专利质押融资及专利保险试点示范工作的通知》，郑州国家高新技术产业开发区获批为全国专利质押融资试点单位。

（三）河南省知识产权商用化服务的效果评价

随着知识产权强省战略的稳步推进，河南省鼓励和扶持知识产权商用化政策措施的不断实施，河南省知识产权商用化平台的建设和投入使用，以及知识产权商用化服务培训活动的不断开展，河南省知识产权商用化服务的范围不断延伸发展、商用化水平逐渐提高，专利质押融资的规模和数量不断提升。但从整体上看，河南省知识产权商用化服务层次相对还处于较低阶段，有待于形成成熟的产业模式。

五、知识产权培训服务

鉴于知识产权服务的专业性、复杂性，知识产权服务业的发展离不开有效的知识产权培训服务。知识产权培训服务是指政府或知识产权培训服务机构对企业或知识产权从业人员进行与知识产权有关的知识、技能的培训。河南省知识产权培训服务的发展主要表现为河南省知识产权培训机构的设立及其开展培训活动的情况。知识产权培训服务主要有政府或协会发起组织、政府与高校联合组织以及知识产权培训企业或服务平台提供等形式。

政府或协会发起组织的知识产权培训，主要由河南省知识产权局或河南省知识产权保护协会主办或承办，针对推进知识产权强省战略或建设支撑型知识产权强省而进行的工作培训，如企业知识产权管理规范认证培训班、全国实用新型领域专利审查与专利代理交流班、全省专利执法维权实务培训班、河南省专利导航产业发展暨专利信息利用工作培训班、知识产权战略实施工作培训班、国家知识产权示范城市专利行政执法能力提升专项培训班等。

政府与高校联合组织知识产权培训主要由政府与高校达成知识产权培训和人才培养合作协议，在高校设立知识产权培训基地所开展的知识产权培训活动。2012 年，经国家知识产权局批准，国家知识产权培训（河南）基地在郑州大学挂牌成立，主要任务是培养各级各类符合时代要求、多层次、复合型和国际化的知识产权人才。2015 年 11 月，由专利审协河南中心、河南省知识产权局和郑州大学共建的郑州大学知识产权学院的挂牌成立，标志着河南省第一家从本科到博士全方位培养知识产权人才的平台正式建立。

知识产权培训企业或服务平台提供的知识产权培训服务着眼于通过知识产权培训服务解决知识产权市场化、资本化、商用化的现实问题。2015

年5月29日，国家知识产权创意产业试点园区创客学院在产业试点园区开班。创客学院是由国知局检索咨询中心主办，国家知识产权创意产业试点园区管委会、国知局检索咨询中心河南代办处、河南省律师协会知识产权委员会、郑州知识产权保护协会、郑州市知识产权维权援助中心承办，主要根据创业者的需求确定每期讲座的主题，如“美国337调查的规则、形势以及对企业的影响”“商业秘密法律实务”“如何确定专利保护范围”等实用性较强的培训内容，深受与会学员的欢迎和好评。

第三节　河南省知识产权服务业发展的战略目标、现实问题与建设要务

一、河南省知识产权服务业发展的战略目标

2016年，经国务院批准，河南省被列入建设支撑型知识产权强省试点省份，2016年10月，河南省政府发布《河南省建设支撑型知识产权强省试点省实施方案》，提出到2020年，知识产权对全省经济社会发展的贡献度显著提升，力争建成支撑和引领优势明显的知识产权强省，并在知识产权创造水平和知识产权运用能力方面提出了具体的战略目标。

（一）力争知识产权创造水平显著提高

在知识产权实力指数体系中，知识产权创造水平通常由知识产权产出指标予以衡量，知识产权产出指标一般包括知识产权产出综合指标（一级指标）和知识产权产出重要指标（二级指标和三级指标）。知识产权产出二级指标包括知识产权产出总量、知识产权产出效率、知识产权产出水平和知识产权产出结构等二级指标。知识产权产出总量（二级指标）主要反映知识产权的单位存量及其增长率，主要包括每万人有效专利拥有量、发明专利授权量、商标注册量、集成电路布图设计登记量、地理标志核准注册登记量和植物新品种授权量以及发明专利申请增长率等三级指标。知识

产权的产出效率（二级指标）主要反映国民经济活动和科技创新中知识产权的产出效率，由每百万 GDP 发明专利授权量和每百万研发经费发明专利授权量两个三级指标构成。知识产权产出水平（二级指标）主要反映发明专利的质量和经济效益，包括授权发明专利维持率、长维发明专利有效件年（发明专利维持长期有效年数×件数）和年度中国专利奖获奖指数（金奖×10+优秀奖×1）三个三级指标。知识产权产出结构（二级指标）主要反映企业知识产权的结构和比重，由企业发明专利申请的比例、发明专利申请中企业申请的比例和规模以上企业发明专利申请占企业发明专利申请的比例三个三级指标构成。

根据中国区域知识产权指数 2017 年年度报告，河南省知识产权产出水平综合指数为 0. 13，在全国 31 个省级区域中排名第二十一位，为此相对落后，一方面是因为知识产权产出指数所包含的二级指标中强调人均拥有量和企业平均拥有量，而河南省是传统的农业大省和人口大省，其中农业人口比重较大；另一方面，河南省的企业中传统产业占比较大，知识产权的创造效率和质量均不高。

建设支撑型知识产权强省，要求知识产权的产出数量、产出质量和产出效率必须得到明显提高。作为一项战略任务，要求到 2020 年实现每万人口有效发明专利拥有量超过 10 件，PCT（专利合作条约）国际专利申请量年增长率超过 30%。商标注册总量达到 45 万件，河南省著名商标达到 4000 件，拥有一批优良植物新品种，国家地理标志、版权拥有量实现较大幅度增长。这就需要通过知识产权服务业的发展建立企业知识产权数据库以及对企业知识产权进行产出质量评价和对企业知识产权产出结构进行定性和定量分析。

（二）力促知识产权运用能力根本性增强

在知识产权实力指数体系中，知识产权运用能力由知识产权运用水平指标加以衡量。知识产权运用水平（一级指标）涵盖知识产权活跃度、制度运用水平和运用效果三个二级指标。其中，知识产权活跃度（二级指标）处于核心地位，反映知识产权在经济活动中流动和效益化程度，由许可专利、转让专利、质押专利与授权量比三个三级指标构成。制度运用水平（二级指标）反映专利制度、PCT 以及技术标准的运用水平，主要包括每万人专利评价报告请求数量、PCT 申请量、每千万美元出口向国外申请专利的数量和授权专利进入国家标准的数量等三级指标。知识产权运用效果（二级指标）主要反映专利制度的运用效果和专利技术的经济效益，主要包括拥有 10 件以上专利企业比例、专利产品销售额占产品销售收入的比例、专利许可和转让收入额和专利权质押融资金额四个三级指标。

在中国区域知识产权指数 2017 年年度报告中，河南省知识产权流动水平指数为 0. 128，在全国 31 个省级区域中排名第 16 位，处于全国中等水平，但知识产权综合效益指数为 0. 312，排名第 19 位，反映出知识产权运用质量不高的现实状况。虽然在专利质量指数排名中，河南省位居第 12 位，但其专利质量指数仅为 0. 156，远远落后于排名前 5 位的广东省（0. 665）、北京市（0. 562）、浙江省（0. 557）、江苏省（0. 460）和上海市（0. 303），发展之路任重道远。

力促知识产权运用能力根本性增强，实现支撑型知识产权强省发展目标，一是建成全国中部知识产权运营中心，以知识产权服务带动知识产权流动、以知识产权市场调节知识产权投入和产出效率；二是设立重点产业知识产权运营基金，鼓励和支持有重大技术价值和发展潜力的知识产权项目研发和运营；三是继续扩大知识产权质押融资平台建设，力争知识产权质押融资上新台阶。另外，根据发展规划，到 2020 年，力争建设 36 个专利导航产业发展实验区，培育 25 个知识产权密集型产业、100 家知识产权强企，使知识产权密集型产业增加值占全省国内生产总值的比重超过全国平均水平，自主知识产权商品出口占比大幅度增加。

二、河南省知识产权服务业发展的现实问题

对照河南省知识产权发展战略和建设支撑型知识产权强省的发展目标，虽然河南省知识产权服务业发展速度相对较快，但还存在关于知识产权服务业的认识步调不一致、产业链发展不完整和集聚发展水平低、知识

产权产业与金融融合度不高以及知识产权服务机构总体实力偏弱等现实问题。

（一）河南省发展知识产权服务业的认识步调不够一致

在知识产权服务业发展体系中，政府、企业、市场和知识产权人才是知识产权服务业发展的主体要素。其中，政府作为引导者，企业作为参与者，市场作为发展平台，知识产权人才作为主动力对知识产权服务业发展的前景和现实基础判断不一致。

受我国知识产权法偏向对专利权、商标专用权和版权、计算机软件等强调静态保护的影响，知识产权的相关主体对知识产权的认识大多停留在获得知识产权、保护知识产权不被侵犯等消极权利方面，比较重视知识产权的消极属性，固守“获得知识产权—利用知识产权开展生产经营—获得经营收益”这一关于知识产权的传统认识思路，没有把知识产权作为企业可以独立运行的资产进行资本运作。

政府作为知识产权服务业的引导者，也是对关于知识产权服务业的认识率先做出突破式改变的先行者。例如 2003 年国务院取消了“商标代理组织审批”和“商标代理人资格核准”两项行政审批，这并不意味着政府认为商标代理不重要，而是把商标代理作为市场调节事项，从支持知识产权服务业发展的角度放松了政府管制。在《河南省知识产权局 2014 年工作要点》中，“大力发展知识产权服务业”作为 2014 年度重点任务予以强调，并把该重点任务具体化为国家知识产权服务业集聚发展试验区建设、发展知识产权服务业相关政策制定、知识产权服务品牌机构建设、《河南省专利代理机构服务标准》制定和专利代理机构服务标准试点和知识产权专业人才引进和培养等具体工作。

在知识产权服务业发展体系中，企业包括提供知识产权服务的企业和接受知识产权服务的企业，他们作为知识产权服务业的参与者，也是知识产权服务中的受益者，理应对知识产权服务业持欢迎态度。但在实践中，作为接受知识产权服务的企业在企业的发展战略中仅仅把企业知识产权作为企业发展的工具和手段，专利申请和商标注册只是维持企业常规经营的必要措施，没有把知识产权作为相对独立的资本列入战略规划；作为提供知识产权服务的企业，由于缺乏前瞻性知识产权发展筹划，也没有相应的知识产权储备，只能根据客户要求提供一般的技术服务，在实践中相对处于被动地位。所以，在实践中，不论作为提供知识产权服务的企业，还是接受知识产权服务的企业，均没有做好把知识产权作为产业资本予以市场化的认识，在政府大力提倡发展知识产权和知识产权服务业的背景下，关于知识产权重要性的认识尚需要进一步提高。

在知识产权服务业发展体系中，市场既是知识产权交易的场所，也为知识产权价值衡量提供市场信号。虽然在中国区域知识产权指数报告中，河南省知识产权流动性相对较好，但更多的交易发生在平台之外，没有真正实现知识产权资本化、商用化、市场化。河南省技术产权交易所是企业股权交易和知识产权交易的现有平台，但挂牌交易的59家企业主要是股权交易，没有发现关于知识产权单独挂牌交易的信息，一方面是拥有知识产权的企业没有挂牌交易知识产权的需求或认识，另一方面，极少有企业愿意为获得知识产权在交易平台发布交易需求，从而导致知识产权资本化、市场化发展缓慢。当然，考虑到知识产权保护水平问题，获得知识产权的企业可能考虑知识产权难以得到有效保护而无从估算其未来预期价值，也是知识产权市场化程度低的一个原因。

在知识产权服务业发展体系中，知识产权人才一般被定位为引领知识产权服务业发展的高端人才，在未来的知识产权经济中拥有较高的市场地位和从业待遇。但在现阶段，知识产权服务业的主要业务还停留在专利申请、商标注册、版权认定等初始环节，知识产权商用化、知识产权资本化、知识产权市场化发展刚刚起步，相关业务活动并不多，导致现有知识产权人才沦为主要提供专利申请、商标注册、版权认定等初级服务的简单技术人才，对未来知识产权服务业的发展持悲观态度，无形中也影响了其进一步提升知识产权服务水平和服务能力的积极性。

概言之，传统经营利润与交易标的物的捆绑，在会计上没有单独核算知识产权成本和收益，无法量化知识产权利润，投资者难以相对独立获得知识产权收益分成，是导致当前知识产权服务业发展认识步调不一致的重要原因。

（二）产业链发展不完整、集聚发展水平低

河南省支撑型知识产权强省建设，要求在发展路径上突出知识产权在经济社会发展中的核心作用，但从历史发展的角度看，河南省是一个农业大省，但农业恰恰是知识产权保护水平较低的产业，农业生产和农产品交易过程中，植物新品种、原产地、专利技术、注册商标等因为各种复杂因素影响致使知识产权的保护力度不够。河南省传统工业以劳动密集性而非以技术密集型为主，人力资本而非技术资本在生产中占比重较大。这些历史问题表明从传统产业向知识产权服务业转型在认识上和发展条件上存在比较大的跨度。

从现有的知识产权服务业发展状况看，河南省专利申请量和商标注册量均有比较大的提速，但由此也反映出知识产权服务业的梯次结构中，专利申请、商标注册等低端服务比重较大，而知识产权商用化、知识产权咨询服务和知识产权培训服务相对薄弱，没有相应形成“知识产权资本化—知识产权商用化—知识产权市场化”梯度发展的完整产业链。而且，由于河南省知识产权服务业尚处于初级发展阶段，知识产权服务机构之间围绕专利申请、商标注册等低端服务展开竞争，尚未延伸出知识产权服务机构围绕“知识产权资本化—知识产权商用化—知识产权市场化”梯度服务模式开展知识产权服务合作，知识产权服务集聚意识和集聚需要程度不高。

（三）知识产权与科技、产业、金融融合度不高

在知识经济背景下，知识产权作为一种优质资本，更应当与科技、产业和金融创新融合发展。但在现有的发展模式下，河南省 GDP 发展效益统计并没有凸显知识产权的独有价值，仅仅作为一种考量因素，强调了知识产权的贡献率，导致知识产权发展模式中，知识产权仅仅作为一种生产要素内嵌于企业经济增量中，知识产权与科技、产业和金融融合度不高。

（四）服务机构总体实力偏弱

知识产权服务业发展的完整产业链需要围绕“知识产权资本化—知识产权商用化—知识产权市场化”梯度服务模式开展知识产权服务，但从河南省现有的知识产权服务机构的现有情况看，无论是人才条件、资本条件和技术条件均不成熟，与全国排名前列知识产权服务机构的人才条件和资本条件尚存在较大差距，更遑论世界知名的高通公司。但是，在发展战略上，河南省知识产权服务机构更不应该把发展重心停留在与其他服务机构在低端市场展开竞争上，而应当在政府鼓励和支持下制定跨越式发展战略。

三、河南省知识产权服务业发展的建设要务

河南省支撑型知识产权强省建设，知识产权服务业是发展的短板，也是知识产权强省建设的重要环节，推动知识产权从静态发展到动态发展，促进知识产权“知识产权资本化—知识产权商用化—知识产权市场化”梯度发展，要求知识产权服务业从认识提高、运营体系和投融资体系、服务机构服务模式和业务创新到知识产权服务园区建设和进一步开拓创新发展知识产权虚拟市场体系性建设。

（一）统一认识，通过产业协会、研究中心等沟通平台形成发展共识

2008—2014 年，河南省知识产权服务业在知识产权服务机构、知识产权服务业务、知识产权服务市场开拓等方面都有显著提升。但近几年，随着省内知识产权服务机构的不断增加，同时全国著名知识产权服务品牌机构纷纷在河南设立分支机构知识产权服务市场竞争日趋激烈，知识产权服务机构与拥有知识产权的企业、知识产权专业人才大多情况下处于离散状态，关于知识产权服务业的发展趋势、发展目标、发展战略和发展模式、发展路径各有见解，难以形成共识和合力。

与此同时，政府的公共职能正经历从过去强化管制约束向战略引领、具体事务放松管制留给市场调节转型，知识产权服务业发展必须借助于知

识产权服务业协会、研究中心等协调、中介平台和机构，在充分交流问题基础上形成发展共识。

（二）建设知识产权运营体系，创新发展新型知识产权运营模式和商用化投融资体系

知识产权运营能否相对独立于企业的实体经营，意味着知识产权运营体系能否创新构建。与传统产业强调生产能力和产品制造不同，现代产业更注重研发和品牌塑造。在生产要素中，现代产业形成哑铃型的产业发展模式，无限压缩生产环节，从成功转型的制造业企业的发展轨迹看，产品生产已经不再是企业营业利润的主要来源，有的企业通过代工方式转移生产环节，更有的企业完全演变为以经营专利技术（如高通公司）和经营品牌塑造（如苹果公司）的知识产权型企业。

河南省建设知识产权运营体系，应打造“知识产权运营平台—知识产权服务机构—知识产权资本投入—知识产权产业化、商用化、市场化战略”四位一体的创新型知识产权运营模式。虽然在 2017 年，河南省专利质押融资总额已突破 30 亿元，达到历史最高水平，但从知识产权商用化的内容看，仍然没有脱离过去仅仅把专利权作为企业的一项静态资产对待的窠臼，由于缺乏性对完善的转让变现市场支持，专利权质押后变现相对较难，银行对待企业专利权质押持非常审慎的态度。因此，知识产权服务业应根据知识产权运营的现实需要，创新知识产权服务内容，引进产业资本和金融资本，为知识产权商用化提供平台支持。

（三）加大知识产权服务园区建设

与其他产业相比，具有完整产业链的知识产权服务业具有服务环节较多、服务链条较长、产业投资规模较大、投资回收周期较长、市场风险较大的特点，从投资学视角看，不属于“高收益，低风险”的理想投资模式。但是知识产权服务业投资对于知识产权发展的促进作用又是毋庸置疑的，这需要整合现有的知识产权服务资源，降低知识产权服务较高的不确定性风险，加大知识产权服务园区建设是比较可行的做法。

2011 年，国家知识产权创意产业试点园区落户郑州，为河南省创建新的知识产权服务园区积累了成功的经验。国家知识产权创意产业试点园区以发展知识产权经济为引领，以工业设计为主体，以提升设计创意能力、提升专利与设计创意成果产业化能力和园区的核心竞争力为着力点，形成涵盖前端的研发设计、中端的生产加工、末端的代理销售的设计创意产业链，一改过去仅仅注重专利申请、商标注册等知识产权处理发展模式，取得良好的社会效益和经济效益，对河南省知识产权强省建设助推明显。

李培才

第四章　河南省知识产权服务业的发展路径和主要模式

在国家实施知识产权强国战略和创新驱动发展战略的背景下，区域创新竞争空前激烈。知识产权作为第一生产力，对河南省经济社会发展中的支撑和引领作用日益显著。2016 年 10 月，河南省政府发布《河南省建设支撑型知识产权强省试点省实施方案》（以下简称《知识产权强省方案》），要求“到 2020 年，知识产权对全省经济社会发展的贡献度显著提升，力争建成支撑和引领优势明显的知识产权强省”，开始全面实施知识产权强省战略。作为知识产权强省的重要组成部分，《知识产权强省方案》提出“发展知识产权服务业，培育新型知识产权服务品牌机构”。强大的知识产权服务业，有利于为知识产权强省战略提供战略支撑。河南省的知识产权服务业尽管存在一定的基础，但是与发达省份相比，还有很大的差距。研究知识产权服务业的路径和发展模式，探寻知识产权服务业发展之道，有助于助力我省知识产权服务业的跨越式发展。本章从历史脉络、影响因素、路径选择、主要发展模式以及具体对策五个方面探讨河南省知识产权服务业的发展路径与主要模式。

第一节　河南省知识产权服务业发展的历史脉络

一、河南省知识产权服务业的荒芜期

知识产权是法定权利，知识产权服务业必然以知识产权法律立法和实施

作为前提。河南省作为全国一份子，知识产权服务业的发展同样依赖于知识产权立法，因此，可以从知识产权立法史来观察知识产权服务业的发展。

自新中国成立以来，政府便十分注重知识产权方面的保护工作，在20世纪50年代出台了诸多行政规章和法规。不过后来由于长期受“左”的思想的影响，一方面否认知识财富私有化，将公有制原则全面引入精神产品生产领域；另一方面又否定智力成果的商品属性，对智力成果实行无偿占有和计划调节，并用行政手段来调整和管理智力成果的生产和使用（王锋，2010）①。因此，在20世纪60、70年代，我国尽管采取了一些对智力成果进行保护的行政措施，如1963年颁布了《商标管理条例》和《发明奖励条例》等，但知识产权立法长期处于停顿状态。1950年8月，国务院颁布的《保障发明权与专利权暂行条例》采用了苏联的发明证书和专利证书的双轨制。1954年又批准颁布了《有关生产的发明、技术改造及合理化建议奖励暂行条例》。获得发明证书的，依条例颁发奖金。1953—1957年，共批准了4件专利和6件发明专利发明人证书。由于自1957年以后就没有再批准过专利权和发明权，因而该条例实际上自那时起已经停止执行。1963年11月国务院颁布的《发明奖励条例》和《技术改进条例》取代了前述两个暂行条例，同时取消了专利制度，实行单一的发明奖励制度。此后的20年内我国没有专利制度。

1950年8月和9月通过的《商标注册暂行条例》和《商标注册暂行条例施行细则》采用了自愿注册原则，特别强调了对商标专用权的保护，现行商标法的诸多规定都可以脱胎于此。1963年，《商标管理条例》取代了《商标注册暂行条例》，该条例具有浓厚的计划经济色彩。“文化大革命”期间，商标注册工作停顿。

著作权保护分布于有关行政管理发布的条例、决议等之中，主要涉及稿酬、图书出版事项。1956年以后，文化创作领域实行“大锅饭”，否定作者对作品享有合法的人身权和财产权，将创作活动视为一种工作，实行

① 王锋．知识产权法学［M］．郑州：郑州大学出版社，2010（2）：47.

工资加稿酬的按劳分配原则。这就从根本上否定了著作权的民事权益性，因此，也就不可能通过系统立法建立起著作权保护制度。到“文化大革命”时，连稿酬制度也被视为资产阶级的法权残余而被彻底废除。

在改革开放之前，计划经济再加上连续不断的政治运动使得知识产权保护无存身之地，知识产权服务业无从谈起，河南省同样如此。

二、河南省知识产权服务业市场形成期

1978 年，党的十一届三中全会召开以后，我国的经济体制开始发生脱胎换骨的变化。商品经济和市场机制开始进入经济领域，私有财产权的保护开始进入法律制度，智力成果开始成为一种特殊的商品和财产进入社会生活各个领域并要求得到法律的确认和保护。同时，对外开放的不断扩大也要求国家对知识产权的保护与国际接轨。自 20 世纪 80 年代始，我国陆续颁布了各类知识产权部门法，并陆续加入主要的知识产权国际公约，逐步形成比较完备的现代知识产权法律体系。

1984 年 3 月 12 日，《中华人民共和国专利法》经第六届全国人大常委会第四次会议审议通过，并于 1985 年 4 月 1 日起王式施行。随着专利法的实施，专利代理服务应运而生。专利代理是指专利代理机构以委托人的名义，在代理权限范围内，办理专利申请或者办理其他专利事务。随着对专利代理人需求扩大，1991 年 3 月国务院正式公布《专利代理条例》，旨在“保障专利代理机构以及委托人的合法权益，维护专利代理工作的正常的秩序。”① 从 1992 年开始全国实施专利代理人资格考试，考试合格发放《专利代理人资格证书》，取得证书经过一年实习合格执行就可执业。通过考试，专利代理人队伍不断扩大，专利代理业务市场逐渐形成。为了满足加入世界贸易组织的要求以及 1992 年达成的《中美政府关于保护知识产权的谅解备忘录》，1992 年 9 月 4 日我国对专利法进行了较大幅度的修改，扩大了专利客体、扩充了专利的权利内容，强制许可的程序更加严格，专

① 《专利代理条例》1991 年第 1 条。

利保护水平大幅度提高，为我国加入世界贸易组织后进行产业转型升级奠定了基础，也为专利服务市场增加了新的机会。

对外开放和商品经济的引入产生了商标需求，商标作为区别商品与服务来源的标志，能够凝聚企业自身的商业努力所积累的商业声誉，引导消费者购物，塑造品牌。1982 年 8 月全国人大常委会通过了《中华人民共和国商标法》，于 1983 年 3 月 1 日生效。次年国务院颁布了《商标法实施细则》。商标法的实施开启了商标注册、异议、撤销、续展等一系列业务，随着注册商标数量增多，那么商标申请注册难度越来越高，商标代理服务市场也逐步建立。

关于著作权制度，1984 年 6 月国务院颁发了《图书、期刊版权保护试行条例》，其中第 1 条明确规定“为保障文学、艺术和科学作品作者的正当权益，鼓励优秀作品的创作和出版，繁荣和发展社会主义出版事业，促进社会主义精神文明和物质文明的建设，特制定本条例”，自此重新引入作品创作与传播引入市场机制。1985 年文化部又颁布了《图书期刊保护试行条例实施细则》和《图书约稿合同》《图书出版合同》示范样本。文化部在《文化部关于颁发〈图书、若干版权保护试行条例实施细则〉》和《〈图书约稿合同〉〈图书出版合同〉的通知》明确指出，“为便于作者（包括译者）向出版单位转让版权，我们还制订了《图书约稿合同》和《图书出版合同》供各出版单位制订本单位的约稿合同和出版合同时参考。各出版单位制订本单位的合同时，有关双方权利和义务的规定，应与上述两个合同的相应条款相符，以保障作者和出版者双方的合法权益。”该条例经过一段时间实践后，1990 年 9 月 7 日，全国人大常委会审议通过《中华人民共和国著作权法》。这是新中国成立后第一部对著作权进行全面系统保护的法律，是新中国著作权法律制度建设的里程碑。《著作权法》以保护文学艺术作品作者的著作权，促进作品的广泛传播为宗旨，规定了著作权的对象、著作权的内容、权利限制、著作权许可使用合同，出版者、表演者、录音录像制作者和广播组织的邻接权以及侵犯著作权的法律责任等内容。配套法规方面，国务院相继颁布了《著作权法实施条例》）

（1991 年 5 月）、《计算机软件保护条例》（1991 年 6 月）、《音像制品管理条例》（1994 年 8 月）、《实施国际著作权条约的规定》（1992 年 9 月）、《传统工艺美术保护条例》（1997 年 5 月）等一批配套法规，最终逐步建立起著作权法律体系。《图书、期刊版权保护试行条例》和《著作权法》的先后颁布和实施，著作权保护和交易的服务市场逐渐形成。

与国家知识产权立法相随，河南省的知识产权服务业开始缓慢发展。1985 年河南省专利管理处成立，隶属于河南省科委，之后更名为河南省知识产权局。专利局管理处成立后，督促各地市建立专利管理机构，截至 1995 年，有 10 个地市建立了专利管理机构，其余地市的科技局也有专人负责管理专利工作。最初的专利代理机构主要依附于专利管理机构，由国家出资设立，如河南省专利代理中心、郑州市专利事务所、洛阳市专利事务所，河南省科学院专利事务所等。随着知识产权服务市场的发展，国家知识产权局要求国资的专利代理事务所进行改制，引入市场机制，如河南省专利代理中心改制为郑州科维专利代理有限公司）、洛阳市专利事务所改制为现为洛阳市凯旋专利事务所、河南省科学院专利事务所改制为现为郑州联科专利事务所（普通合伙）等。

三、河南省知识产权服务业的壮大发展期

自 2001 年我国加入世贸组织以来，河南省知识产权服务业迎来了新的发展契机。截至 2005 年，河南省拥有 7 个专利代理机构，其中郑州有 5 家，有 179 名专利代理人，从事专利代理、专利诉讼、专利情报以及专利许可贸易等工作（郭民生、王锋，2005）①。2011 年，中原经济区建设正式上升为国家战略，知识产权工作进入了新阶段。河南省省委、省政府在《中原经济区建设纲要（试行）》明确提出，创新是建设中原经济区的有效支撑，要求加快培育一批拥有自主知识产权和持续创新能力的创新型企业，示范引导广大企业走创新驱动型发展道路。对此，河南省知识产权战

① 郭民生，王锋．区域专利发展战略（河南卷）［M］．北京：知识产权出版社，2005.

略工作领导小组办公室和河南省保护知识产权工作组办公室制订下发《2010年河南省实施知识产权战略纲要推进计划》，加紧推动实施区域知识产权战略，开展消除产业集聚区工业企业“零专利”为重点的知识产权专项行动，18个产业集聚区700多家企业中，“零专利”企业比重由64.8%下降到11.5%。开展知识产权保护、宣传、培训工作，营造尊重知识产权、激励自主创新的良好社会氛围。省工商局围绕“兴企强省”“兴农富民”两大工程，开展“商标强企”“商标富农”工作，加大打击商标侵权行为的力度，商标申请和注册量节节攀升。整个“十二五”规划实施期间，河南省知识产权服务业发展迅速，2013年，河南省拥有专利机构19家；2015年，发展到50家。年专利申请量和授权量逐年攀升，增幅均高于全国平均水平，展现出良好的发展势头。2015年，河南省专利申请74373件，居全国第13位；专利授权47766件，居全国第10位；发明专利申请量21138件，居全国第13位。2016年河南省专利申请94669件，居全国11位；专利授权49145件，居全国13位。发明专利申请量28582件，居全国13位。“十二五”时期，河南省专利申请量授权量和万人发明专利拥有量分别达27万件、15.7万多件，较“十一五”末期翻了两番。

第二节　河南省知识产权服务业发展的影响因素分析

分析影响河南省知识产权服务业发展的主要因素有助于更好的寻找促进知识产权服务业市场发展路径和模式。产业因素、历史因素和政策因素是影响河南省知识产权服务业发展的主要因素。

一、产业因素

劳动密集型产业是指在一个产业中劳动投入比例要高于其他生产要素的投入；这样的企业形态称之为劳动密集型企业。知识产权密集型产业是指在一个产业里人均拥有知识产权的数量要高于其他产业水准，这样的企业是知识产权密集型企业。从劳动密集型产业到知识产权密集型产业是我国改革开放后经济发展的总历程。在改革开放初期，利用我国充沛的劳动力人口优势，沿海地区大力发展外向型劳动密集型产业，带来了经济的飞速发展，如珠三角和长三角早期的经济发展均是以劳动密集产业作为切入点的。在经济欠发达的地区，劳动密集型产业同样成为推动当地发展的首选（戴理达，2013）①。之所以会出现这种情形，原因在于我国经济发展的滞后性和新型产业的匮乏，而劳动密集型产业恰好能在新经济形态形成之前填补经济发展的空档。同时，劳动密集型产业也能解决大量人员就业问题。随着我国劳动力人口补给的减少和产业规模扩大，劳动力开始匮乏，人口红利正在加速消失。在世界范围内，我国劳动密集型产业的竞争优势不再一枝独秀。产业转型升级势在必行，知识产权密集型产业成为必然的选择。国务院办公厅 2014 年 12 月发布《深入实施国家知识产权战略行动计划（2014—2020 年）》将知识产权密集型产业提升为我国经济的主要发展目标，开始全面实施创新驱动发展战略。

在劳动密集型产业向知识产权密集型产业变迁中，河南省作为地处中原的内陆省份具有自己的特殊性。河南是人口大省、农业大省也是工业大省。中原经济区上升为国家战略时，党中央国务院明确要求，“以加快转变经济发展方式为主线，探索不以牺牲农业和粮食、生态和环境为代价的新型城镇化、工业化和农业现代化协调发展的路子”②。河南省是我国粮食主产区，承担保障国家粮食安全的重任，以牺牲农业、耕地、生态环境换取工业发展空间的路子注定走不通。充分发挥人口大省优势，发展劳动密集型产业成为可能的选项。不过由于地处中原腹地，开展对外贸易成本高，发展劳动密集型产业存在先天缺陷。如何扬长避短，建立比较优势，促进河南崛起和中原腾飞需要更细致的产业规划。目前，河南在这方面已经取得了一定成效，如利用粮食主产区优势以及人口优势，发展农业科

① 戴理达．知识密集性服务企业智力资本融资研究［J］．商业研究，2013（04）．

② 2012 年国务院批复的《中原经济区规划》。

技，搞农产品深加工，发展食品工业，涌现出双汇、永达、大用等知名的养殖和肉类加工企业，涌现了思念、三全等速冻食品加工企业，涌现了好想你等特色农业企业。这些企业都充分利用了河南的农业、人口优势，在发展过程中融入了越来越多的知识产权因素，商标、专利、技术秘密的累积共同塑造了我省涉农企业的竞争优势。此外，郑州市利用自身的交通枢纽和货物集散地的优势，大力发展物流和商业，成为全国重要的商品集散地。建设航空港工业园区，大力发展跨境电子商务，已经成为河南新的经济增长点。禹州利用其药材种植的得天独厚的条件，将种植与交易相结合，不仅建成一流的中药材种植示范基地，不断培育出品质优良的地产名药，而且成为全国四大中药材交易市场之一。

二、政策因素

历届河南省政府都非常重视知识产权对社会经济发展的作用。在河南省主要发展战略中，知识产权政策都扮演着非常重要的角色。2012 年国务院批复《中原经济区规划》将建设中原经济区上升为国家战略，定位为全国工业化、城镇化、信息化和农业现代化协调发展示范区，要求壮大传统主导产业、积极培育战略性新兴产业、加快发展服务业，“形成一批具有自主知识产权的国家标准和国际标准。”2013 年国务院批复的《郑州航空港经济综合实验区发展规划（2013—2025 年）》提出建设产业创新中心，构建开放融合的创新平台，组建产业技术创新战略联盟，加快突破产业核心关键技术。在航空航材制造、智能终端、精密机械、生物医药、信息服务等领域，引进核心技术创新团队，集聚高端人才，打造高水平技术研发队伍，设立高端制造业研发中心或研发总部，形成特色产业技术创新中心。加强产学研合作，集中力量开展重点领域关键共性技术攻关，推动重大科技成果转化。2016 年国务院批复成立郑洛新国家自主创新示范区，依托郑州、洛阳、新乡 3 个城市高新技术产业开发区，着力打造国内具有重要影响力的高端装备制造、电子信息、新材料、新能源、生物医药等产业集群，重点开展科技服务业区域试点和科技成果转移转化、科技企业孵化体系、新型研发组织、科技金融结合等方面的试点示范。2017 年，国务院批复《中国（河南）自由贸易试验区总体方案》，建设郑州、洛阳和开封自由贸易片区，旨在将将自贸试验区建设成为服务于“一带一路”建设的现代综合交通枢纽、全面改革开放试验田和内陆开放型经济示范区，着力发展智能终端、高端装备制造、汽车制造、生物医药、机器人、新材料等先进制造业以及现代物流、国际商贸、跨境电商、现代金融服务、服务外包、创意设计、商务会展、动漫游戏等现代服务业。

河南省不仅在总体性发展战略上高度重视产业发展中的知识产权问题，而且注意运用具体的知识产权政策促进整体战略的实施。2007 年 12 月，河南省政府牵头，由省知识产权局、版权局、发改委、科技厅等 25 个部门组成的知识产权战略工作领导小组正式启动了河南省《知识产权战略纲要》（以下简称《纲要》）的制定工作，经过将近一年的工作，编制完成该战略纲要。《纲要》指出，河南省尽管实现了由传统农业大省向全国重要的经济大省和新兴工业大省的历史性转变，但是人口多，基础差，底子薄，人均发展水平低的基本省情还没有根本性转变，经济社会发展与资源环境的矛盾日益突出。实施知识产权战略是建设创新型河南和实现“两大跨越”的客观要求，有助于突破河南省经济发展资源和环境等因素的制约，充分开发和利用河南省丰富的人力资源，培养河南省的后发优势，实现弯道超车。2014 年国家知识产权局、教育部、科学技术部等等部委颁布《关于深入实施知识产权战略促进中原经济区经济社会发展的若干意见》，提出“在中原经济区深入实施知识产权战略，大力提升知识产权综合能力，优化整合区域知识产权资源，发挥区域中心城市带动作用，支撑中原经济区工业化、城镇化和农业现代化全面协调发展”。根据“坚持突出重点、核心带动、错位发展、全面提高”的指导思想，要求重点做好以下几项知识产权工作：第一，加强农业知识产权工作，完善农业知识产权工作机制，支持农业领域知识产权创造，促进农业知识产权产业化。第二，推动知识产权与产业融合发展，支持产业集聚（园）区建设，加强传统产业知识产权能力建设，推动战略性新兴产业成长。第三，突出重点城市知识产权综合能力建设，建设国家知识产权局专利局专利审查协作（河南）中心，郑州建设国家知识产权服务业集聚发展试验区、国家知识产权人才培训基地。支持创新与知识产权服务园区建设。第四，发掘传统优质文化资源，做大做强中原经济区特色产业，有效保护利用传统知识和遗传资源，促进特色产业高端发展。2016 年，河南省政府开始实施《建设支撑型知识产权强省试点省实施方案》，提出围绕国家粮食生产核心区、中原经济区、郑州航空港经济综合实验区、郑洛新国家自主创新示范区、中国（河南）自由贸易试验区五大国家战略规划，以深化知识产权体制机制改革为突破口，以知识产权运用和保护能力建设为主线，实施建设支撑型知识产权强省方案，全面提升河南省的创新驱动发展能力和产业核心竞争力，建设知识产权强省。该方案意识到知识产权服务业与产业发展、知识产权创造之间的关系，明确提出“发展知识产权服务业，培育新型知识产权服务品牌机构”，要建设知识产权服务园区，制定落实促进知识产权服务业集聚发展政策，吸引国内外高端知识产权服务机构进驻，实现知识产权服务业集聚效应。发展知识产权虚拟市场，为产业结构调整与升级提供服务支持。培育知识产权服务品牌机构。以国家专利信息服务（河南）中心为依托，推动专利信息与其他各类知识产权基础信息公共服务平台互联互通，提高知识产权信息服务能力和水平。2017 年发布的《河南省知识产权事业发展“十三五”规划》（以下简称《规划》）对知识产权工作给予了很大的关注，提出“十三五”期间要建成 9 个具有国家级的知识产权示范城市，并且要让知识产权成为支撑企业发展的有力杠杆，是知识产权对接现代化产业体系以及创新体系。河南省政府具有强烈的知识产权意识，将知识产权政策和制度建设作为五大发展战略实施的重要抓手，能够为河南省知识产权服务业的发展提供强有力的支撑。以知识产权创造和运用为中心的经济结构调整与省政府大力发展知识产权服务业相互促进相互支持，必将对河南省知识产权服务业的未来发展产生深远影响。

三、历史因素

河南省是中华文明和中华民族最重要的发源地，具有丰富的历史文化资源。河南省长期是中华民族经济、文化和政治中心，夏、商、周、东汉、唐、北宋等20多个朝代定都河南，沉淀成辉煌灿烂的有形和无形文化资源。有形文化资源丰富多样，有遗址类资源，如郑州的商城遗址、偃师二里头遗址、安阳殷墟、新郑的裴李岗遗址等；有建筑类资源，如洛阳白马寺、嵩山建筑群、龙门石窟、内乡县衙、巩义康百万庄园等；有名城类资源，如洛阳、安阳、郑州、开封等。无形文化资源更为丰富，有河洛文化，河图洛书是中华文明之始；裴李岗文化、仰韶文化、龙山文化、二里头文化的涓涓细流最终汇成了博大精深的中华文明。有姓氏文化，中华民族的姓氏有半数以上起源于河南省。有武术文化，如少林武术和陈氏太极拳闻名于天下。有戏曲文化，如河南豫剧；有手工艺术品，如开封朱仙镇木板年画、开封汴绣工艺、洛阳唐三彩、禹州钧瓷等；有饮食文化，如洛阳水席、开封灌汤包等。此外，河南省也是中华民族传统中医药发祥地之一，禹州市的中药材种植、加工和中成药生产历史悠久，成就一方灿烂的医药文化。

丰富的文化资源如何古为今用，挖掘其文化价值、经济价值是河南省知识产权创造的重要课题，同时也是知识产权服务业的重要服务对象。目前禅宗少林，东京梦华等实景剧目融合了河南省丰富的历史文化资源，翻陈出新，形成了较为广泛的影响，成为河南省重要的文化旅游名片。传统文化资源作为创意产业发展的基因，如果开发得当，不仅可以促进了当地经济发展，也有助于知识产权服务业形成自己的特色优势。

第三节　河南省知识产权服务发展的路径选择

2016年，河南省开始实施《建设支撑型知识产权强省试点省实施方案》，提出要发展知识产权服务业，为提升传统产业、促进知识产权密集型产业发展以及政府知识产权管理提供助力。不过受到产业结构、地理位置、管理水平等各种因素的影响，河南省的知识产权服务业目前还处于比较低的水平，要实现跨越式发展仅仅依靠市场的自然成长是远远不够的，如何在坚持知识产权服务业市场机制的同时，发挥政府的引导作用是河南省知识产权服务业发展的重大问题。

一、河南省知识产权服务业发展的路径选项及影响因素

知识产权服务有多种提供方式，可以分为政府提供单一模式、市场提供单一模式、政府提供主导模式和市场提供主导模式四种类型。政府提供单一模式是指由政府出资设立知识产权服务机构提供全部知识产权服务。市场主导模式是指由普通市场主体提供全部的知识产权服务。政府提供主导模式是指政府作为主导提供知识产权服务，政府无法提供或者提供不足的时候，由市场主体提供。市场提供主导模式是指原则上由普通市场主体提供知识产权服务，市场无法提供或者提供不足的时候，政府负责提供。

各种发展路径各有特点，主要存在以下差别：第一，提供主体不同。政府提供单一模式和市场提供单一模式的提供主体单一，政府提供主导模式和市场提供主导模式均存在两类不同的提供主体。第二，政府与市场的关系不同。政府提供单一模式主要产生于知识产权服务需求少，服务市场狭窄的情形。市场提供单一模式能够满足绝大部分知识产权服务需求，但是市场提供是以供求关系作为基础，早期起步可能会比较慢；此外有些知识产权服务可能是市场所无法提供的。政府主导模式不排斥市场，市场主导模式不排斥政府，但是二者地位不同，前者以政府为主，后者以市场为主。第三，扩张特性不同。政府提供单一模式和政府主导模式都受限制于政府有限的资源，扩张受限。而市场提供单一模式和市场主导模式都具有无限扩张的特性，只要有足够的市场需求，那么提供主体总会有办法满足。

我国知识产权服务发展路径随着经济体制、政府管理体制改革而逐步变迁。改革开放之初，尽管开始引入商品经济，但是仍由计划经济主导。

初建知识产权法律体系，既缺乏相应的市场，也缺乏知识产权服务人才，延续计划经济的思路，由政府出资设立知识产权服务机构是一种必然的选择。河南省最初也设立了几家国资的专利代理机构，为专利申请人提供服务。但是随着知识产权服务需求增加，政府提供模式无法有效满足需求，开始出现私营的知识产权服务主体。政府设立的知识产权代理机构开始逐步退出，根据国家知识产权局的要求，河南省到1995年国家出资设立的专利代理机构全部完成改制。尽管政府推出了知识产权代理等基础知识产权服务，但是政府仍然是重要的知识产权服务提供主体。主要体现在以下几个方面：一是知识产权公共服务。政府设立专利审批、商标注册、版权登记服务机构，满足知识产权授权确权需要，这是市场无法提供的。与知识产权申请授权有关的知识产权服务主要由市场来承担。二是可以由市场提供，但是目前市场还无法提供的高端知识产权服务目前主要由政府提供，主要包括大型知识产权服务设施和知识产权信息服务、咨询服务等，前者尽管有较大的市场需求，但是要么启动成本高，要么市场无法解决自身的问题。如知识产权融资平台建设，尽管众多中小型科技企业需要融资，但是鉴于中小型科技企业以知识产权为主要财产，市场前景具有较强的不确定性，很难为银行所接受，存在市场失灵，这时需要。政府出面建设融资平台，为中小型科技企业融资提供帮助，破解知识产权融资的市场失灵问题。知识产权信息服务需要以海量的知识产权信息以及其他信息作为基础，而这些信息往往源于政府提供的知识产权公共服务。在我国知识产权信息开放机制不健全的情况下，市场主体获取相关信息成本较高，同时市场需求较少，因此这类服务完全靠市场也是不可能的。

因此，在政府和市场均能够提供知识产权服务的情况下，如何处理市场与政府的角色和关系是我国知识产权服务业发展中的重要问题。河南省作为一个知识产权服务业后进的省份，无论是政府提供知识产权服务还是市场提供知识产权服务都存在一些问题，政府没有更多的资源投入，而且对市场主体的知识产权服务需求也不是特别清楚。知识产权服务市场提供主体虽然在不断扩大，但是受制于市场未充分发育、提供能力有限、人才短缺等多种因素，市场主体无法很好的满足本地知识产权服务需求。按照省政府的设定的目标，知识产权服务业要适当超前，通过提供优质的服务反向激励企业知识产权创造的热情，从而带动产业升级、科研水平迅速提高。那么政府就有必要在培育知识产权服务提供主体上下功夫，需要采取措施激励知识产权服务提供主体成长。这是河南省知识产权服务业发展路径选择中的特殊性之所在。

二、域外知识产权服务业发展的路径选择借鉴

他山之石可以攻玉。欧盟、美国以及日本等发达国家和地区提供知识产权服务的模式既有共性，也有差异。共性在于对基础性的知识产权服务业，各国基本都采取市场提供模式，而对于高端知识产权服务业，各国根据自己国情而存在比较大的差别。

所谓基础知识产权服务业是指以个体市场主体为单位的知识产权申请、授权、保护、交易、管理的知识产权服务业务，比如著作权代理登记、专利商标代理申请、知识产权诉讼、知识产权交易等业务。这些业务主要发生在市场主体与知识产权服务机构之间，单个市场主体借助知识产权中介机构的专业知识完成自己的业务，而知识产权服务机构则通过出售自己的专业知识而获取利润。由于知识产品非经法定程序授权不能获得权利，授权过程具有专业性，涉及现有知识产权信息查询、分析和判断，涉及申请文件撰写，需要借助专业人士才能完成。知识产权授权和管理的高度专业性铸就了基础知识产权服务市场。广泛的市场需求以及收益成本的内在化使得基础知识产权服务通过市场机制提供是完全可行的。几乎所有发达国家在基础知识产权服务提供了均采用了市场机制。我国改革开放后，建立知识产权制度之初，尽管采取了政府提供服务的方式，但是当市场提供主体成长起来之后，政府就逐步退出了基础知识产权服务市场，让位于市场机制。

高端知识产权服务主要是指为基础知识产权服务提供基础设施或者其他具有较强外部性、成本比较高的知识产权服务。为基础知识产权服务提

供基础设施往往超出了单个市场主体的能力范围，比如企业存在知识产权融资、交易的普遍需求，但是如何找到融资对象、交易对象，则经常存在信息不对称，或者高市场风险让银行等金融望而生畏，结果导致这类知识产权服务难以通过市场机制提供。一方面，知识产权服务企业无能力提供这类服务；另一方面，单个需求企业也难以承受市场狭小时的高交易成本，两方面的因素结合在一起可能最终导致市场失灵。如果在一个国家知识产权已经普遍成为企业核心资产和核心竞争力，企业对知识产权创造、运营和保护需要持续规划和运作，相应的知识产权服务市场就会很发达，对高端知识产权服务的市场需求很强，市场自然能够提供这类服务。强有力的市场需求会培育出强劲的知识产权服务企业，提前针对未来的知识产权服务需求进行布局，从而达到知识产权服务促进知识产权密集型企业发展的目的。相反，如果知识产权意识比较低，知识产权在企业资产中占比比较低，对企业核心竞争力影响不太大。而高端知识产权服务耗费较大，对企业来说是不划算的，这样高端知识产权服务业市场就会比较小，其市场发展需要外界力量的注入，政府可以弥补市场力量的不足。英国、美国和日本、韩国在高端知识产权服务业方面分别是市场提供和政府引导两种模式的代表。笔者以专利分析和专利预警为例介绍它们在高端知识产权服务业领域的具体做法。

英国、美国对专利情报的开发利用，主要采用市场模式。它们拥有全球最大的专利情报服务公司 Thomson 公司，此外还有 Wisdomain 公司，CHI 公司，P&L，Yet2. com 等一大批负有特色的专利情报分析公司。据认为，专利情报收集、加工、分析为主的知识产权信息服务市场约有 1000 亿美元的市场空间，目前开发仅占 30%左右。Thomson 公司 2002 年专利服务总收入近 75 亿美元，雇员总数约 4. 3 万人。Delphion 和 Derwent 是 Thomson 的关系企业。前者在 2000 年由 IBM 和 ICG 联合设立，后者的历史则可以追溯到 1948 年，拥有全球最大的专利文献库，其中约有 70%~90%不能从报纸、期刊等其他渠道获得。这些数据库也不同于各国专利局的文献库，如前者包含后者没有的企业关系树，使得用大量关系企业的名称隐匿专利权人身份的大公司能暴露全部专利筹码，并且根据市场并购情况不断更新；再如前者包含后者没有的专利法律状态的实时更新数据，例如被许可人的分布状况；后者则没有这类重要信息。前者校正、统一了用语和著录项格式，可能帮助专利分析人员获得创造性发明人、关键性审查员等实用信息；后者无法导出这类信息。在拥有海量专利数据的基础上，这两家企业都提供自助餐式的在线专利检索、分析服务。研发人员、企业专利工程师、专利律师、法官、政府官员等各类客户可以根据软件在线生成的专利地图，运用技术和法律知识获取深层信息。值得注意的是，Derwent 在主页上把工业标准服务放在了的最显眼的位置。据称，它在跟踪研究约 2.5 万项工业标准，通过专利分析为企业提供基于这些工业标准的深层服务。相比之下，CHI 公司规模较小，员工比较少，但其服务有自己的特色，不仅有大量的政府客户，如澳大利亚的 CSIRO 和 ARC、欧盟、MITI/MET、日本通产省、美国航空航天局、美国国立卫生院、美国国家科学基因会、OECD、美国海军部、美国空军部、美国海军研究办公室、美国空军实验室等，也有众多的企业客户，针对企业的服务项目不是专利分析，而是基于专利分析的的技术估价、知识产权资产管理、许可证贸易、企业购并等商业项目。Wisdomain 公司则专门提供专利分析工具，前期可以免费使用，后期则按照使用的人数和服务对象确定收费水平；该公司也有自己的数据库，定期更新，提供给客户使用。发达的市场众多的客户使得这些高端知识产权服务的价格并不贵，如 CHI 公司对每个公司、大学的专利分析报告卖 200 美元，每个联邦州的专利分析报告卖 160 美元，每个国家的专利分析报告卖 300 美元，打包出售更便宜。Wisdomain 公司的用户仅需一次性交纳年费，然后就可以任意使用。

与英国、美国采用市场模式不同，日本和韩国采用以政府为主导的专利分析与预警模式。日本特许厅每年把预算的 10%左右用于专利文献的深加工，并组织厅内、厅外专家定期绘制关键技术领域的”专利地图”，以指导日本企业实施专利战略。日本的专利分析服务有两个目的：一是帮助日本企业防御欧盟专利，主要采取外围专利、小专利等措施封杀欧美上游专利的实施、改进路径。二是指导日本企业在欧美国家直接、间接收购专利，具体做法是帮助日本企业识别美国优质的高科技企业、优质专利以及值得投资的发明人等，然后进行有效的收购、资助。日本特许厅还曾提出建立亚洲知识产权网（AIPN）的建议，便于对亚洲地区的专利文献数据库资源进行收集和挖掘，为日本民营专利分析企业的崛起创造区位优势。当然，日本也在淡化专利情报开发活动中的官办色彩，一是把政府专利预警项目外包给美国私人公司，如日本通产省等政府机关曾多次付费让美国著名的专利分析公司 CHI 公司为日本政府制作大型的专利分析报告；二是推动一些专利情报分析组织走上商业化道路。例如，“日本专利信息组织”已经被改组为 Patolis 公司，并购买了美国 Delphion 公司的专利分析软件的使用权，以期在日本开展商业化的专利分析服务。韩国基本沿用了日本对专利情报的开发模式。这种模式在韩国产生了极大的社会效益。据称，韩国企业在世界手机产业的巨大成功离不开韩国知识产权局在相关技术领域绘制的专利地图。和日本类似，韩国政府也在积极推动企业从事专利分析活动。例如，韩国知识产权局一个相关举措是：在自己的网站免费提供一种专利信息分析系统（PIAS），帮助韩国企业用国家知识产权局的数据库或者自己构造的数据库进行专利分析。

三、河南省知识产权服务业发展路径选择

（一）河南省知识产权服务业发展应该选择混合模式

河南省知识产权服务业发展已经具备较好的市场基础，但并不足以支持知识产权服务业跨越式发展的目标，因此如何在市场的基础上充分发挥政府的引导作用是河南省知识产权服务业发展路径选择的核心问题。借鉴域外的知识产权服务业发展经验，笔者以为应该选择混合模式，即基础知识产权服务采取市场提供模式，高端知识产权服务，要以市场提供为基础，政府要充分发挥引导作用，通过项目资助、购买高端知识产权服务等方式解决市场提供激励不足的问题。之所以选择混合模式，主要是基于以

下原因：第一，知识产权作为法定权利，政府主要承担授权职责，知识产权申请等事务是应该由市场主体承担，如果政府对申请等事务在提供服务，不免陷入身份混同，既是裁判员又是运动员。我国在专利法等知识产权法草创初期，由国家出资设立专利代理等机构，向当事人提供服务是源于当时的特殊情况，是非正常情况。现在这种情形已经不复存在，市场主体完全可以提供专利申请等基础知识产权服务。第二，高端知识产权服务业市场需求不足短期内无法改善。高端知识产权服务需求取决于知识产权在竞争中的地位以及本地企业的竞争模式。河南省经济竞争从价格竞争到知识产权竞争的转变过程中，知识产权密集型的本地企业不是很多。高端的知识产权服务需要大量的信息储备和人才储备，本地同样缺少能够提供高端知识产权服务的企业，这样高端知识产权服务市场陷入僵局。只有引入政府的力量才能打破这种僵局，但是打破僵局不是靠政府越俎代庖。政府也没有这种能力，因为高端知识产权服务业需要大量的投资和专业知识，政府从无到有进行建设无疑会造成大量的浪费。正确的方式是政府引导知识产权服务机构进入高端知识产权服务市场，暂时没有市场可以创造市场，培育知识产权服务机构从事高端知识产权服务的意识和能力。当知识产权服务机构具备高端知识产权服务能力时，政府就可以放手了。

（二）基本知识产权服务完全由市场提供

基本知识产权服务需求具有一定的强制性。这源于知识产权的法定授权机制。在知识产权法律体系中，专利权、商标权、植物新品种权、域名等多种知识产权取得都需要经过授权程序。而授权需要撰写专业的申请文件、精通授权程序、应对授权过程中出现的种种问题，不借助专业人员之手，企业或者个人很难有效取得知识产权或者浪费太多的成本。知识产权保护同样如此。与普通侵权不同，知识产权侵权行为具有分散、隐蔽、数量多，分布广等特征，法律问题复杂，证明烦琐，没有律师帮助难以完成。

近年来，河南知识产权申请和授权数量一直稳步上升。以专利申请和授权为例，2014 年河南省知识产权专利申请量达到 62434 件，发明专利申请同比增长11.6%；年专利授权量突破3万件，达到33366件；万人有效发明专利拥有量达到1.44件，同比增长20.32%。2015年，河南省专利申请达到74373件，同比增长19.1%；专利授权达到47766件，同比增长43.2%，每万人拥有发明专利1.87件。2016年，申请专利94669件，增长27.3%；授权专利49145件，增长2.9%；有效发明专利22601件，增长28.6%。2017年，全省专利申请量达到107792件。其中发明专利申请量32141件，同比增长52.6%；专利授权量46944件，同比增长2.8%；每万人口拥有有效发明专利达到2.96件。商标申请增长也很迅速，2016年河南省商标申请量首次突破10万件大关，达到12.99万件，居全国第8位；有效注册量达35.61万件。专利和商标年申请量双双突破10万件大关，而且增长比较迅速，这为基础知识产权服务业发展提供了比较强有力的支撑，知识产权服务机构数量增长比较迅速，2013年河南专利代理机构数量为19家，2015年增至50家。

尽管河南省的知识产权服务业市场增长比较迅猛，但是仍然有很大的增长空间。首先，河南省各项知识产权申请与授权数量不均衡，如著作权登记数量少，增长也比较缓慢，这与河南作为文化大省的地位是不相称的。专利申请尽管数量增长较快，但是与东部发达省份相比，仍然有很大的提升空间。随着2012年国家知识产权局专利局专利审查协作河南中心的成立和运作，河南省知识产权服务业迎来了新的发展机会。这些基础知识产权业务的发展有助于培育知识产权服务业的市场主体，为高端知识产权服务业的发展奠定必要的基础。

（三）政府引导高端知识产权服务业发展

根据知识产权局、发展改革委、科技部、农业部、商务部、工商总局、质检总局、版权局和林业局联合发布的《关于加快培育和发展知识产权服务业的指导意见》，知识产权服务业分为知识产权代理服务、法律服务、信息服务、商用化服务、咨询服务、培训服务等类型。上述服务类型之中，信息服务、知识产权商用化服务和咨询服务应该属于高端服务。信息服务主要包括知识产权信息检索分析、数据加工、文献翻译、数据库建设、软件开发、系统集成等服务。建设专业化知识产权信息服务平台，开发高端知识产权分析工具，有助于提高知识产权信息利用效率。知识产权商用化服务主要包括知识产权评估、价值分析、交易、转化、质押、投融资、运营、托管等。知识产权咨询服务主要包括知识产权战略咨询、政策咨询、管理咨询、实务咨询等服务类型。上述三类服务与知识产权代理、知识产权法律服务相比，往往需要大量的投资或者专门化人才，开展信息服务要建立大型的知识产权信息数据库，需要开发出专门的信息分析工具，知识产权商用化服务主要面临的是交易平台建设、交易安全保证等问题，在大部分知识产权交易价值不高，市场前景不明朗的情况下如何促进交易并非易事。知识产权咨询服务主要面向重大项目决策、行业发展规划、产业联盟构建等重大问题，这些需求往往只有在知识产权被视为市场的核心竞争力的前提下才会产生。除了投资、专业以及市场因素之外，前述高端服务业难以完全依靠市场解决的一个原因在于：高端服务业发展所依赖的有些资源掌握在政府手中，如构成知识产权信息服务业的基础信息主要来自于政府授权审批过程中产生的数据和信息，这些信息只有政府才能提供。目前我国知识产权商用化服务面临的主要问题是知识产权市场前景不明朗、高交易风险等因素导致交易困难，这时候政府需要介入，提供担保，解决市场激励不足。对此，《关于加快培育和发展知识产权服务业的指导意见》要求，有序开放知识产权基础信息资源，使各类知识产权服务主体可低成本地获得基础信息资源，以多种方式参与知识产权服务，增强市场服务供给能力。加大政府采购力度，在公共服务领域引入市场机制，促进服务主体多元化。探索设立由国家引导、多方参与的知识产权运营资金，促进知识产权运用。培育发展知识产权证券化、知识产权保险、知识产权经营等新兴模式。

河南省目前在引导高端知识产权服务业发展方面进行了很多有益的开拓。在知识产权信息服务方面，河南省以购买服务的方面开展重点产业的专利导航服务。所谓专利导航是指以专利信息资源利用和专利分析为基础，把专利运用嵌入产业技术创新、产品创新、组织创新和商业模式创新之中，是引导和支撑产业科学发展的一项探索性工作。河南省面向市场主体，培育一批专利运营试点企业。选取创新能力强、产业地位突出、专利工作基础好、人力资源具备的企业单位，开展国家专利运营试点企业培育工作。到试点工程实施期满，培育30家左右掌握核心专利、专利运用能力较强、对产业发展具有较强影响力，或者能够提供专业化、规范化、一体化的专利运用服务的国家专利运营试点企业。通过试点企业培育，形成一批能够有效支撑产业发展的专利组合；专利引进、集成和二次开发、转移转化等专利运营业态发展良好。

为了解决科技型企业融资难的问题，河南省知识产权局专门设有知识产权质押融资平台。该平台是河南省知识产权局委托河南省知识产权事务中心专项开发的纯公益性利用专利权帮助中小微企业融资的综合性服务平台，以缓解河南省科技型中小微企业融资难为使命，为企业找银行牵线搭桥。

在知识产权风险评估和预警方面，河南省深入开展“产业知识产权风险评估与预警工程”，选取产业转型升级亟须的重点产业开展知识产权预警，针对关键技术领域进行知识产权跟踪分析；加强对企业涉外知识产权案件的应诉指导，发挥企业知识产权海外维权援助中心作用，并加强河南省出口贸易主要产业和相关企业”走出去”的知识产权风险评估和预警。

四、市场提供与政府引导的协同

知识产权服务市场的复杂性、河南省经济社会发展的特殊性以及政府对知识产权服务业发展设定适当超前的目标等因素结合在一起注定了单纯依靠市场自身发展是是不行的，还需要政府的适当介入。不过政府介入也可能会成为一把双刃剑，因此如何协调市场与政府的关系对知识产权服务业市场的健康发展是至关重要的。对此，笔者认为要把握好三个基本原则，即区分原则、转换原则和配合原则。区分原则就是指市场和政府要确定好各自发挥作用的领域，不同的领域采取不同的措施方能达到预期的效果。转换原则是指，除了专属于政府提供的知识产权公共服务之外，政府可以采取多种手段提供市场需求不足的知识产权服务，但是应该按照有利于向市场提供转换的方式提供，而且在市场能够自我循环时，及时退出市场。配合原则也就是市场和政府相互配合，运用各自的优势来促进知识产权服务业的发展。

基于上述原则，可以采取下列协同措施。

第一，创造条件，降低市场准入门槛，扩大知识产权服务主体。目前河南省知识产权服务机构尽管有了长足的发展，但是相对于未来的市场需求还是有很大差距的。2014 年国家知识产权局颁布《关于促进专利代理行业发展的若干意见》要求完善专利代理市场体系、扩大专利代理行业规模、提升专利代理服务能力。对此，主要采取了以下对策：吸引优秀人才进入行业，允许具有理工科背景的在读满一年以上的研究生报名参加全国专利代理人资格考试，扩大专利代理人来源。放宽对专利执业资历的考核标准，对于同时具有专利代理人资格证和法律职业资格证的人员，其律师执业经历视为专利代理执业经历；对于企业、高等院校、科研院所中具有专利代理人资格证的人员，其从事本单位专利申请工作的经历视为专利代理执业经历。鼓励专利代理机构市场拓展，允许在分支机构中专职执业的专利代理人数量由 2 名降为 1 名，降低分支机构开设门槛。《专利代理行业发展“十三五”规划》提出专利代理制度改革，增强专利代理机构服务能力，具体而言，包括以下三点：其一，推动机构发展模式改革。扩大专利代理领域开放程度，放宽对专利代理机构股东和合伙人的条件限制。积极拓展执业形式，探索个人事务所制度试点。支持专利代理机构采取业务合作、战略联盟等形式，与律师事务所、信息技术公司、金融机构等合作提供全方位服务。改革执业管理制度，完善专利代理机构合并、分立、组织形式变更和退出机制。其二，探索完善执业制度。开展专利代理人执业制度改革试点工作。完善企事业单位中具有专利代理人资格的人员执业经历认定的实施机制，探索建立预备执业制度。支持律师事务所开办专利代理业务，推动专利代理人担任律师事务所特别合伙人试点工作。探索专利代理人和律师的职业融合。其三，还包括深化资格考试制度改革，放宽专利代理人报考条件，扩大考点覆盖范围，创新考试模式，吸引德才兼备、知识结构合理、具有专业胜任能力的人才进入行业。

第二，推进知识产权领域事业单位体制改革，政府实时退出知识产权服务市场。《关于加快培育和发展知识产权服务业的指导意见》要求按照政府职能转变和事业单位改革的要求，推进知识产权领域事业单位体制改革。支持各地有条件的知识产权公共服务机构进行企业化转制改革试点，并按规定享受有关税收优惠政策。目前，主要涉及政府机构下属的信息情报组织市场化。情报信息组织从市场收集行业各方面信息供政府做相关的宏观调控，这些信息专属政府部门使用，市场一般是接触不到的。然而，情报信息组织所提供专利情报分析对于企业发展确实相当的重要，因为知识经济时代，企业间的竞争主要表现为科技创新能力的竞争，并集中体现为自主知识产权特别是专利数量和质量的竞争，此时专利情报分析在企业竞争情报中的地位也就变得越来越重要。专利情报分析不仅是企业进行专利布局的前提，更能为企业发展提供技术发展方向，评估竞争对手的情报，认清自己的相对专利地位和技术领域的发展趋势，在技术开发，合作和贸易中有效地保护自身权益，制定最佳的研发计划。所以，信息情报组织市场化显得尤为重要。在我国知识产权信息服务不足的情况下，事业单位性质的信息情报组织市场化可以有效创造更多的知识产权信息服务主体，同时在知识产权服务市场发挥鲶鱼效应，从而激发高端知识产权服务市场。

第三，有序开放知识产权基础信息资源，使各类知识产权服务主体可低成本地获得基础信息，以多种方式参与知识产权服务，增强市场服务供给能力。事业单位性质的知识产权情报组织相对于知识产权服务市场主体相比，能够优先占有相关的信息资源，同时这些组织主要服务对象是政府部门，这样政府部门与事业单位情报组织之间就组成了相对完善但是又相对封闭的需求供给关系。在这种情况下，政府部门没有太强的动机开放知识产权信息资源。事业单位性质的知识产权情报组织市场化被推向市场之后，政府就要平等对待所有的知识产权服务主体，同时需要从市场购买知识产权信息服务。有序开放知识产权基础信息资源就成为必要。与此同时，低成本开放知识产权基础信息资源大幅度降低知识产权服务市场主体的成本，能够有效弥补市场需求不足的问题。

第四，政府应该合理利用资助形式促进知识产权服务市场成长。目前专利方面的资助主要包括专利维权资助、专利申请资助、专利融资资助。河南省专利维权资助是指专利维权资助的费用为权利人应对专利侵权纠纷、专利无效等产生的合理费用，包括诉讼费、代理费等，这些费用，在市（县）先行资助的基础上，省予以资助，资助比例各为20%。资助额度国内维权分别不超过2万元，涉外维权分别不超过10万元。专利申请资助是我国地方政府普遍采取的资助措施。《河南省专利申请资助资金管理办法》为发明专利申请提供资助。该规范性文件规定，凡河南省的企事业单位、机关和团体申请国内职务发明专利，均可依本办法申请资助。值得注意的是，申请资助容易造成专利泡沫，必须谨慎使用，对此河南省从三个方面予以限制：一是资助对象限于“河南省的企事业单位、机关和团体申请国内职务发明专利”，二是申请领域限制为“应当属于国家及河南省重点发展的高技术领域和支柱产业：信息技术、生物工程、光机电一体化、新材料、新能源、环保以及机电、食品、石化、建材等”。三是申请主体限制，要求“所申请的专利应当经由专利代理机构或申请人单位内部具有专利代理人资格的专利工作者办理”。我国银行融资偏好土地、房产等固定资产等抵押物，而大多数科技型中小企业主要资产则专利、作品等知识产权财产，造成融资困难。为帮助科技型中小企业解决融资难问题，河南省知识产权局专门建立了知识产权质押融资服务平台①，2010年年底，河南省知识产权局联合科技厅、发改委、财政厅、金融办、工信厅、银监局在全省开展知识产权质押融资工作，并设立了知识产权质押融资专项资金150万元，用于贴息、贴评。2017年制定《河南省专利权质押融资奖补项目管理办法》《河南省知识产权质押融资和专利保险工作方案》推动专利质押融资工作。经过有关部门的努力，河南省知识产权质押融资工作取得

① http：//www. hnzl. com：8001/，2018年4月1日。

不错的成效。2014 年全省 18 个省辖市有 21 家企业实现专利质押融资，总额达到 4.034 亿元。截至 2017 年 7 月，全省累计完成专利权质押融资总额 30.5 亿元，惠及企业 169 家，质押专利 1780 项，专利评估价值 40.6 亿元。其中，河南科信电缆股份有限公司、鹤壁百运佳印务有限公司两家企业获得的单笔知识产权质押贷款均超过 1 亿元①。

第五，以重点项目为抓手促进公私合作。建设专利实质审查河南中心是河南省委省政府贯彻落实党的十八大提出的实施创新驱动发展战略，推动国家知识产权战略大力实施的重大举措，为河南知识产权服务业跨越式发展奠定了良好的基础。一方面审协河南中心的运作需要大量的知识产权人才，促进本地知识产权人才培养，另一方面河南中心的运作为河南知识产权服务业发展创造了新的市场，不仅有力推动河南专利事业的发展，而且提高对中西部地区知识产权的辐射、带动和服务，为河南省知识产权服务发展开创了新局面。

第四节　河南省知识产权服务业跨越式发展的模式

确定了河南省知识产权服务业发展路径后，有必要在此基础上进一步讨论当前河南省知识产权服务业的发展模式选择。所谓知识产权服务业发展模式是指影响知识产权服务业发展的各种要素如何组合以及组合后所呈现出来的结构性特征。影响知识产权服务业发展模式选择的要素包括产业结构、历史背景、产业政策、政府和市场功能定位以及知识产权服务市场结构等。综合上述因素以及河南省知识产权服务业发展目标，笔者以为河南省知识产权服务业发展模式具备以下特征。

一、差异化发展

所谓差异化发展是指不同类型的知识产权服务采用不同的发展模式，

① 河南省专利权质押融资超 30 亿元，http：//www.miit.gov.cn/newweb/n1146285/n1146352/n3054355/n3057527/n3057540/c5772337/content.html，2018 年 4 月 1 日。

具体而言，基础知识产权业务由市场提供，高端知识产权服务由政府引导培育市场的方式提供，知识产权公共服务主要由政府提供。

一个成熟的知识产权服务市场必然包括不同的成分和模块，基础知识产权服务主要由市场主体取得知识产权和保护知识产权的业务，前者主要包括知识产权代理服务和知识产权法律业务。专利、商标、著作权、集成电路布图设计、植物新品种的申请、注册、登记、复审、无效、异议等行为均需要专业机构的帮助，知识产权服务主体就可以在特定领域发展知识产权代理业务，也可以在更大范围内拓展业务。知识产权法律业务不仅包括知识产权维权，也包括在企业上市、并购、重组、清算、投融资等商业活动中提供知识产权尽职调查服务、知识产权谈判以及准备知识产权法律文书等业务。高端知识产权业务主要包括知识产权信息服务、知识产权咨询服务以及知识产权商用化中提供基础设施和资助等服务。高端知识产权服务存在普通的知识产权服务存在较大差别，主要体现在：高端市场知识产权服务需要大量的投资，对服务主体要求比较高；需求主体一般是知识产权密集型企业，以知识产权为核心竞争力，河南省这类企业目前比较少，不足以支撑本地这类市场的发展，因此知识产权高端服务业存在市场需求不足的问题。此外，科技型企业前期往往需要大量投资，有强烈的融资需求，但是知识产权作为担保对象，具有不易估值，市场前景不确定等特点，金融机构不愿意接受，因此需要政府提供资助服务。针对高端知识产权服务业的特征，政府应该引导知识产权高端服务业的发展，培育市场服务主体。知识产权公共服务主要与政府的公共职能有关，比如知识产权授权等职能由政府提供，有些则可以在购买市场服务的基础上展开，比如重大知识产权项目风险评议。目前，随着高端知识产权服务不断发展，各类服务主体对知识产权基础信息服务需求旺盛，政府有必要低成本开放这类信息，免责高端知识产权服务业发展就是一句空话。差异化发展模式的要点就在于根据知识产权服务类型及其存在的问题，分别采取不同的发展措施促进其发展，最终殊途同归，共同促进河南省知识产权服务业的跨越式发展。

二、以盘活存量带动增量

经过多年发展，河南省知识产权总体数量已经相当可观，无论是专利还是商标年申请量双双突破10万件大关，授权数量也相当可观，但是知识产权利用率，尤其是技术合同签约数量和金额比较低。根据河南省国民经济和社会发展统计公报，2013年签订技术合同3799份，技术合同成交金额41.39亿元，比上年增长2.9%。2014年，签订技术合同2958份，技术合同成交金额41.64亿元，增长0.6%①。2015年，签订技术合同3497份，技术合同成交金额45.56亿元，增长9.4%②。2016年，签订技术合同4275份，技术合同成交金额59.2亿元，增长30.0%③。2017年，签订技术合同5877份，技术合同成交金额76.93亿元，增长30.0%。尽管河南省技术合同签约数量逐渐增加，但是与庞大的知识产权存量相比还是很低的，技术交易市场活跃度很低。因此如何盘活知识产权存量对未来发展意义重大。通过盘活存量知识产权，可以让企业明晰自己的优势所在，便于进一步的发展。对于知识产权服务业来说，盘活存量知识产权可以极大的开拓市场。

目前，政府已经开始采取措施盘活知识产权存量资产。建立知识产权交易平台，为知识产权人提供交易机会。《中共中央关于制定国民经济和社会发展第十三个五年规划的建议》强调建设知识产权平台。河南省先后成立了国家专利技术河南展示交易中心。2017年，设立重点产业知识产权运营基金，首期基金规模3亿元，其中中央财政资金4000万元，金水区政府出资6000万元，基金管理公司出资不低于1000万元，其余资金将从社会渠道募集。基金主要用于支持河南省境内未上市的知识产权企业，如以超硬材料为主的新材料、电子信息、装备制造等重点产业领域内，拥有或

---

① 2014年河南省国民经济和社会发展统计公报，http：//www.ha.stats.gov.cn/sitesources/hntj/page_ pc/tjfw/tjgb/qstjgb/article07adb4b634f64cbb90e061f9e93e72ec.html，2018年4月1日。

② 2015年河南省国民经济和社会发展统计公报，http：//www.ha.stats.gov.cn/sitesources/hntj/page_ pc/tjfw/tjgb/qstjgb/articlee8c37a8bdd004cfaa64ef0dcd060a0b9.htm，2018年4月1日。

③ 2016年河南省国民经济和社会发展统计公报，http：//www.ha.stats.gov.cn/sitesources/hntj/page_ pc/tjfw/tjgb/qstjgb/articlee418631b25894908880653f068973028.html，2018年4月1日。

控制核心专利的市场前景良好、高成长性的初创期或成长期企业；具有相应产业领域特色的知识产权运营机构①。2018 年在济源设立河南省军民融合知识产权交易中心，为河南省军民融合相关产业发展搭建起开放的学术与技术交流平台②。政府还要加大知识产权信息资源开放。《国务院关于新形势下加快知识产权强国建设的若干意见》指出，加强知识产权信息开放利用。知识产权信息开放利用对于我国深入推进创新驱动发展战略，提高自主创新能力，建立产学研相结合的技术创新体系，提高我国国际竞争力和综合国力具有重要作用。

三、以创新平台集聚知识产权服务资源

党的十八大明确提出”科技创新是提高社会生产力和综合国力的战略支撑，必须摆在国家发展全局的核心位置。”强调要坚持走中国特色自主创新道路、实施创新驱动发展战略。2015 年颁布《中共中央、国务院关于深化体制机制改革加快实施创新驱动发展战略的若干意见》，明确提出加快实施创新驱动发展战略，就是要使市场在资源配置中起决定性作用和更好发挥政府作用，强化科技同经济对接、创新成果同产业对接、创新项目同现实生产力对接、研发人员创新劳动同其利益收入对接，增强科技进步对经济发展的贡献度，营造“大众创业，万众创新”的政策环境和制度环境。

创新平台就是实现前述各种因素对接、组合的主要载体，它们以创新成果开发、运用为目标集聚各种资源，而这些资源来自于不同主体，政府、企业、高校、投资人、银行等均参与其中，复杂的利益配置需要创新性的知识产权服务方案，从中会产生大量的知识产权服务需求。河南省为实现中原崛起，积极实施创新驱动发展战略，积极运作各种创新平台，从大的方面来讲，我省目前存在“中原经济区”“郑州航空港综合实验区”

---

① 首期规模 3 亿元 河南省拟设立重点产业知识产权运营基金，http：//baijiahao. baidu. com/s? id=1578946492920020124&wfr=spider&for=pc，2018 年 4 月 1 日。

② 中国军民融合平台携手河南 首个交易中心在济揭牌，http：//www. xatrm. com/dscdtzxbd/309480. jhtml，2018 年 4 月 1 日。

“郑洛新国家自主创新示范区”“河南自贸区”和“中原城市群”“四区一群”五大发展平台。除了上述大平台之外，河南省还有各种以知识产权要素创新为主的平台，如河南省产业技术创新平台、河南省大数据领域创新平台等、河南省青少年科技创新活动服务平台以及各种创意产业园区等（邓志云、管怀明、吴达、高续波、严静，2015）①。《2016 河南省建设支撑型知识产权强省试点省实施方案》进一步提出构建四大创新体系，即构建知识产权驱动型创新发展制度体系、知识产权驱动型创新发展支撑体系、构建知识产权驱动型创新发展激励体系、构建知识产权驱动型创新发展人才体系。

为了使知识产权服务体系适应我省知识产权强省战略实施需要，强省方案对知识产权服务业发展专门作出部署，提出以下三项措施：第一，建设知识产权服务园区。推动郑州国家知识产权服务业集聚发展试验区建设。制定落实促进知识产权服务业集聚发展政策，吸引国内外高端知识产权服务机构进驻，实现知识产权服务业集聚效应。加强商业模式及服务理念创新示范，优化区域知识产权服务业态结构，开展知识产权高端服务。推动知识产权服务业联盟建设，加强知识产权服务业产业链上中下游机构的合作与交流，促进区域创新资源向产业优势转化。第二，发展知识产权虚拟市场。依托河南省技术产权交易所，构建以知识产权评估、转让许可、投融资、股权交易、质押物处置等为支撑的网上网下相结合的交易服务体系。设立知识产权运营投资基金，吸引更多社会资本投资，支持知识产权运营机构采取股权投资等方式参与知识产权运营。支持专利运营公司与企业组建知识产权产业联盟，以共建专利池等方式整合、汇集产业链知识产权。建立健全多元化、多层次、多渠道的知识产权投融资体系和市场化风险补偿机制。鼓励金融机构为创新创业者提供知识产权资产股权化、证券化等新型金融服务。设立知识产权银行。第三，培育知识产权服务品牌机构。以国家专利信息服务（河南）中心为依托，推动专利信息与其他各

① 邓志云，管怀明，吴达，高续波，严静．知识产权交易平台建设［J］．天津科技，2015. 9. 15.

类知识产权基础信息公共服务平台互联互通，提高知识产权信息服务能力和水平。在代理服务、法律服务、信息服务等重点服务领域分级分类选取一批机构进行重点培育，引导知识产权服务机构开展特色化、高端化、国际化服务。发展知识产权分析评议、专利分析预警、专利诉讼与应对、专利运营等新型知识产权服务业态，重点提高知识产权服务国际化水平。建立重点企业知识产权联络员制度，组织知识产权服务机构为创新型中小企业提供点对点知识产权专业服务。引导服务机构增强品牌意识，培育知识产权服务品牌机构，发挥品牌示范作用，带动知识产权服务业快速发展。

四、产业集聚区和专利导航双轮驱动知识产权服务业发展

《2016河南省建设支撑型知识产权强省试点省实施方案河南省政府》建立专利导航产业发展机制，实施专利导航工程，以电子信息产业、装备制造业等高成长性产业集群和生物与制药产业、新材料产业等战略性新兴产业为重点，到2020年在特色产业基础较好的产业集聚区建立36个专利导航产业发展实验区。

产业集聚区是指政府统一规划，企业相对比较集中，实现资源集约利用的区域，一般会以若干特色主导产业为支撑，汇聚引领型创新资源，产生产业集群，从而形成区域竞争优势。如郑州国家高新技术产业开发区万人有效发明专利拥有量突破100件，2016年、2017年连续两年专利申请量突破1万件。半双工通信收发控制方法及装置、基于北斗卫星的多通道授时拟合方法等12项行业前沿技术获得国家专利优秀奖。截至2017年年底，河南省已拥有省级以上工程实验室（工程研究中心）105家，其中国家级工程实验室（工程研究中心）7家，国家地方联合工程实验室10家；省级以上企业技术中心733家，其中国家级企业技术中心51家，居全国第四位、中部省份第一位。

在产业集聚的基础上，以专利导航为抓手更有利于培养知识产权密集

型产业。专利导航，以专利信息资源利用和专利分析为基础，把专利运用嵌入产业技术创新、产品创新、组织创新和商业模式创新之中引导和支撑产业发展。专利导航将专利信息分析与产业运行决策、专利创造、专利布局、专利价值实现密切结合，为河南省高端知识产权服务业提供了新的市场机会。政府在专利导航工程中，通过购买企业的知识产权信息服务、咨询服务可以有效弥补我省高端知识产权服务市场需求不足的问题。鉴于河南省的专利导航产业的选取和实施是根据河南省的行业现状，具有本地特色，这会为提供服务的本地知识产权服务主体提供比较优势。

为了促进产业结构升级，省政府以及地方政府对重点行业、重点产业予以扶持，培育知识产权优势企业。根据《河南省知识产权优势企业优势区域认定办法》，知识产权优势企业认定条件为：企业知识产权工作体系健全，有领导分管知识产权工作，有专门的知识产权管理机构，有内部知识产权管理体系；企业制定知识产权战略；企业的知识产权宣传培训工作制度化；企业已建立专利数据库或其他专利信息获取渠道，建立较完善的专利检索制度；企业拥有自主知识产权的数量和质量逐年提高；企业重视知识产权的转化和产业化，取得了显著经济和社会效益；企业对知识产权工作的投入占企业研发投入的5%以上，年增长率高于企业利润增长速度；企业无恶意侵犯他人知识产权行为，建立了高效知识产权保护机制。知识产权优势区域认定的条件也很严格。通过知识产权优势企业和优势区域的培育和认定工作，培养企业的知识产权意识，具备知识产权能力。

五、知识产权服务业生态化发展

所谓生态发展是指各种知识产权服务业要素要相互协同和配合，形成自己的特色和优势，从而反过来带动产业转型和发展以及经济结构升级。根据《关于加快培育和发展知识产权服务业的指导意见》，知识产权服务业，主要是指提供专利、商标、版权、商业秘密、植物新品种、特定领域知识产权等各类知识产权“获权—用权—维权”相关服务及衍生服务，促进智力成果权利化、商用化、产业化的新型服务业，主要包括知识产权代理服务、知识产权法律服务、知识产权信息服务、知识产权商用化服务、知识产权咨询服务、知识产权培训服务等。根据目前我国知识产权服务业发展的阶段以及有无扎实的市场基础，笔者将其区分为基础知识产权服务和高端知识产权服务，对其发展采取市场提供和政府引导市场提供两种发展模式，在划分两种提供模式各自功能的基础上，要求彼此之间能够相互协同，能够适时有政府引导提供向市场提供转化，不断扩大知识产权服务市场的范围，实现知识产权服务业的生态化发展，最终能够创新知识产权服务模式，培育知识产权服务新兴业态。在促进知识产权服务业生态化发展的过程中，需要处理把握好以下几个关系：第一，市场与政府的关系。目前知识产权服务业发展，要同时用好市场的“无形之手”与政府的“有形之手”，但是政府的“有形之手”只是手段，是权宜之策，是在高端知识产权服务缺乏有效市场需求，为培育知识产权服务主体的能力而采取的手段。这种扶持是有限度的，是能够真正的培养知识产权服务企业能力的，在知识产权企业具备相关能力或者真正的市场需求足以支撑高端知识产权服务发展的时候，政府的“有形之手”有必要实时退出。第二，培育本地知识产权服务优势与开放知识产权服务市场的关系。通过为本地知识产权密集型产业、企业提供知识产权服务，通过政府的资助，本地的知识产权服务主体能够获得比较优势。值得注意的是，这种比较优势是指知识产权服务本身，而不是要排斥外地的知识产权服务企业进入本地市场。我们需要是能够真正服务河南省知识产权创造、运营和保护的市场主体，而不是以投资人是否是本地人来划界。第三，基础知识产权服务、高端知识产权服务与知识产权公共服务的关系。知识产权公共服务应该限于履行知识产权管理公共职能而衍生的，只能由政府提供。基础知识产权服务与高端知识产权服务之间并不存在截然的界限，主要是服务条件要求高低以及市场需求情况进行的区分，便于采取不同的提供措施。随着知识产权服务主体能力不断提高，高端知识产区服务一方面不断转化为普通知识产权服务，另一方面也不断开拓新的领域。这样知识产权公共服务、基础知识产权服务和高端知识产权服务形成一个螺旋式上升的市场金字塔。

第五节　促进河南省知识产权服务业跨越式发展的具体措施

一、加强知识产权服务人才培养

知识产权服务人才是知识产权服务市场拓展的前提条件。知识产权服务人才不足，知识产权服务市场就无法发展。知识产权人才包括知识产权法律人才、知识产权管理与运营人才、知识产权信息服务人才。知识产权所涉及的对象具有高度的专业性、知识产权本身具有法定性，故知识产权服务人才属于典型的复合型人才。目前社会上这里人才比较短缺，截至 2016 年年底，全国专利代理机构达到 1511 家，取得专利代理人资格证 32040 人，执业专利代理人是 14875 人。专利代理机构主要聚集在东部地区，北京市、广东省、上海市和江苏省四省（市）最多，四地获得专利代理人资格证书的人员占全国的 60%，中西部身份具有专利代理资格的人数仍相对偏少①。河南省在 2015 年专利代理达到 50 家之后，增长缓慢，专利代理人数也比较少。

为了实现经济结构升级与转型，河南省提出构建知识产权驱动型创新发展人才体系。建设高等院校知识产权学院和与知识产权相关的硕、博士学位点，充分发挥国家专利审查协作河南中心的知识产权人才集聚优势，推进河南省各类知识产权人才培养体系建设。推进知识产权普及教育和知识产权文化建设，基本形成一支素质优良、结构合理的知识产权人才队伍。

高校是培养知识产权人才的主要渠道。目前，河南省政府拨出专项资金，积极和高校合作共建知识产权学院。现已建成五个知识产权学院分别是郑州大学知识产权学院、河南科技大学知识产权学院、河南师范大学知识产权学院、中原工学院知识产权学院和河南财经政法大学知识产权学院，计划未来再建设几所知识产权学院，以满足河南省未来的知识产权服

① http：//www. xjipo. gov. cn/Article/ShowArticle. aspx？ArticleID = 16925，2018 年 4 月 3 日。

务人才需求。由于知识产权服务人才属于典型复合型、综合型人才，需要比较广泛的知识背景和技能，普通的四年本科教育难以有效胜任。河南省开设多所知识产权学院，有利于以知识产权学院为依托，百花齐放的探索知识产权人才培养模式。在知识产权人才培养模式上，主要聚焦以下问题：知识产权人才培养层次是以本科生为主还是以研究生为主；如果培养知识产权本科生，定位为法学专业还是工科专业[①]？知识产权专业如何安排工科课程和法学课程等。目前，全国范围内就知识产权本科层次的人才如何培养展开各种各样的探索。除了知识产权本科人才之外，知识产权研究生层次的人才河南省也非常稀缺，目前在知识产权管理、知识产权法以及法律硕士等不同学科领域内培养知识产权服务人才。

相比之下，知识产权服务人才培训是一个更灵活的培养途径。目前，河南省对知识产权人才的需求实际上是多层次多领域的，知识产权代理机构、知识产权密集型企业、政府部门、知识产权交易机构、高校等对知识产权人才需求各不相同。与此同时，知识产权领域发展日新月异，高校难以迅速反应。如笔者了解到河南省目前软件专利的代理人极度缺乏，而现有的机械类的专利代理人才由于技术背景的限制，难以有效胜任软件专利申请代理工作。现有的专利代理人经过培训上岗是最经济的人才培养方式。河南省知识产权局与高校合作积极贡献知识产权培训基地，目前已经与郑州大学、中原工学院、河南师范大学等高校合作建立数个培训基地，构建河南省知识产权服务人才培养的第二阵地。

除此之外，知识产权服务机构培养知识产权服务人才具有先天优势。知识产权服务机构站在服务的第一线，最清楚知识产权服务的实际需求和存在问题，而解决这些需求和问题的知识和技能往往很难通过学校教育获得。河南省应该充分利用专利实质审查河南中心的人才集聚优势，发挥其作为知识产权人才培养的功能。

---

① 纠结法学类专业还是工科类专业选择的重要因素除了培养计划设定之外，还包括学生考取律师资格证和专利代理人资格证的问题，在本科层次上，律师资格考试要求是法学本科专业或者是研究生，而专利代理人资格考试要求具备工科学历。

二、加快培育知识产权服务主体

与东部发达省份相比，河南省知识产权服务企业数量少，服务能力有待提升。只有足够数量的知识产权服务主体才能展开有效竞争，提升服务水平。为此可以采取以下措施加快培育知识产权主体：第一，按照政府职能转变和事业单位改革的要求，推进知识产权领域事业单位体制改革，支持各地有条件的知识产权公共服务机构进行企业化转制改革试点，并按规定享受有关税收优惠政策。目前无论是专利管理部门、商标管理还是其他类型的知识产权管理，都存在相当数量的知识产权事业单位，它们主要为政府提供知识产权信息服务。将它们进行改制，推向市场有利于壮大知识产权服务队伍。第二，政府部门应该有序开放知识产权基础信息资源，使各类知识产权服务主体可低成本地获得基础信息资源。知识产权基础信息资源是指政府部门在履行公共职能过程中逐渐收集积累的知识产权信息。没有知识产权基础信息的开放，知识产权信息服务就无从谈起，咨询服务也是空中楼阁。目前我国虽然已经开放各类知识产权基础信息资源，但是开放的设施以及有待提高，比如批量下载专利信息的端口就比较少，不能满足需要。地方政府在开放知识产权信息方面也有作为的空间，比如专利导航信息对外开放有助于本地知识产权服务企业更好的提供服务。第三，加大政府采购力度，在公共服务领域引入市场机制，促进服务主体多元化。在高端知识产权服务领域，政府购买知识产权信息服务、咨询服务，进行知识产权密集型产业规划、公布专利地图，引导组建专利池或者专利组合，可以培养知识产权服务企业从事高端知识产权服务的能力。探索设立由国家引导、多方参与的知识产权运营资金，促进知识产权运用，吸引知识产权服务企业参与，拓展服务范围。第四，采取措施支持知识产权服务机构进驻国家自主创新示范区、国家现代服务业产业化基地、高技术服务产业基地，引导知识产权服务集中、集约、集聚发展。依托移动互联网、下一代互联网、云计算、物联网等新技术，开展知识产权服务模式创新试点示范项目。在知识产权服务业重点发展领域，开展知识产权服务示范机构创建工作，推进知识产权服务机构品牌建设，重点培育一批基础较好、能力较强、业绩显著、信誉优良的知识产权服务机构，提升社会影响力和国际竞争力。第五，建设知识产权服务园区，推动郑州国家知识产权服务业集聚发展试验区建设，制定落实促进知识产权服务业集聚发展政策，吸引国内外高端知识产权服务机构进驻，实现知识产权服务业集聚效应。

三、围绕知识产权创造促进知识产权服务业发展

知识产权创造是经济发展之本，也是知识产权服务之源。根据知识产权强省方案的规划，围绕支撑型知识产权强省目标，要求到2020年有效发明专利每万人达到10件以上，PCT年增长过30%。商标注册总量达到45万件，河南省著名商标达到4000件，拥有一批优良植物新品种、国家地理标志、版权拥有量实现较大幅度增长。

目标驱动发展，高目标意味着知识产权服务业的巨大市场空间，为知识产权服务业的发展指明了方向。目前，河南省正在围绕专利导航激励知识产权创造。专利导航分为产业规划类、企业运营类。产业规划类项目围绕产业宏观层面的规划决策，为企业专利运营提供方向指引和平台环境，目前主要由知识产权行政部门在主导。企业运营类项目围绕企业专利创造运营活动，指引企业创新路径和专利布局，是宏观规划的分解和深化，有的是企业主动为之，有的是在政府部门引导下进行。河南省正在建设国家专利导航（超硬材料）产业发展实验区，以电子信息产业、装备制造业等高成长性产业集群和生物与制药产业、新材料产业等战略性新兴产业为重点，在特色产业基础较好的产业集聚区建立36个专利导航产业发展实验区。开展重大经济科技活动知识产权分析评议活动，引导创新主体面向经济社会发展需要开展知识产权战略布局。推动企业、高等院校、科研院所协同创新，围绕产业共性关键技术攻关。推动专利与技术标准结合，构建一批能支撑产业发展和提升企业竞争力的专利池或专利组合。专利导航将专利情报分析与知识产权决策、创造结合在一起，大大拓展了知识产权服务空间。

四、围绕知识产权转化、运营提供知识产权服务

知识产权创造不是目的，转化为生产力，转化为财富才是目的。目前，我国的知识产权产业化、市场化普遍存在困难，科技成果利用率偏低成为普遍现象。对企业来说，从发明专利到做出可以实用的产品再到产业化，还有很长的路要走，不仅需要大量的投资，而且可能需要用技术成果出资组建公司或者进行知识产权转让等交易。知识产权在没有变现或者市场化之前，价值不好评估，属于市场风险较高的资产因此中小科技型企业融资普遍比较困难。即使在发达国家同样如此。为了改变这一状况，美国中小企业管理局从20世纪60年代开始与一些商业银行合作，为企业提供知识产权质押贷款融资[①]（粟勤生、朱声敏，2009）。在他们的努力下，不仅使许多中小科技型企业获得了贷款机会，也同样使得许多商业银行意识到纯粹商业化的知识产权质押贷款依然有获利的可能性。现今，知识产权质押贷款已经成为美国现代商业银行和其他商业借贷者的一项基本业务。2000年之后，国内也开始了知识产权质押融资实践。实践中主要分为两类，一类是以完全市场化模式运行，其中以文化创意领域内以未来版权质押贷款融资最为典型。如张艺谋、冯小刚在拍摄《满城尽带黄金甲》《集结号》时都曾以电影版权质押贷款。不过这类贷款之所以能够成功主要依赖于冯小刚、张艺谋们的过往经历和市场号召力，不具有普遍性。第二类模式主要是针对”成长型科技企业”的银政合作模式，本质上是引入第三方作为承担部分风险，吸引银行参与。2006年年底，上海银行和浦东新区科委共同搭建科技型小企业融资平台，通过知识产权质押等方式，向科技企业提供贷款。该模式也被称为“浦东模式”。河南省近几年也在努力做知识产权质押融资活动，由政府设立质押融资专项基金帮助中小科技型企业以知识产权质押融资。三方参与的知识产权质押融资具有高度的专业

① 粟勤生，朱声敏．浅议知识产权出资及其对高新技术产业的影响［J］．网络财富，2009.7.1.

性，知识产权价值评估、产权尽职调查、合同签订、合同履行都需要知识产权服务机构的参与。随着河南省知识产权运营基金的成立，资助高成长性科技型企业的活动越来越普遍，相关的知识产权服务市场会不断拓展。其次，产学研知识产权转化平台的建设蕴藏着知识产权服务的机会。企业、高等学校以及科研院所之间存在比较比较严重的信息不对称，高等学校和科研院所具有丰富的研究资源，但是不知道市场需求，有时候也缺乏资金，更缺乏知识产权商业化的能力，企业有市场需求，有资金，但是有时候缺少相关的技术和知识产权，搭建产学研知识产权转化平台有助于改变这一状况，其间涉及复杂的利益配置需要知识产权服务主体提供帮助。

五、围绕知识产权保护提供知识产权服务

知识产权作为法定之权，技术成果想要获得知识产权保护，必须经过法定程序授权或者采取相应的保护措施，否则可能进入公共领域，为所有人自由使用。在这个意义上，几乎所有的知识产权服务都建立在法律的基础之上。如果说知识产权创造、知识产权转化过程中需要提供知识产权授权代理、知识产权交易等服务，那么当知识产权成为企业主要资产和核心竞争力的背景下，对知识产权保护的服务需求就显得尤为重要。知识产权保护服务可以分为不同的层次，第一层次是知识产权维权服务。目前，知识产权侵权事件层出不穷，具有分散性、多发性和隐蔽性等特征，调查取证成本很高，如果是“改编式侵权”，侵权证成不确定因素很多，侵权损失很难证明，导致很多权利人出现赢官司赔钱的尴尬。在这种情况下，企业单靠自身的能力维权很难。目前除了知识产权律师参与维权之外，还出现了很多知识产权服务公司参与维权，形成了一个知识产权维权市场，甚至出现了备受争议的商业性维权行为。所谓的商业性维权，其目的不在于制止侵权行为，而在于通过起诉众多的侵权人获取商业利益，根源在于知识产权法上的法定赔偿规则。其实应该区分维权的专业化以及商业性维权行为，有些知识产权人将维权工作外包，这有助于降低维权成本，是正常的商业决策。更高层次的知识产权保护服务是知识产权防御规划。目前知

识产权领域存在所谓的“权利丛林”现象。一件产品集成需要多项技术，市场主体就相关技术竞相开发申请知识产权，形成知识产权丛林，不一小心就可能构成侵权，可能会遭到专利讹诈，损失惨重。因此为了降低侵权风险，有必要事先进行知识产权防御，或者自行开发，或者购买相关知识产权，或者组建专利池，抵御他人的知识产权进攻。专利防御必须以专利情报分析作为基础，比简单的维权更加复杂，涉及多种知识产权服务的组合。这是一个新兴的正在逐步繁荣的知识产权服务市场。

六、培育知识产权服务新型业态

知识产权服务业刚刚起步，随着我国创新驱动发展战略、知识产权强国战略的实施，知识产权服务业更大的发展，形成新的知识产权服务新型业态。目前知识产权证券化、知识产权保险、知识产权运营等新兴模式发展已经初现曙光。知识产权证券化是指知识产权人将其拥有的知识产权或其衍生债权（如授权的权利金）的价值做价转化为可以流通的证券，通过出售证券提前变现，筹集资金。作为一种金融创新，知识产权证券化对于建设多层次金融市场、发展自主知识产权具有重要意义。知识产权证券化肇始于美国著名摇滚歌星大卫·鲍伊。1997 年大卫·鲍伊通过美国金融市场出售其音乐作品的版权债券，向社会公众公开发行了为期 10 年利率为 7.9%的债券，为自己的音乐发展之路募集了资金 5500 万美元[①]。之后，美国知识产权证券化获得了长足发展，在 1997—2010 年，美国通过知识产权证券化进行融资的成交金额就高达 420 亿美元。知识产权证券化包括电影作品、音乐作品、专利以及商标等的证券化。如 2005 年，哥伦比亚大学与美国知名的生物制药 Pharma 公司合作，将该公司研发的 13 种药品作为专利资产池证券化，在资本市场共筹集资金 2.27 亿美元。2017 年国务院印发《国家技术转移体系建设方案》，鼓励“开展知识产权证券化融资试

① 刘庆振．知识产权证券化的美国案例［EB/OL］. http://blog.sina.com.cn/s/blog_8f52da13010 18epa.html，2018 年 4 月 1 日。

点”。我国目前知识产权存量巨大，相当多的知识产权具有客观的市场价值，为知识产权证券化提供可证券化的对象。同时，我国证券业务多年实践为知识产权证券化提供了丰富的可以借鉴的经验。

知识产权保险主要视为知识产权侵权风险提供的保险。随着知识产权竞争的加剧，知识产权丛林的现象日益普遍。几乎所有类型、所有规模的公司都面临知识产权风险。来自知识产权保险服务集团的数据显示，美国的知识产权官司数量迅猛增长，伴随着大量专利法案的推出。2012 年共有 5189 项专利法案出台，较 2011 年增长了 29%，数目之多前所未有。知识产权保险作为应对侵权风险的必要手段，因此我国有必要引进知识产权保险，根据国情开展知识产权保险服务。知识产权运营是指知识产权权利人和相关市场主体优化资源配置，采取一定的商业模式实现知识产权价值的商业活动。根据 2014 年 4 月深圳市市场监督管理局发布《企业专利运营指南》，专利运营是指”通过对专利或专利申请进行管理，促进专利技术的应用和转化，实现专利技术价值或者效能的活动。”知识产权运营模式包括知识产权许可、转让、投资、融资、诉讼等多种形式。知识产权运行模式存在不同的功能，有的旨在实现知识产权价值，有的旨在通过知识产权组合防止他人的知识产权进攻，有的旨在获取更多的授权费，有的甚至通过专利运营进行钓鱼经营。在知识产权运营的形式中，有些属于传统的知识产权经营，有的则属于知识产权运营方式创新。开拓知识产权运营模式有利于形成知识产权服务的新型业态，促进知识产权服务市场的繁荣。

许辉猛

第五章　河南省知识产权服务业生态化发展的要素条件

2016 年 10 月 14 日，《河南省建设支撑型知识产权强省试点省实施方案》发布，其中规定了八项试点任务。“构建知识产权驱动型创新生态体系”作为第一项任务进行规定，其中包括构建知识产权驱动型创新发展制度体系、构建知识产权驱动型创新发展支撑体系、构建知识产权驱动型创新发展激励体系、构建知识产权驱动型创新发展人才体系四个层面的内容。据此，河南省知识产权服务业生态化发展的要素条件主要包括制度体系、支撑体系、激励体系、人才体系等四个方面。从河南省知识产权服务业发展的现状来看，上述体系均存在不同程度的问题亟待解决。

第一节　制度体系

河南省知识产权服务业生态化发展的基本要素条件即为制度体系，需要建立健全制度体系，才能够使河南省知识产权服务业生态化发展有据可依。

（一）现有制度的梳理

我国现行的有关知识产权服务业发展的制度规定从数量上虽然比较多，但是较为凌乱没有形成一定的体系，因此，需要首先进行梳理。本部分将现有的主要制度从国家一级与省一级两个角度进行分类。

1. 国家层面的现有制度梳理

2005年年初，国务院成立了国家知识产权战略制定工作领导小组，启动了战略的制定工作，工作任务由《国家知识产权战略纲要》和二十个专题组成。国家知识产权局、国家工商行政管理总局（以下简称工商总局）、国家版权局（以下简称版权局）、国家发展和改革委员会（以下简称国家发改委）、科技部、商务部等三十三家中央单位共同推进战略制定。2008年4月9日，国务院常务会议审议并原则通过了《国家知识产权战略纲要》。2008年6月5日，国务院印发了《国家知识产权战略纲要》，确立了知识产权中介服务机构向市场化、规范化、专业化和规模化发展的目标，其发布意味着我国知识产权服务业的发展进入更加规范的阶段。《国家知识产权战略纲要》将构建国家知识产权信息公共服务平台、发展知识产权中介服务等相关项目列人国家战略目标，明确提出大力扶持自主知识产权成果产业化；加强专利信息公共服务，促进专利信息传播利用；大力发展知识产权中介服务等内容。

2010年5月，国家发改委印发的《关于当前推进高技术服务业发展有关工作的通知》指出，高技术服务业主要包括知识产权服务等知识和人才密集、附加值高的相关行业。通知中强调，高技术服务业是高技术产业的重要组成部分和增长引擎，对于推进产业结构优化升级，提升产业竞争力具有重要支撑作用。大力发展高技术服务业，是促进高技术产业规模持续增长，提升高技术产业发展质量的必然选择，也是加快培育战略性新兴产业，实现“中国制造”向“中国创造”转变的迫切需要。

2011年3月，《国家“十二五”规划纲要》提出，要积极促进高新技术服务业的发展，重视知识产权和科技成果转化等过程需要的服务体系的建设。

2011年10月，国家知识产权局、国家发改委、科技部、工信部、农业部、商务部、工商总局、质检总局、版权局和林业局十个部门共同编制的《国家知识产权事业发展“十二五”规划》（以下简称《规划》）发布，进一步明确了知识产权服务业对我国经济发展的重要作用，明确加快知识产权服务业发展的主要任务，并提出了促进知识产权服务业发展的主要措施。《规划》提出四项目标，即到“十二五”期末，我国知识产权制度文化环境显著优化、知识产权创造与运用水平大幅提高、知识产权服务能力明显提升、知识产权人才队伍稳步发展。《规划》明确七项重点任务：完善知识产权法律制度、健全知识产权政策体系、强化知识产权保护和管理机制、促进知识产权创造和运用、推进知识产权服务业创新发展、深化和拓展对外交流与合作、培育知识产权文化。《规划》提出十项重大工程：知识产权执法保护能力建设；知识产权运营促进；知识产权优势企业培育；知识产权审查及登记能力推进；知识产权信息公共服务；知识产权服务业培育；知识产权惠农；知识产权人才建设；知识产权文化建设；传统知识、遗传资源和民间文艺保护与价值开发促进。

2011 年 12 月，国务院发布《关于加快发展高技术服务业的指导意见》，指出其重点任务是重点推进包括知识产权服务在内的八个领域的高技术服务加快发展。指出积极发展知识产权创造、运用、保护和管理等环节的服务，加强规范管理。培育知识产权服务市场，构建服务主体多元化的知识产权服务体系。扩大知识产权基础信息资源共享范围，使各类知识产权服务主体可低成本地获得基础信息资源。创新知识产权服务模式，发展咨询、检索、分析、数据加工等基础服务，培育评估、交易、转化、托管、投融资等增值服务。提升知识产权服务机构涉外事务处理能力，打造具有国际影响力的知识产权服务企业和品牌。加强标准信息分析和相关技术咨询等标准化服务能力。

2012 年 11 月 13 日，国家知识产权局、国家发改委、科技部、农业部、商务部、工商总局、质检总局、版权局、林业局九部门联合制定的《关于加快培育和发展知识产权服务业的指导意见》发布。此意见作为我国首部指导、约束、规范知识产权服务业的政策性文件明确了知识产权服务业的重要作用、指导思想、基本原则与发展目标、重点发展的领域、发展的主要任务、发展的主要措施等。意见提出到 2020 年，知识产权服务与科技经济发展深度融合，知识产权创造、运用、保护和管理能力大幅提升，为科技创新水平提升和经济发展效益显著改善提供支撑，知识产权服务业成为高技术服务业中最具活力的领域之一，对经济社会发展的贡献率明显提高的目标。此指导意见的发布带动了各省市知识产权服务业相关法规政策的发布。

2014 年 7 月 15 日，国家知识产权局、教育部、科技部、工业和信息化部、国资委、工商总局、版权局、中科院等部委联合发布《关于深入实施国家知识产权战略 加强和改进知识产权管理的若干意见》（以下简称《意见》）。《意见》包括六部分内容总体要求；改进知识产权宏观管理，提高管理综合效能；加强知识产权执法监管，维护市场运行良好秩序；健全知识产权管理制度，提高管理规范化水平；创新知识产权服务方式，提供优质公共服务；加强组织保障，确保各项措施落到实处等六部分内容。其中，第五部分内容进一步具体为提高知识产权审查服务能力、提升知识产权运用服务水平、提高知识产权维权服务水平。

2014 年 12 月 10 日，国家知识产权局、宣传部、外交部、国家发改委、教育部、科技部、工业和信息化部、公安部、司法部、财政部、人力资源社会保障部、环境保护部、农业部、商务部、文化部、卫生计生委、国资委、海关总署、工商总局、质检总局、新闻出版广电总局、林业局、法制办、中科院、国防科工局、高法院、高检院、总装备部联合发布《深入实施国家知识产权战略行动计划（2014—2020 年）》（以下简称《计划》）。《计划》首次提出“建设知识产权强国”的新目标，重视相关服务领域的发展，促进知识产权商品化的过程。《计划》划分为总体要求、主要行动、基础工程、保障措施等四个部分。第二部分“主要行动”包括四项内容：第一，促进知识产权创造运用，支撑产业转型升级；第二，加强知识产权保护，营造良好市场环境；第三，强化知识产权管理，提升管理效能；第四，拓展知识产权国际合作，推动国际竞争力提升。其中在“促进知识产权创造运用，支撑产业转型升级”中提出：促进现代服务业发展。大力发展知识产权服务业，扩大服务规模、完善服务标准、提高服务质量，推动服务业向高端发展。培育知识产权服务市场，形成一批知识产权服务业集聚区。建立健全知识产权服务标准规范，加强对服务机构和从业人员的监管。发挥行业协会作用，加强知识产权服务行业自律。支持银行、证券、保险、信托等机构广泛参与知识产权金融服务，鼓励商业银行开发知识产权融资服务产品。完善知识产权投融资服务平台，引导企业拓展知识产权质押融资范围。引导和鼓励地方人民政府建立小微企业信贷风险补偿基金，对知识产权质押贷款提供重点支持。通过国家科技成果转化引导基金对科技成果转化贷款给予风险补偿。增加知识产权保险品种，扩大知识产权保险试点范围，加快培育并规范知识产权保险市场。

2015 年 7 月 31 日，工业和信息化部编制的《工业和信息化部贯彻落实〈深入实施国家知识产权战略行动计划（2014—2020 年）〉实施方案》（以下简称《实施方案》）予以发布。《实施方案》包括工作思路、主要目标、重点工作、保障措施四个组成部分。其中第二部分四项主要目标之一即为：产业知识产权综合服务体系基本形成。扶持一批产业知识产权服务平台，知识产权服务资源有效聚集。基于知识产权的信息资源、数据库、实务培训、创业辅导等服务体系基本形成。第三部分五项重点工作之一即为：加强行业知识产权服务能力建设，夯实产业创新发展基础。实施“行业知识产权服务能力提升工程”。依托专业机构，创建一批布局合理、开放协同、市场化运作的产业知识产权服务平台。支持服务平台集成、优化配置各类知识产权资源，开展信息分析研究、转移转让、价值评估、风险预警、创业辅导和实务培训等服务。行业组织、专业机构通过发布重点产业知识产权信息、竞争动态和年度发展态势报告等，建立知识产权风险监测、动态跟踪和态势发布的机制。推动现有中小企业公共服务平台和“互联网+协同制造”公共服务平台增强知识产权服务功能。鼓励和支持专业机构为中小微企业和创客群体提供高效、优质、精准的服务。

2016 年 12 月 30 日，由国家知识产权局会同国务院知识产权战略实施工作部际联席会议成员单位及中组部、中央编办、银监会、证监会、保监会等相关部门共同编制完成的《“十三五”国家知识产权保护和运用规划》正式发布，这是知识产权规划首次列入国家重点专项规划。该《规划》明确了“十三五”知识产权工作的发展目标和主要任务，对全国知识产权工作进行了全面部署。该《规划》设定了四个重大专项和九项重大工程，其中第二项重大专项即为加强知识产权公共服务体系建设，包括提高知识产权公共服务能力、建设知识产权信息公共服务平台、建设知识产权服务业集聚区、加强知识产权服务业监管。

2. 省级层面的现有制度梳理

以促进知识产权强国、强省建设为目的，绝大多数省份相继出台了相关的政策文件，其中皆对知识产权服务业有所涉及，有些省份甚至出台专门的知识产权服务业政策文件进行规范。为了对省级层面的现有制度有一个较为清晰的认知，对相关制度进行梳理。

首先，知识产权服务业相关政策立法充分的省份。这些省份不仅在有关知识产权强省的文件中涉及知识产权服务业，而且出台了专门的有关知识产权服务业的文件。北京市重视知识产权服务业的发展，出台一系列的政策措施扶持行业发展，主要包括：《北京市人民政府关于实施首都知识产权战略的意见》《关于促进首都知识产权服务业发展的意见》《首都知识产权服务业发展规划》《北京市“十三五”时期知识产权（专利）事业发展规划》《北京市知识产权局等单位关于深入实施首都知识产权战略行动计划》。其中，北京市政府发布的《关于促进首都知识产权服务业发展的意见》是全国首个引导和促进知识产权服务业发展的政府文件。天津市同样重视知识产权服务业的发展，相继出台《2016 年深入实施国家知识产权战略加快建设知识产权强国推进计划》《深入实施天津知识产权战略行动计划（2016—2020 年）》《天津市“十三五”专利工作规划》《天津市知识产权服务业集聚区培育工作方案》等，其中，《天津市知识产权服务业集聚区培育工作方案》是专门促进知识产权服务业发展的文件。

其次，知识产权服务业相关政策立法较为充分的省份。这些省份虽然尚未出台专门规范知识产权服务业的文件，但是在其他的文件中规定相关内容，主要是通过知识产权强省建设文件、实施知识产权战略文件、“十二五”专利事业发展规划、“十三五”专利事业发展规划等来实现对知识产权服务业的规范，详述如下。广东省：《广东省建设引领型知识产权强省试点省实施方案》《广东省关于加快建设知识产权强省的决定》《广东省加快建设知识产权强省重点任务分工方案》《珠江三角洲地区改革发展规划纲要（2008—2020年）》；云南省：《云南省人民政府关于贯彻国家知识产权战略的实施意见》《关于加快云南省自主知识产权品牌建设的指导意见》《云南省知识产权局关于印发云南省“十二五”知识产权（专利）事业发展规划的通知》；陕西省：《陕西省人民政府办公厅关于印发贯彻国家知识产权战略行动计划建设创新型省份知识产权工作方案（2015—2017年）》《陕西省知识产权（专利）工作“十二五”规划》《陕西省知识产权（专利）工作“十二五”规划》；江苏省：《中共江苏省委江苏省人民政府关于加快建设知识产权强省的意见》《江苏省知识产权战略纲要》；四川省：《四川省深入实施四川省知识产权战略行动计划（2015—2020年）》《四川省知识产权战略纲要》；黑龙江省：《2015年黑龙江省知识产权战略实施推进计划》《黑龙江省人民政府关于新形势下加快知识产权强省建设的实施意见》；辽宁省：《辽宁省人民政府关于新形势下加快知识产权强省建设的实施意见》《辽宁省知识产权“十三五”规划》；新疆省：《关于进一步促进新疆知识产权事业发展的若干意见》《自治区党委 自治区人民政府关于实施创新驱动发展战略加快创新型新疆建设的意见》；山西省：《山西省人民政府关于新形势下推进知识产权强省建设的实施意见》《山西省知识产权战略实施行动计划（2015—2020年）》；内蒙古：《内蒙古自治区人民政府关于加快知识产权强区建设的实施意见》《内蒙古自治区专利管理办法》；浙江省：《浙江省贯彻国家知识产权战略纲要实施意见》；广西：《广西壮族自治区实施知识产权战略意见》；安徽省：《安徽省人民政府关于加快知识产权强省建设的实施方案》；山东省：《山东省深入实施知识产权战略行动计划》；福建省：《福建省“十三五”专利事业发展规划》；贵州省：《贵州省知识产权战略纲要（2006—2015年）》；青海省：《青海省人民政府关于加强知识产权工作的实施意见》；宁夏：《宁夏回族自治区知识产权战略实施行动计划（2015—2020年）》；河北省：

《河北省人民政府关于加快知识产权强省建设的实施意见》；重庆市：《重庆市人民政府关于新形势下加快知识产权强市建设的实施意见》；吉林省：《吉林省人民政府关于新形势下加快知识产权强省建设的实施意见》；湖南省：《湖南省实施知识产权战略行动计划（2015—2020 年）》；湖北省：《湖北省人民政府关于加快知识产权强省建设的意见》；江西省：《江西省人民政府关于加快特色型知识产权强省建设的实施意见》；上海市：《上海知识产权战略纲要（2011—2020 年）》；甘肃省：《甘肃省新形势下加快知识产权强省建设的实施方案》；海南省：《海南省人民政府关于新形势下加快知识产权强省建设的实施意见》。

最后，河南省有关知识产权服务业相关政策立法的有关规定梳理。为清楚起见，按照时间顺序排列：2002 年 10 月 31 日印发的《南阳市人民政府关于加强知识产权工作的意见》（宛政［2002］67 号）；2006 年 3 月 1 日起施行的《河南省专利保护条例》；2007 年 2 月 6 日印发的《平顶山市人民政府关于加强知识产权工作的意见》；2009 年 10 月 1 日起施行的《郑州市专利促进和保护条例》；2013 年 3 月 1 日起施行的《洛阳市专利促进与保护条例》；2013 年 8 月 14 日印发的《开封市人民政府关于贯彻河南省知识产权战略纲要的实施意见》；2015 年 3 月 16 日起施行的《2015 年河南省专利事业发展战略推进计划》；2015 年 5 月 18 日印发的《河南省知识产权局关于进一步推动知识产权质押融资工作的意见》（豫知〔2015〕14 号）；2016 年 5 月 30 日起施行的《河南省中小学知识产权普及教育示范基地管理办法》；2016 年 10 月 14 日印发的《河南省建设支撑型知识产权强省试点省实施方案》；2017 年 3 月 20 日起施行的《洛阳市中小微企业知识产权维权援助资金管理办法试行》；2017 年 4 月 24 日起施行的《洛阳市小微企业授权专利奖励办法试行》。

（二）代表性国家的做法

在对我国现有制度规定进行系统梳理的基础上，对代表性国家的相关规定进行介绍，从而为我国相关制度的建设健全提供一定的参考借鉴。本部分主要介绍美国、日本、韩国的制度建设。

1. 美国

美国之所以能够成为全球经济强国、科技强国，与其重视创新、重视成果转化、重视知识产权推广、重视知识产权服务业发展密不可分。一方面，美国设立专门的政府机构主要是商务部及其下属的科技管理机构，负责科技成果的管理；另一方面，美国不断出台相关的法律、法规、法案促进成果转化、促进知识产权服务业向专业化发展。

1980 年制定的《史蒂文森威德勒技术创新法》是美国第一部促进技术转移的法律。该法的目的是通过以下方式来促进美国经济、环境以及公民幸福社会：在联邦政府执行部门中建立组织，来研究和激励科学技术发展；通过建立合作研究中心来促进技术开发；激励改进由联邦提供资金的研究开发的技术，包括发明、计算机软件以及训练技术，在国家及地方的政府和私营企业中得到应用；通过奖励已经在科学技术方面做出杰出的贡献的个人和群体，以鼓励科学技术的发展；鼓励学术界、产业和联邦实验室中的科技人员的交流。

1982 年制定的《小企业技术创新进步法》通过下面的措施达到鼓励中小企业技术创新、促进研究成果转化的作用。首先，设立小企业技术创新研究计划，要求政府机构对与其任务相关的小型企业研发提供资助；其次，年度研究和开发费用在 1 亿美元以上的联邦政府机构，按一定比例向中小企业创新研究计划拨出专款；最后，年研究与开发经费超出 2000 万美元以上的单位，每年向小企业确立科研项目。

1980 年 12 月，美国国会通过了由参议员 BirchBayh 和 RobertDole 提出的《专利和商标法修正案》（又称《大学、小企业专利程序法案》），即《拜杜法案》。《拜杜法案》明确提出了美国国会关于专利制度应用的原则和目的，即促进由联邦政府资助下研究取得以及有进展的发明的应用；鼓励小型企业尽可能多的参与联邦政府所支持的研究和开发；促进企业与包括大学在内的非营利组织的合作；保证由非营利组织和小企业合作的发明的应用可以促进自由竞争以及发明的积极性；促进在美国境内的美国工业及企业进行发明的商业化以及公共应用的可用性；确保政府在支持发明人以满足政府需要和防止公众滥用及不合理使用发明方面获得充分的权利；并且减少这一领域管理政策的成本。

1986 年美国颁布《联邦技术移转法》，该法颁布后，联邦政府于 1991 年创建国家技术移转中心，专门负责 700 多个国家实验室、大学和私人机构的技术成果的实施、许可和转让。（杨晓娟，樊志民，2017）

1989 年，在 1980 年《史蒂文森威德勒技术创新法》和 1986 年《联邦技术移转法》基础上形成的《国家竞争力技术转移法》出台。该法进一步明确了技术转移的任务，并将技术转移上升到提升国家竞争力的高度来认识。

除上述法律之外，1986 年《美国技术文献法》、1987 年《12591 号总统令》、1988 年《综合贸易与技术竞争法》、1991 年《美国技术卓越法》、1992 年《小企业研发加强法》、1993 年《国家合作研究与生产法》、1995 年《国家技术转移与进步法》、1996 年《经济间谍法》、1998 年《技术转让商业化法》、1999 年《美国发明家保护法令》、2000 年《技术转移商业化法案》等法律中都确立了有关知识产权保护的政策、制度和措施。这而些政策、制度和措施有效地促进了技术创新、运用与转移，加速了成果转化，加大了知识产权护程度，为知识产权服务体系的构建、为知识产权服务业的发展奠定了制度基础。

2. 日本

20 世纪 50—70 年代，日本经济起飞除了其固有基础、特殊条件和机遇等多种主客观原因、国内外各方面共同作用的结果之外，有一个重要的因素不容忽视，即日本制定了一系列利于科技合作、促进科技进步、保障科技成果转化的法律制度，有意识地进行知识产权服务制度建设。

日本在 20 世纪 70 年代以来先后制定了《联合研究制度》《研究交流促进法》等法律为科技成果转化提供的有力保障。

1995 年 11 月 15 日，日本颁布了第 130 号法律即《科学技术基本法》。这是日本第一部有关科学技术的根本大法，是支撑日本科学技术体系的基本法律。《科学技术基本法》规定了日本科技发展战略为“科学技术创新立国”。该法的颁布标志着日本科技政策进入到重视基础研究和强调创新的新阶段，它成为日本实施21世纪科技发展战略的纲领（魏龙，2009）。

1998年日本通过《关于促进大学等的技术成果向民间事业者技术转移法》，鼓励大学设立研究成果转化的中介机构（即技术转移机构Technology Licensing Organization，简称为TLO）。此后，日本为实施该法制定了一系列配套法规。该法的颁布促进了大学和国立研究机构将技术成果向企业转移，推动技术研发，促进研究成果利用，有利于新产业的开拓。

日本从1986年12月—1991年2月之间的4年零3个月，经历了仅次于20世纪60年代后期的经济发展的第二次大发展时期。但是，这次经济发展浪潮受到了大量投机活动的支撑。因此，随着20世纪90年代初泡沫破裂，日本经济出现大倒退，此后进入了平成大萧条时期。此后，日本经济一蹶不振。而当时日本三次货币政策的失误以及人口老龄化加剧使得日本社会随之负担加重，日本的现有社会经济结构已经不能满足的当时日本的社会经济发展要求（中澤正彦，吉田有祐，吉川浩史，2017）。而与此同时，世界经济全球化的步伐不断加快，科技因素在经济发展中的作用日益重要。日本政府意识到为了复苏本土经济、加快科技创新、促进产业升级必须充分发挥大学在科技创新中的作用，使大学的研究成果更好地转化。日本政府注意到美国经济得以持续发展的一个重要因素就是美国大学与企业联系密切，并设有专门的科技成果转让部门，能够把大学最新的科技成果转化为企业的生产力。有鉴于此，日本政府模仿美国制定了《大学技术转让促进法》。该法第3条规定，技术转移机构承担以下职能：对可能企业化的研究成果进行发掘、评价、鉴别；及时提供与特定的研究成果相关的技术情报等；在专利权等方面给予民间企业以实施许可等；专利使用费等收益的返还等；参与帮助经营；技术指导等；金融层面的支援以及其他提高特定研究成果转化效率的必要事项。

自2002年3月—2003年1月的10个月内，日本政府先后召开8次“知识产权战略会议”，相继出台了《知识产权战略大纲》和《知识产权基本法》，将“技术立国”战略修改为“知识产权立国”战略。

2003 年 3 月，日本政府成立了以首相任部长的知识产权战略本部的最好规格沟通与协调平台，制订《知识产权战略推进计划》。该计划由知识产权创造、知识产权保护、知识产权应用、发展多媒体素材产业、人才培养和提高国民意识等五部分组成。其战略核心是把研究活动和创造活动的成果作为知识产权从战略上保护应用，以知识产权为基础，推进产品和服务的高附加值化。

综据上述，日本一系列法律、法规、制度的出台有效促进了科研机构与产业之间进行技术交流与技术转化，促进了知识产权的转让和流通，促进了发明创造和研究开发成果产业化，进而有效推动了知识产权服务业的发展。

3. 韩国

韩国政府同样制定和实施了一系列有关知识产权服务的法律、法规、政策、制度。《发明促进法案》《研发促进法》《工业、教育产学联盟促进法》《科技创新特殊措施法》《技术转让促进法》等法律中皆涉及知识产权利用和商业化的内容，相关规定有效地激励了创新活动，促进了知识产权的实施与转化，同样为本国知识产权服务业的发展提供了坚实的制度基础。

（三）现有制度存在的问题

研究发达国家知识产权服务业的发展经验不难发现，知识产权服务业的发达程度与该国家地区的制度规范体系的完善程度成正比。换言之，完善的制度规范体系是知识产权服务业发展的必要保障机制。由此可见，只有进一步完善我国的知识产权服务业制度规范体系，才能为知识产权服务业的发展提供基础，促进其有序、良性发展，为创新提供有力支撑。通过前文对我国知识产权服务业现有制度的梳理不难发现，我国相关制度存在体系不完善、层级低、内容庞杂、规定笼统等问题，河南省的此类问题同样比较突出，下面将围绕河南省知识产权服务业的相关问题进行展开。

第一，制度体系不完善。虽然河南省已经出台知识产权服务业相关的制度规定，但是尚未形成体系。任何一个产业发展都不是一朝一夕能够完成、仅靠某一项制度的推进就能够完成，需要有一系列的制度配套。反观河南省，虽然出台了相关制度，但是不能够满足知识产权服务业发展的需求，很多需要规范的方面存在空白，不能对知识产权服务业的发展提供有效的指导，无法可依的现象比较严重。

第二，制度层级低。通过分析美国、日本等国家的知识产权服务业制度规定不难发现，其制度大部分是以法律的形式存在。以法律的形式存在的优势在于：其一，更具有权威性。法律层级越高，其效力越强，在执行过程中其力度越大。其二，更具有稳定性。相较于规章、在政策等，法律更具有稳定性。更能够形成执行的惯性。其三，更具有科学性。法律的立法程序要更为严格、会经过更多的论证与探讨。目前，国家对于知识产权服务业发展的相关制度规范大部分是由部委出台的、以政策的形式存在的。其权威性、稳定性、科学性均面临不同程度的问题，在其本身即存在问题的前提下，执行的效果会大打折扣，甚至会有有令不行、有禁不止的情况发生。并且，缺乏相关的法律法规的支撑，相关行业的制度制定工作难以满足行业发展对法律法规的要求。法律法规的缺失对知识产权服务业行业发展造成诸多不利影响，例如，不正规代理机构频繁出现扰乱正常的市场竞争秩序、行业内部进行低价恶性竞争等。因此，想要依赖知识产权服务业带动新形势下的经济增长和进步，提高产品附加值，没有较高层级的法律法规的支撑难以完成。

河南省此类问题更为突出，从上文对河南省有关知识产权服务业相关政策立法的有关规定进行梳理不难发现：更多的政策制度规定是以各地市名义发布的。并且以河南省名义发布的政策制度主要集中在近几年。

第三，制度内容庞杂。我国知识产权服务业相关制度现状是：在国家层面，不同的部门或者单一或者联合发布各类与知识产权服务业有关的制度规定；各个省、市比照国家层面的制度规定同样出台相关的内容。国家层面的制度之间、国家与各省、市之间的制度之间，缺少必要的、基本的协调，相互之间缺乏统一性、连贯性。河南省的制度规定同样存在此类问题，不同的制度单独地、孤立地发挥作用，不能够就知识产权服务业发展的指导作用形成合力。

第四，制度规定笼统。河南省现有的制度绝大多数都是围绕提出主要目标、指出重点工作制定，至于如何去实现目标、怎样能够完成工作却极少涉及。由此可知，河南省现存的知识产权服务业方面的规定更多的是宣示性、政策性、指导性的内容，缺少具有针对性的、具有可操作性的内容。在知识产权服务业在河南省尚处于起步发展阶段，尚未发展成熟的背景下，更多的是需要能够具体实施的规定。制度应当明确指出与知识产权服务业发展有关的主体，例如政府部门、社会团体、企业、事业单位，乃至个人等需要做什么、应当这样去做。

（四）改进的路径

鉴于河南省现行制度规定存在的相关问题，应当进行针对性的改进，以期为河南省的知识产权服务业生态化发展提供合理依据。主要是通过提高制度制定主体的层级、加强制度之间的统筹规划、注意制度内容的具体化等途径解决存在的问题。

第一，提高制度制定主体的层级。可以通过两条路径达到这样的效果。第一条路径，即在法律中增加知识产权服务业的内容。这一点在我国现行立法上存在欠缺。迄今为止，以法律形式直接规定的规范知识产权服务业的制度主要是《中华人民共和国促进科技成果转化法》（以下简称《促进科技成果转化法》）与《中华人民共和国科学技术进步法》，并且其中的内容所占比例比较低。《促进科技成果转化法》中仅有 5 个条款涉及相关内容。第 11 条规定，国家建立、完善科技报告制度和科技成果信息系统，向社会公布科技项目实施情况以及科技成果和相关知识产权信息，提供科技成果信息查询、筛选等公益服务。第 17 条第 2 款规定，国家设立的研究开发机构、高等院校应当加强对科技成果转化的管理、组织和协调，促进科技成果转化队伍建设，优化科技成果转化流程，通过本单位负责技术转移工作的机构或者委托独立的科技成果转化服务机构开展技术转移。第 30 条规定，国家培育和发展技术市场，鼓励创办科技中介服务机构，为技术交易提供交易场所、信息平台以及信息检索、加工与分析、评估、经纪等服务。科技中介服务机构提供服务，应当遵循公正、客观的原则，不得提供虚假的信息和证明，对其在服务过程中知悉的国家秘密和当事人的商业秘密负有保密义务。第 31 条规定，国家支持根据产业和区域发展需要建设公共研究开发平台，为科技成果转化提供技术集成、共性技术研究开发、中间试验和工业性试验、科技成果系统化和工程化开发、技术推广与示范等服务。第 32 条规定，国家支持科技企业孵化器、大学科技园等科技企业孵化机构发展，为初创期科技型中小企业提供孵化场地、创业辅导、研究开发与管理咨询等服务。

《中华人民共和国科学技术进步法》仅有 3 个条款涉及相关内容。第 17 条第一项规定，从事下列活动的，按照国家有关规定享受税收优惠：从事技术开发、技术转让、技术咨询、技术服务。第 18 条规定，国家鼓励金融机构开展知识产权质押业务，鼓励和引导金融机构在信贷等方面支持科学技术应用和高新技术产业发展，鼓励保险机构根据高新技术产业发展的需要开发保险品种。政策性金融机构应当在其业务范围内，为科学技术应用和高新技术产业发展优先提供金融服务。第 37 条规定，国家对公共研究开发平台和科学技术中介服务机构的建设给予支持。公共研究开发平台和科学技术中介服务机构应当为中小企业的技术创新提供服务。

《中华人民共和国著作权法》（以下简称《著作权法》）、《中华人民共和国商标法》《中华人民共和国专利法》（以下简称《专利法》）、《中华人民共和国非物质文化遗产法》中皆未涉及知识产权服务业的相关内容。《专利法》现在正处于第四次修改阶段，《中华人民共和国专利法修订草案（送审稿）》中增加了知识产权服务业的内容，在促进知识产权服务业健康发展等方面进行了修改和完善。《中华人民共和国专利法修订草案（送审稿）》第 3 条第 1 款规定，国务院专利行政部门负责管理全国的专利工作，统一受理和审查专利申请，依法授予专利权，负责涉及专利的市场监督管理，查处有重大影响的专利侵权和假冒专利行为，建设专利信息公共服务体系，促进专利信息传播与利用。第 3 条第 2 款规定，地方人民政府专利行政部门负责本行政区域内的专利工作，依法开展专利行政执法，提供专利公共服务。第 79 条规定，各级专利行政部门应当促进专利实施和运用，鼓励和规范专利信息市场化服务和专利运营活动。《著作权法》现在正处于第三次修改阶段，修改幅度较大，但是尚未涉及知识产权服务业的内容。建议以此次修改为契机加入知识产权服务业方面的内容。第二条路径，制定相关的单行法律，完善知识产权服务业法律体系。建议加强诸如加强研发法、技术创新法、技术转让法等能够促进技术创新、运用与转移，加速成果转化方面的法律，为知识产权服务体系的构建、知识产权服务业的发展奠定法律基础。

河南省应当尽快出台更多以河南省的名义颁发的有关知识产权服务业的规章制度，以填补河南省这方面的空白。

第二，加强制度之间的统筹规划。首先，制度制定主体之间在制度制定之前应当进行充分沟通、协调。知识产权服务业的发展离不开产、学、研的良性互动，需要多个部门共同发挥作用。因此，规范知识产权服务业发展的制度同样需要多部门联动，据此，对于相同、相似、相近的内容不需要由不同的部门以不同的名称出台不同的制度。其次，不同的制度之间应当具有相容性。具体而言，在后的制度在制定之前应当充分研读在先的制度，对于在先制度不合理、不科学的地方做出必要修改，除此之外，应当尊重在先制度，不规定与在先制度相冲突的内容。

第三，注意制度内容的具体化。知识产权服务业是伴随着当代高新技术产业的发展而出现的新兴业态。河南省建设支撑型知识产权强省需要拥有体系完整、运行高效、业态发达的知识产权服务业。近年来，河南省自主创新能力显著增强，但是知识产权服务业作为新型产业与河南省的创新能力不相匹配，存在发展滞后、服务业层次较低、结构不合理、人才缺乏等诸多问题。这些问题需要具体的对策来一一解决，而制度即为其中主要对策之一。此种现状无形中对知识产权服务业的制度提出了较高要求，即制度应当针对问题提出具体的解决方案，能够作为解决问题的依据。依照“提出问题—分析问题—解决问题”的思路，现行制度的落脚点应当放在“解决问题”上。

第二节 支撑体系

支撑体系是河南省知识产权服务业生态化发展的保障要素条件，其涵盖内容较为广泛，并且与制度体系、人才体系存在重合交叉，需要进行厘清。并且，支撑体系存在不同角度的问题需要对症下药，并且在此基础上进一步优化发展。

（一）支撑体系包括的内容

对于知识产权服务业的支撑体系所涵盖的范围，尚未形成较为一致的学说，综合学者的研究成果，关于知识产权服务业的支撑体系大致有以下四种观点。第一种观点认为，知识产权服务业的支撑体系包括七个组成部分：其一，法律政策与公共服务体系；其二，财政金融投资体系；其三，知识产权人才培养体系；其四，中介机构等社会组织服务体系；其五，中小企业创新服务体系；其六，官、产、学、研协调互动的科研创新体系；其七，知识产权执法保护体系。第二种观点认为，知识产权服务业的支撑体系包括六个组成部分：其一，法律政策体系；其二，人才培养体系；其三，中介机构等社会服务体系；其四，中小企业创新服务体系；其五，产、学、研协调互动的科研创新体系；其六，知识产权执法保护体系。第三种观点认为，知识产权服务业的支撑体系包括四个组成部分：其一，法律政策体系；其二，人才培养体系；其三，中介机构等社会服务体系；其四，知识产权执法保护体系。第四种观点认为，知识产权服务业的支撑体系包括四个组成部分：其一，法律政策体系；其二，中介机构等社会组织服务体系；其三，中小企业创新服务体系；其四，知识产权保护体系。

上述四种观点都有其合理性，结合主要代表性国家的做法以及本章的内容设计，知识产权服务业的支撑体系包括以下个组成部分：第一，制度体系，其中包括法律、法规、规章、政策、指导意见、规划等；第二，人才培养体系；第三，社会组织服务体系；第四，知识产权保护体系。至于财政金融投资体系，更多的是体现在激励体系中；而中小企业创新服务体系和官、产、学、研协调互动的科研创新体系是与其他支撑体系具有交叉、重复关系，其本身不足以单独作为一项支撑体系的组成部分。制度体系已经在本章第一部分进行了详细阐述，此不赘述；人才培养体系将在第四部分进行论述，在此不予展开。因此，本部分的着力点放在社会组织服务体系和知识产权保护体系。

（二）社会组织服务体系

河南省知识产权服务业中社会组织服务体系存在的问题不仅是河南省的个性问题，大部分是全国性的共性问题。对现存问题提出改进措施，不仅能解决河南省自身的问题，同样能够为其他地方解决问题提供相应的思路。

1. 社会组织服务体系存在的问题

构建完善的知识产权服务业社会组织服务体系的根本在于设立知识产权服务机构。国内知识产权服务机构主要包括事业类知识产权服务机构（例如知识产权服务中心、知识产权维权援助中心）以及企业类知识产权服务机构（诸如专利事务所、商标代理公司），而后者是知识产权服务机构的主体并且是知识产权服务业发展的基本力量。无论是何种形式的知识产权服务机构皆存在以下问题：第一，服务机构小、弱、散，规模急需壮大。当前我国知识产权服务机构大多数为小型企业和微型企业，大型或中型企业很少。小微型企业固然有体制灵活、创新能力强等优势，但机构规模过小，难以在行业内发挥龙头引导效应，也导致有关政府部门在实施产业化投资等其他项目时，认为该行业和机构不重要，较少予以重视和支持。第二，服务以传统业务为主，领域尚待拓宽。目前，知识产权信息服务、法律服务逐渐形成了独立市场，作用正在显现，知识产权商用化服务作为一些服务机构的发展重点，增长潜力也不容忽视。但总体上看，知识产权服务新兴市场仍处于培育期。无论是机构数量和业务规模，大部分服务机构仍仅从事代理业务，满足于单一的服务模式，服务领域狭窄，需要加以引导，向综合性知识产权服务机构转变。第三，服务机构国际化、高端化不足，品牌效应还需打造。一方面，少数站在市场发展前沿的知识产权服务机构已开发出一些高端服务产品；另一方面，需求方对服务的诉求日趋多层次、多样化。但由于服务机构品牌影响力较弱，也缺乏畅通的信息渠道，需求方通常很难方便地找到满足自身需求的服务机构。

有鉴于此，我国知识产权服务业仍处于小作坊时代，普遍存在着专业化程度较低、规模偏小、视野较窄、信息不对称、价格不透明、质量难保证、服务效率低等问题，而这些问题也是郑洛新自主创新示范区面临的问题。因此，建立高端知识产权服务机构，培育知识产权服务品牌则尤为重要。

2. 社会组织服务体系的改进方式

（1）建设国家知识产权服务业集聚发展试验区

河南省应当构建服务主体多元化的知识产权服务体系，为解决知识产权服务与市场需求对接存在信息不对称的问题，需要政府搭建交流平台，实施有效引导。详细而言，河南省应当引导具备相应条件的区域（如郑洛新自主创新示范区、河南自贸区等）积极申报建设国家知识产权服务业集聚发展试验区，可以借鉴“二维一体”的集聚区建设模式。一方面依托特定区域的知识产权建设，实现知识产权服务业态的物理聚集；另一方面建立特定区域的知识产权服务业联盟，实现知识产权服务业态的功能聚集。

国家知识产权服务业集聚发展试验区建设是国家知识产权局为引导知识产权服务业集聚发展，完善产业聚集区知识产权服务业管理体系、优化服务结构、提升服务能力，在产业聚集区域开展的一项创新性工作。截至2016年年底，国家知识产权局在北京中关村、上海漕河泾、苏州高新区、深圳市福田区、河南郑州、青岛崂山区、成都高新区、杭州高新区、武汉东湖高新区等地区设立了，10个国家知识产权服务业集聚发展试验区，为知识产权管理部门与产业管理部门搭建起有效合作的载体，共同建立起服务业与实体产业融合发展的共生生态系统。

郑州国家知识产权服务业集聚发展试验区于2013年获批，其充分依托审协河南中心、国家技术转移郑州中心、创意岛孵化器的资源优势，集聚知识产权服务机构，提升知识产权服务层级，完善知识产权服务业产业链，促进知识产权与产业、金融深度融合。截至目前，郑东新区辖区内知识产权服务机构14家，从业人数480余人，商标代理数量6000余件，专利代理数量1000余件，版权代理100余件，2015年营业额21858万元、纳税额1583万元。

国家知识产权局印发的《国家知识产权服务业集聚发展试验区工作实施办法（试行）》第5条规定了申报条件：第一，申报试验区所在地人民政府高度重视知识产权服务业发展，具备相对健全的知识产权管理机制并设立知识产权服务业发展经费。第二，申报试验区产业优势明显，聚集一批创新型企业和骨干龙头企业，创新主体对知识产权服务有较高要求。第三，申报试验区至少聚集20家以上知识产权服务机构，能基本保障区内对专利、商标、版权、地理标志和植物新品种等知识产权的服务需求。而河南省的特定区域通过努力应该能够达到上述条件。

（2）找准知识产权服务机构的定位

知识产权服务机构的功能不应当仅仅停留在知识产权申请、维权等比较单一，普通的层面上，应当延伸服务的广度与深度。有鉴于此，将其定位为“四角色、三层面、二通道”。

知识产权服务机构四种角色表现为（如图5-1所示）：第一，创造引领者。虽然2015年我国科技进步贡献率达55.1%，国家创新能力世界排名提升至第18位（科技部，2016）。但是，我国的创新能力仍有待提升。专利领域普遍存在着科技水平不高、适用性较差的问题。以2014年审结的专利申请为例，发明、实用新型和外观设计分别为43.1万件、32.5万件和53.3万件。发明的数量最少仅占22.8%。据此可知，我国专利面临总量高、含金量低的尴尬局面。为提高成果的价值性以及避免因缺乏对发社会展趋势的了解而重复劳动，知识产权服务机构应当引导创造者了解市场动态需求、提供创造指南、启迪创造灵感、激发创造热情，在此基础上寻找并筛选出拥有市场前景的发明创造。第二，天使投资人。这一角色作用的发挥应当循序渐进。其完整的投资范围为创造过程中所产生的全部合理风险与成本，包括前期向创造者支付创造所需资金；中期为专利的撰写、申请、维护、授权、许可、移转等过程中所产生的风险与费用；后期则为最终的利润分享。现阶段知识产权服务机构可以有选择性地投放资金，待各方条件成熟之后，逐步增加投资范围。第三，智力成果代理人。这个角色的作用表现为全面代理创造者智力成果的申请、注册、登记、复审、无效、异议、确权、维权等。第四，智力成果转化平台。知识产权资本化是知识经济发展的必然结果，正如学者所言，知识经济时代给我们带来的是又一场革命，而这场革命的先锋就是知识资本（申明，1998）。但是由于没有为权利人与需求者之间搭建交流平台导致信息不畅通从而使权利人与需求者之间欠缺有效沟通。因此权利人难以找到合适的需求者，故难以将智力成果有效转化；而需求者亦不清楚如何获取授权，双方皆面临信息不对称的困局。知识产权服务机构则能够打通供需双方的交流障碍，通过适当渠道将智力成果投放市场，成为智力成果商业化、市场化的中介平台。知识产权服务机构在扮演好以上四种角色的同时，同样是整合各种资源、使资源配置尽可能最优化的过程，是将创造者、产品制造商、学术机构，乃至社会环境进行融合。

如图 5-2 所示，知识产权服务机构所发挥的作用体现为三层面：首先，微观层面上的作用。对个人而言，知识产权服务机构能够为其提供一定的资金支持、完备的市场需求预测；对企业而言，能够为其提供强大的智力支持、广阔的市场前景。具体而言，以美国为例，在历年的美国专利申请数量排行榜中，有许多名列前茅的企业巨人，其产品所使用的专利技术只有约三分之一来自自身的研发团队，另外约三分之二是通过授权、购买、交换等方式从外界获得的。从企业角度着眼，为保持其产品的核心竞争力，企业需要不断获取更多的专利使用权。但是企业既不可能，也不必去建立一支能完成一切发明的“超级研发团队”。从发明者角度而言，发明专利开发的高成本、长周期、与企业对话的高门槛、自主创业的高风险等不利因素使得发明者的许多“Good Idea”错过了被企业付诸应用、实现价值的最佳时机。其次，中观层面上的作用。知识产权服务机构由于其所具有的专业性保证期能够准确把握市场发展导向、破解市场需求。最后，宏观层面上的作用。对于整个社会发展、科学技术进步、文化繁荣而言，知识产权服务机构能够普遍提高全社会民众的知识产权意识，有助于营造良好的知识产权保护氛围。

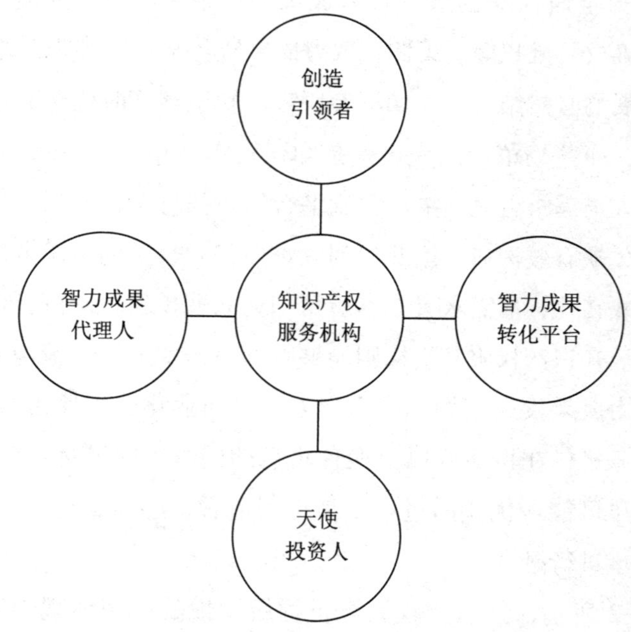

图 5-1　知识产权服务机构所发挥的作用

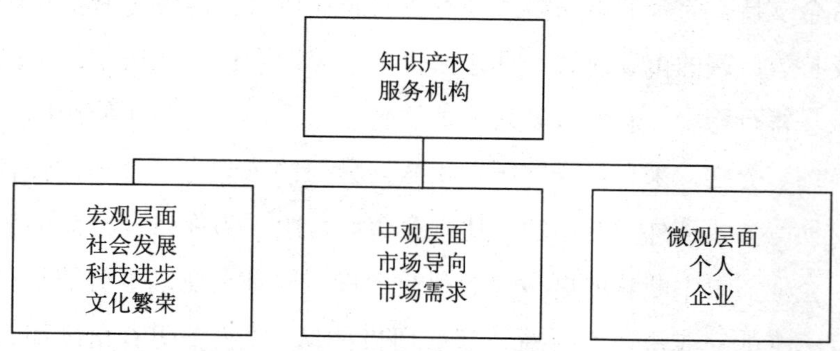

图 5-2　知识产权运营等高端知识产权公共服务

知识产权服务机构在上述四个角色之间不断转换，在三个层面发挥重要作用的同时，打通了知识市场的“走进来”与“走出去”的两个通道。“走进来”体现为创造者在市场导向之后能够有的放矢地进行创造，能够比较顺利地走上创造之路；“走出去”体现为智力成果完成之后，能够比较及时地被推广应用。因此，需要培育一批专业化、规模化、规范化、国际化、品牌化的知识产权服务机构，并且逐步引导有能力的知识产权服务机构开展重大经济科技活动知识产权评议、知识产权运营等高端知识产权公共服务。

3. 社会组织服务体系的发展走向

（1）社会组织服务体系应向规模化方向发展

在全球化的背景下，规模化发展对服务业来讲至关重要。据此，河南省的知识产权社会服务体系应当首先注重规模化的发展。具体而言，规模化包含三层含义。规模化的第一层含义是整个中国知识产权服务业的规模化，而中国知识产权服务业能否实现规模化取决于中国经济的发展、民众对知识产权服务业的需求以及社会经济生活的发达程度。对于这种规模化的要求，河南省可以制订固定化或者常态化的规划以助其实现。知识产权服务业规模化的第二层含义是知识产权服务机构的规模化。概括而言，知识产权服务机构的规模化方式有自然发展、合并或联盟发展等。规模化的第三层含义是知识产权服务业的专业规模化。河南省知识产权服务业以知识产权代理业务居多。但衡量知识产权服务业的标准尚需要考量包括知识产权转化、知识产权资产评估、知识产权贸易等在内的其他业务，并且其他业务越发达，知识产权服务业的综合实力就越强。所以无论是知识产权服务业还是知识产权服务机构都更加注重专业的规模化。

（2）知识产权服务业应向专业化方向发展

知识产权服务业的成长、竞争力的增强、知识产权服务机构优质品牌的树立以及知识产权服务业在社会中独立性的维护，归根到底取决于执业者素质。因此，专业化和品牌化的知识产权服务机构必然要求执业者具有良好的专业素质技能和职业精神。执业者要向专业化发展，形成自己的专业特长。执业者的专业化是指不仅要具备执业者的基本职业知识和职业技能，而且要在此基础上对一个或一个以上业务领域的知识具有相当的熟悉和把握，并能够运用这些知识熟练地为客户提供这一领域深度的知识产权服务。目前，河南省执业者普遍存在的问题是对各领域皆有所涉猎，但是深度不够，执业者缺乏自己专业的领域，这在未来的竞争中是十分不利的。因此，面对国外知名知识产权服务机构进入中国市场的未来发展趋势，执业者应该未雨绸缪，选择自己的专业发展方向，找准定位，专心致志于某一知识产权服务领域，成为这一领域的专家。

规模化决定着知识产权服务业的广度，而专业化决定着知识产权服务业的精度与深度。所以河南省知识产权服务业在注重规模化的同时也要加大对专业化的关注以适应全球化潮流。专业化主要是指个人的专业化、部门的专业化以及领域的专业化。这是业务方面的专业化。业务水平的高低取决于专业的精准程度。同时管理方面也应实现专业化。河南省知识产权服务机构的管理模式主要是主任管理，也有部分合伙人管理或者管委会管理，欠缺职业管理人或职业经理人，这应是发展的一个方向。执业者和知识产权服务机构的专业化要考虑专业特长、市场需要、人才结构以及地域特色等诸多问题。

（3）知识产权服务业应向品牌化方向发展

品牌化是知识产权服务业的软实力，品牌意识是每一个知识产权服务机构和执业者都应当牢固树立的，这也是未来发展的必然趋势与必由之路。例如，美国的知识产权服务机构无论大小都十分注重自己的品牌发展，培养自己的知名度、信誉度。知识产权服务机构品牌在知识产权服务业中也发挥着同样的作用。而知识产权服务机构的知名度、信誉度同样取决于执业者在知识产权服务中对自己品牌的树立和维护，并最终取决于执业者的素质。但是仅有好的执业者而没有品牌意识也不会形成好的品牌。因此，河南省知识产权服务机构要改变传统观念，树立品牌意识，加强品牌建设。品牌分为很多种，一是规模品牌，类似于前面所提到的规模化问题。二是专业品牌。专业品牌可以让更多的人都能了解到执业机构与执业者的专业领域之所在。三是领袖品牌。它实际上就是指人才的品牌。比如说知识产权服务机构里面有人是行业的领袖，为行业做出了贡献，那么他就是一个品牌。四是文化品牌。作为知识产权人，我们不仅要增加我们对职业的认知，更重要的是我们要把职业上升到事业的高度。执业者文化是一种职业的认同，它在意识形态方面发挥着积极的作用。五是实力品牌，其实就是核心竞争力的品牌。通俗来讲就是要人无我有，人有我精，人精我特，即与众不同的核心竞争力品牌。此外，知识产权服务业在实现商业利润和价值的同时，应加大对公益事业的关注和投入，这样可以提升知识产权服务行业的社会形象，扩大其社会作用，实现品牌效应。

（4）知识产权服务业应向国际化方向发展

知识产权服务业在全球化的背景下的国际化主要应从四个方面着手。首先，服务对象的国际化。随着全球化进程的加快以及我国经济的快速发展，现在很多国外企业特别是跨国公司都到我国来投资和发展，中国成为了一个世界的大市场。所以服务对象的国际化会带动我国知识产权服务的国际化。并且服务对象会触及更多的网络、信息、媒体等相关产业。其次，服务地域的国际化。会出现越来越多的情形需要面临跨地域问题。我们的服务地域在不断变化，服务区域在不断扩大。再次，服务人员的国际化。在一些大型的知识产权服务机构中会有一些外国执业者，他们有的是以中国执业者的名义执业，有的是作为中国执业者的辅助人员执业。并且一些做国外业务的知识产权服务机构大多有国外执业者的加盟。最后，业务合作的国际化。业务合作就是指我国执业者同外国执业者的接触、沟通、交流和磋商，以期在业务上取得更好的成效。

（5）知识产权服务业应向产业化方向发展

推进我国省知识产权服务行业的产业化我们应做好四个方面的工作。首先，应将知识产权服务行业视为一个产业。知识产权服务行业应细化分工，形成完整的产业链。在知识产权服务业内，执业者应与其他专业人员如会计、后勤人员等互相合作，围绕知识产权服务行业形成内部产业链。在知识产权服务业外，应有配套的人才培养、咨询机构等，使之与知识产权服务业形成完整的产业链。其次，应当充分发挥知识产权服务的作用，用其来弥补市场机制的不足。再次，知识产权服务行业应有明确科学的市场准入机制，同时在执业者的发展中，执业者的进出口机制应得到完善。最后，知识产权服务行业应有完备的市场竞争规则。

（6）知识产权服务业应向信息化方向发展

当今世界越来越多样化、高速化、信息化。在这样的社会里，掌握了信息意味着掌握了主动权和领导权。我国的知识产权服务行业在信息化方面应当与时俱进，如，信息检索、案件管理、文件准备等，都应与信息化接轨。

第三节　激励体系

（一）激励体系的基本构成

以是否以市场机制为基础，可以将知识产权服务业激励体系划分为市场化激励体系和非市场化激励体系。市场化激励体系以市场机制为基础，以物质激励为主要手段，包括资金投入、浮动奖励、税收调节、政府采购等措施；非市场化激励体系包括制度统合及创新、服务平台建设等手段（刘亮、宁凌，2011）。

鉴于制度统合已经在第一部分制度体系中进行了详细阐述，在此部分不再赘述。因此，本部分的内容将围绕市场化激励体系中浮动奖励、税收调节以及非市场化激励体系中的服务平台建设展开。

（二）激励体系存在的问题

对全国的知识产权服务业激励体系的调研结果显示，既有的激励体系存在下列普遍性的问题。

1. 投入比重低，政策力度不够大

通过对河南省全省的调研发现，各地市普遍存在政策不够细化、可操作性差的共性问题。当前，河南省知识产权服务业激励政策主要停留在口

号化、宣示性的规定，具体细化的、具有可操作性的内容所占比例非常低，致使激励效果大打折扣，指导性较强，可行性不够高。

2. 税收激励偏弱，差异化弹性机制较为缺乏

调研组发现，河南省尚未建立起包括税收减免等在内的相对完善的税收激励机制。在实践操作中，税收层面未能向知识产权服务业、知识产权服务机构予以倾斜。

（三）激励体系的改进

激励体系的改进可以从市场化激励体系建设和非市场化激励体系建设两个角度展开。市场化激励体系建设的途径主要是设立奖补机制、设立成果转化提成制度、设立税收减免机制，非市场化激励体系建设主要是加强服务平台的建设完善。

1. 市场化激励体系建设

（1）设立代理人、代理机构奖补机制

通过调研发现对于知识产权尤其是专利权的奖励办法比较多。例如，《北京市发明专利奖励办法》《广东省专利奖励办法》《河北省科学技术奖励办法》《甘肃省专利奖励试行办法》《滨州市专利奖励办法》。以河南省为例，2017 年 8 月出台了《河南省专利奖励办法》，设立特等奖、一等奖、二等奖和三等奖，用于奖励对促进本省经济和社会发展具有突出贡献的发明专利、实用新型专利和外观设计专利。但是，针对知识产权服务业的奖励机制尚未建立。除了对知识产权、科学技术进行奖励之外，同样应当对促进知识产权转化、促进知识产权服务与科技经济发展深度融合、促进知识产权创造、运用、保护和管理能力提升、为科技创新水平提升和经济发展效益显著改善提供支撑的知识产权服务业提供奖励、设立奖励机制。

知识产权的最终获取除了需要知识产权人付出创造性劳动之外，同样不能忽视代理人、代理机构为此作出的努力。诸多知识产权的取得尤其是专利权的取得大多离不开代理人、代理机构作用的发挥。以专利权的取得为例。申请发明或者实用新型专利的，需要提交请求书、说明书及其摘要

和权利要求书等一系列的书面材料文件。请求书应当写明发明或者实用新型的名称，发明人的姓名，申请人姓名或者名称、地址，以及其他事项。说明书应当对发明或者实用新型做出清楚、完整的说明，以所属技术领域的技术人员能够实现为准；必要的时候，应当有附图。摘要应当简要说明发明或者实用新型的技术要点。权利要求书应当以说明书为依据，清楚、简要地限定要求专利保护的范围。申请外观设计专利的，需要提交请求书、该外观设计的图片或者照片以及对该外观设计的简要说明等文件。申请人提交的有关图片或者照片应当清楚地显示要求专利保护的产品的外观设计。专利申请文件的的撰写尤为重要，其中的申请书、权利要求书等都关系到对专利权的保护范围。专利申请的现状是：与专利申请数量快速增长相背，专利申请文件质量不高，仅从专利文件的篇幅即可窥得一斑。美国的一份高质量专利申请文件通常达到几十页甚至上百页，而国内许多专利申请文件却仅有几页，并且这些专利申请文件权利要求范围非常狭窄、价值不高。2008 年跨国医药巨头赛诺菲——安万特公司对中国科学院上海生命科学研究院 1 件抗癌药物专利做出的答复是专利申请文件的撰写水平质量不高，专利权的保护范围过窄。虽然该项发明早在 2003 年就被刊登在国际权威杂志上，被评价为“肿瘤新生血管形成研究必读”，但没有公司愿意购买该专利，都担心自己投入巨额成本开发出来的药品被轻易仿制。之后这项发明经过上海盛知华知识产权服务有限公司（下称盛知华）精心打造，并提交了新的专利申请之后，赛诺菲——安万特公司给出的对价是 6000 万美元外加销售额提成（上海知识产权服务业拉近理想与现实的距离，2017）。这样的一个实例清楚地显示出专利申请文件撰写的重要性。

除了撰写书面材料，尚需要关注申请的每一个阶段。发明专利的最终获权需要经历申报、申请、公开、实质审查、公告授权、维护等多个阶段。实用新型与外观设计虽然不需要经过实质审查阶段，但是仍然需要经过一系列的程序。而作为发明人或者设计人而言，其或者不具备专利申请方面的专业知识，或者是无暇顾及申请程序，因此，这些复杂而又烦琐的工作仍然需要交由代理人、代理机构去做。

由是观之，在知识产权尤其是专利权的取得过程中，代理人、代理机构发挥了非常重要的作用，从一定程度上来讲，申请文件的撰写、申请程序的跟进关系到权利能否取得、权利的保护范围等。据此，建议设立相应的奖补机制。可以年度为奖补的基础，即通过设立不同层级奖金的方式，每年对成功代理对促进经济和社会发展具有突出贡献的知识产权的代理人、代理机构给予奖励。或者以“件”作为奖补的基础，即对每一件经知识产权服务机构促成转化的项目，省辖市、县（市、区）等财政科技资金可根据技术交易额度给予一定奖励。或者以“件”作为奖补的基础，即对每一件经知识产权服务机构促成转化的项目，省辖市、县（市、区）等财政科技资金可根据技术交易额度给予一定奖补。至于采用何种方式，由不同的地区根据具体情况选择适用或者并行适用。

（2）设立成果转化提成制度

《中华人民共和国专利法》（以下简称《专利法》）自 1985 年 4 月 1 日施行以来，截至 2014 年 12 月，我国受理的专利申请总量已达 15454781 件（国家知识产权局，2014）。与其他国家或者地区相比较，我国的专利申请增长量连续居于世界首位：2011 年中国增速为 35%；2012 年中国增速为 24%；2013 年中国国家知识产权局、欧洲专利局、韩国特许厅、美国专利商标局等四局收到的专利申请数量增速从高到低依次为：12.5%、3.1%、2.8%、1.3%，而日本特许厅同比下降 0.7%（国家知识产权局，2014）。专利申请量总量高及申请量增速高并未带高我国专利成果转化率。除了知识产权本身价值不高、高端人才缺乏等诸多因素之外，必要的成果转化提成制度不到位亦是重要原因之一。

调研结果显示：企业对知识产权服务的需求种类日益多元，逐渐呈现出向专利申请前的规划、布局和申请后的权利运作、成果转化两端延伸的趋势。因此，知识产权服务业应当坚持需求导向，从知识产权代理服务逐步延伸至专利预警、知识产权战略咨询、成果有效转化等高端服务。成功获得知识产权仅仅是一个良好的开端，但是如若不能够转化实施则不能够体现其所蕴含的价值，亦无法实现市场价值。将研发成果转化成高价值产品进行推广应用，不仅关系到权利人的切身利益，同样关系到企业的利益和行业的转型升级乃至社会的进步。

2014 年李克强总理在夏季达沃斯论坛上公开发出“大众创业，万众创新”的号召。几个月后，“双创”更是被写入了 2015 年政府工作报告予以推动。促进知识产权成果尤其是专利成果的转化，正是“双创”背景下经济发展的新引擎。知识产权成果转化是专门的商业活动，需要具备有丰富的经营管理和市场经验，其不是普通意义上的科研管理，因此，需要知识产权服务机构这种专门的机构进行运作管理。数据显示，根据教育部科技发展中心 2017 年 3 月公布的中国高校有效发明专利榜，截至 2016 年年底，在榜单前 50 名的高校拥有有效发明专利总量就有 116156 件。排在前 5 名的高校分别为：清华大学 8002 件、浙江大学 7764 件、哈尔滨工业大学 5007 件、东南大学 4665 件、上海交通大学 4494 件。虽然高校的高价值专利转移转化取得了很大的进步，但相比较高校庞大的发明专利数量而言，目前高校的科研成果转化率还是比较低。许多高价值的专利成果，特别是有效的发明专利，未能顺利实现转移转化。平台欠缺、转移转化渠道不畅、机制死板、资金受限、科研与产业对接不到位等原因固然是导致此种局面的原因，但是知识产权服务机构的介入不主动、不深入亦为不可忽视的重要原因。想要化解当前局面，需要专业化、市场化的从业机构积极参与到成果转化中，而非被动地等待权利人提出相应的请求。激励机制欠缺是从业机构不主动的一个重要因素。按照目前国内业界的通常做法，从业机构促成成果转化基本上是“计件收费”，即不论最终促成成果转化能够为双方带来多少利益，从业机构的收费是固定的，虽然通过合同等约定相应的报酬，但是与成果转化双方所能够取得的利益相比较，可谓微不足道。一方面与意识有关，即普遍认为成果转化成功是为知识产权人的功劳，至于从业机构只是发挥了极少的作用。我们无意否定知识产权人所付出的创造性劳动，但是亦不容抹杀从业机构从中做出的努力。正如上文所述，知识产权成果转化具有专业性、市场性，需要具有丰富市场运作经验的机构来做完成。一般情况下，知识产权人精于技术攻关，但是对于成果转化一无所知，因此才会导致质量高的专利无人问津、无法转化的结果。另一方面，与制度有关。迄今为止，尚未设立针对知识产权服务机构的成果转化提成制度。现行《促进科技成果转化法》《专利法》中规定了职务发明创造的发明人有权获得奖励、报酬等，但是对于知识产权服务机构能否获得相应的报酬、提成等未有涉及。

鉴于在知识产权成果转化中的重要作用，建议设立针专门的知识产权服务机构成果转化提成制度。具体而言，除了知识产权服务机构与权利人等约定的报酬之外，对于最终促成成果转化的，视转化的标的额为知识产权服务机构提取一定比例的抽成。例如，可以设立不同的标的额界点：100万元以下、100万~500万元、500万~1000万元、1000万~1亿元、1亿元以上，不同的界点设立不同的提成比例。

（3）设立税收减免机制

如果说上述两种方式是以“创收”“开源”的方式构建知识产权服务激励体系，则税收减免机制即以“节流”的方式构建。对营改增试点纳税人提供技术转让、技术开发和与之相关的技术咨询、技术服务免征增值税。对入驻国家技术转移郑州中心的技术转移服务机构给予一定运行经费补助，并在办公用房和租金上予以优惠。

2. 非市场化激励体系建设——服务平台建设

正是因为缺少平台，并不知道现在市场上缺少什么样的专利，如果继续在实验室做研究，研究出来的成果也只是在评职称时多了一个砝码。

调研，到企业中去调研，发现企业的需求，这样的调研虽然辛苦，但有一定的针对性。“如果能有一个平台，让企业表达自己的诉求，我也不会这么辛苦地一家家去调研。”

建设这样一个平台，买方提出买的要求，卖方提出卖的要求，在平台上可以做专利价值的评估。“比如说买方提出三个关键词，卖方有三到五个关键词，两方的关键词如果匹配度高，就可以进一步谈合作事宜。”刘铁生说。不过，建设这样的平台前期所需的成本巨大，还需要有国家相关政策的支持。

想要在品牌经济与知识产权之间构建良性的互动关系，需要充分发挥知识产权的作用。问题的焦点在于，虽然我们创建的制度已经居于先进水平，但是，实践中却未能充分发挥应有的作用。究其根源在于，没有运用合理的方式。鉴于此，知识产权，尤其是专利促进品牌经济的发展，需要建立、完善一系列的机制、机构、平台。

现今科学技术更新换代十分迅猛，因此，技术的实效性即突显其重要性。同时，对技术的保护速度也提出了更高的要求。技术研发的速度即使再快，如果保护的手段、时间不能够跟上，则新技术的作用不可能充分发挥出来。为适应此种需求，应当为企业保护自身技术提供更为简便、快捷的路径。鉴于此，河南省知产局积极探索建立全省统一的知识产权公共服务平台，为全省企业提供更全面、更便捷的知识产权服务是十分必要的。并且，无纸化、数字化管理是现代发展趋势，应当建设高标准的知识产权数字化平台。依托网络打造集指导服务功能于一体的高效知识产权数字化系统，逐步实现知识产权档案数据化、行政指导常态化和知识产权管理规范化，实现知识产权管理系统信息平台、知识产权服务平台、行政指导平台和知识产权监管平台的有机统一。该平台的建成将为企业提供专利信息服务，实现“以专利带动创新，以专利带动市场”来增强河南省企业的技术创新能力。例如，杭州万向集团就成功地利用知识产权数字化平台为企业避免了巨大的损失。万向集团有一家下属企业，在引进法国一家知名企业的磁性密封圈 3 项专利技术时，集团的专利工作者通过检索国、内外有关这 3 项专利的法律状态，发现这家法国知名企业把未在我国缴纳专利年费而终止的 2 项专利也准备转让给万向的下属企业，由于其及时指出，避免了企业的利益受到损失。

在调研过程中发现，虽然诸多城市、地区建立了自己的知识产权数字化平台，但是，普遍存在的问题是名不副实、不能发挥预想的作用，最终沦为摆设。平台更多的是发挥了内容公开、内容介绍的功能。通过表格我们不难发现，凡是知识产权数字化平台建设得实用性强、内容全面的省份，一般是经济比较发达、品牌知名度较高、知识产权保护相对完善的省份。因此，知识产权对品牌经济的促进作用不言而喻。对此，我省应当注意吸取成功省份的经验，将我省的知识产权数字化平台逐步完善。总览中国大陆31个省份知识产权局网站建设情况，不难发现，有些省份的网站建设大同小异，不外乎新闻动态、政策法规、政务公开等类似内容，没有真正发挥出应有的作用。缺乏对知识产权信息检索分析、数据加工、文献翻译、数据库建设、软件开发、系统集成等信息服务的提供，而这些内容恰恰是其所需要的。

第四节　人才体系

深入实施知识产权强国战略，河南省建设支撑型知识产权强省亟须专业性强、综合性高的知识产权人才。尤其是经济新常态下，郑州航空港经济综合实验区、中国（河南）自由贸易试验区、郑洛新国家自主创新示范区以及中原城市群“三区一群”国家战略叠加落地，河南省更是对知识产权专业人才提出更高层次的要求。

（一）河南省知识产权人才培养现状

河南省目前已有中原工学院、郑州大学、河南师范大学、河南财经政法大学等高校成立了知识产权学院。知识产权人才培养主要集中在本科阶段，已有河南财经政法大学、河南师范大学、安阳工学院、中原工学院、河南科技大学、郑州成功财经学院和河南师范大学新联学院等七所高校设有知识产权本科专业。其中河南财经政法大学最早在2012年开始招生，其他几所高校的招生相继开始于2013年和2014年。每年全省知识产权本科专业招生不足400人，已毕业知识产权专业本科生仅230多人。在博士研究生层面，只有郑州大学法学院/知识产权学院民商法学博士点培养竞争法方向的法学博士，尚未培养知识产权或知识产权法博士研究生。在硕士研究生层次，全省仅郑州大学法学院/知识产权学院、河南大学法学院、河南财经政法大学民商经济法学院和河南师范大学法学院/知识产权学院在民商法学科培养少数“知识产权法”方向的学术型研究生及法律硕士研究生。截止目前，已培养知识产权法方向的硕士研究生不足百人。中原工学院法学院/知识产权学院自2006年起在科技哲学学科招收“科技创新与知识产权”方向硕士研究生，目前已培养50多名知识产权方向的硕士层次人才。2016年起，该校开始招收知识产权管理二级学科硕士研究生，2017年起在MBA专业硕士点招收知识产权管理专业硕士（IPMBA）研究生。河南财经政法大学在技术经济及管理（120204）学科招收知识产权经济与知识产权战略方向硕士研究生，目前已培养知识产权管理方面的硕士研究生10多名。此外，我省的河南牧业经济学院还培养两届100多名专科层次的知识产权人才。郑州大学、中原工学院等高校的知识产权培训基地近年来开展了知识产权远程教育和部分短期培训班，培训了一定数量的知识产权非学历教育人才。

（二）河南省知识产权人才培养目标

知识产权人才培养的动因在于市场需求，因此最主要、最直接的目标便是培养市场急需的各类知识产权人才，但知识产权人才培养目标设定不应仅关注市场需求，还应以人才的再学习能力和可持续发展为本。人才培养是个系统工程，知识产权人才培养由于其知识结构的多元化、复合性要求更具复杂性，难度更高，我省应如何科学合理地设计知识产权人才培养方案，是个重大问题。因此，恰河南省知识产权人才培养起步之机，对知识产权人才培养目标进行系统设计，具有重要的理论和现实意义。具体应遵循以下原则：

1. 短期目标与长期目标相结合原则

短期目标注重效率原则，是我省各高校根据自身条件和情况，整合教育资源，设计最为快速可行的方案进行知识产权人才培养，在较短时间内为社会输送知识产权人才。就长期目标而言，首先是从人才培养质量上把关。社会急需知识产权人才，但只有优秀人才方能促进、引导知识产权事业健康发展。如双学位模式，在课程设置上力求法学知识的系统化，目的是让学生对法学学科有系统认知，培养学生习得法律思维和理解法治精神，提高再学习能力，保证人才的可持续发展，知识产权人才培养不能顾短期效益而失长远利益。其次是遵循循序渐进的规律。从现阶段本科、硕士、职业培训模式入手，但作为远景规划，在条件成熟时可以试办知识产权本科专业进行专门培养，同时尽力实现知识产权法或知识产权管理方向的博士层面人才培养。根据知识产权培养类别，长期目标不仅要继续培养大量实务人才，还应逐步向高学历、综合素质和能力强的理论型或理论与实务并重的知识产权人才过渡。

坚持短期目标与长期目标相结合原则，就是既要注重人才培养的效率，又要兼顾人才培养的质量；既要满足社会对人才的现实需要，又不能忽略人才成长的客观规律；在充分了解和掌握社会现实需要、我省自身条件的基础上，循序渐进、科学合理地制定知识产权人才培养目标。

2. 人才培养目标与文化培育目标相结合原则

知识产权文化培育也是知识产权人才培养长期目标的应有之义，因为缺乏知识产权文化，人们知识产权权利意识、保护意识不提高，将制约知识产权整体事业发展，无法实现战略目标。知识产权专门人才培养与文化培育相得益彰，我省可以知识产权公共课形式提高大学师生知识产权文化和意识，也可由大学生以公益宣传形式提高社会公众文化意识，体现高校文化传承的功能。另值得一提的是，中小学知识产权教育及社会各群体的知识产权特殊需求也应在条件成熟时得以实现。我省高校学生亦可在教师指导下通过三下乡活动、团日活动、支教活动等发挥其独特作用。高校支持下的知识产权文化培育可以大大提高社会大众知识产权文化意识，为我省知识产权战略实现打下坚实基础。

3. 人才培养目标结构化、分层次、分类别原则

作为完善的知识产权人才培养体系，应包括高级、中级、一般或者理论、实务等不同层次、不同类别的人才构成。陈美章教授在论证知识产权人才培养层次结构问题时曾提道：“中国已建立了从知识产权本科生、双

学士学位、硕士学位、博士学位、博士后研究等人才培养层次的结构体系。这个体系，按一般规律应是金字塔形的。”河南省高层次知识产权人才培养目标亦应遵循这一规律。就目前情况，应以一般层次的知识产权实务人才为主，双学位培养模式便是体现。硕士层面的人才培养次之，博士层面人才培养面临一定困难，可通过与发达省市的合作进行。此外，我省还应重视面向所有本科生、研究生的知识产权通识教育，正如张玉敏教授所言：“人才是具有继续学习能力的”，接受知识产权普及教育的高校学生，完全有机会在工作以后通过继续学习成为优秀的知识产权人才，如此则可扩大金字塔塔基，使不同学科、不同层次、不同行业人群在接受知识产权教育的基础上成为潜在的知识产权人才，以弥补目前专门人才培养的不足。针对许多民众知识产权意识比较淡薄、现实中知识产权侵权较为严重的情况，应重点培养实务能力较强的知识产权行政执法人员和专门的知识产权执业者，这些人才不仅应精通知识产权专业知识，更懂得法律知识，以实现严格、规范的执法和更好地为当事人维权，在打击知识产权侵权的同时，提升民众保护知识产权意识。

（三）河南省知识产权人才培养存在的问题

从整体上讲，河南省高校知识产权人才培养存在的主要问题可以概括为专业化不足与综合性不强。因此，所培养的知识产权人才数量、质量都难以满足实际需要。具体而言，主要存在以下四个方面的问题：

1. 培养模式滞后

对既有办学模式进行调研，结果显示：目前河南省在知识产权人才培养模式主要是通用型法律人才培养，即法学本科或研究生在法学教育中学习知识产权法这门必修课，在实际工作中依赖机遇和兴趣逐渐转变为知识产权人才。这种方式缺乏针对性，从质与量上均不能满足现实需要。

首先，培养的学生与社会需求严重脱节。学生所学专业不仅没有为其就业提供砝码，反而因办学模式的局限性而不能从事其所学专业。最为直接、最为明显的例证即全国专利代理人的报考。依照正常的理解，学习知识产权法的学生是最为适合、也是最为具备报考商标代理人、专利代理人资格的。自2003年2月27日国务院取消“商标代理组织审批”和“商标代理人资格核准”两项行政审批之后，国家工商行政管理总局商标局就不再举办“全国商标代理人资格考试”，据此，目前只剩余一项专业资格考试能够与学生的专业相契合。全国专利代理人资格考试报名条件是拥护中华人民共和国宪法，并且具备下列条件的中国公民，可以报名参加全国专利代理人资格考试：第一，18周岁以上，具有完全民事行为能力；第二，高等院校理工科专业毕业或者具有同等学力；第三熟悉专利法和有关的法律知识；第四，从事过两年以上科学技术工作或者法律工作。高等院校理工科专业毕业是指取得国家承认的理工科大专以上学历，并获得毕业文凭或者学位证书。而法律（包括知识产权法）等专业由于不属于理工科专业，因此，不符合报名条件中的学历要求。据此，知识产权法专业毕业的学生根本没有参加考试的资格。

其次，无法真正实现跨学科。知识产权人才应具有复合型知识结构，知识产权客体范围广泛，既包括传统的专利、商标、著作权，又包括计算机软件、植物新品种、集成电路布图设计、域名、商品化权、商誉、非物质文化遗产等，因此应具备多学科知识，如法律、科技、管理、经济、文化知识等。这种多学科知识的有机复合必须依赖科学合理的培养模式，需要进行专门的有针对性的人才培养方案设计。按单一的法学教育或管理学教育的目标、模式、课程结构等设置知识产权人才培养机制，这在某种程度上制约了不同学科之间在知识产权教学领域的交叉融合。特别时在高校人才培养目标设计上，由于并未看清我省现在特别需要有经验的知识产权工程师、专利管理工程师、知识产权执业者、知识产权战略管理者等，而并非研究知识产权的一般法律、管理人才，以致过于强调理论知识，而忽视了学生实践能力和动手能力的培养。

2. 师资相对匮乏

知识产权所具有的跨学科特质，以及知识产权强省战略对人才的动态需求皆对师资提出较高要求。据此，单纯依靠某一学科和专业的师资并不能满足复合型人才的培养需求，需要协同校内外不同学科、不同专业的师资以及相关政府部门和产业机构具有丰富实践经验的专家学者。而我省专业性的知识产权师资力量匮乏，主要是依赖法学专业的教师讲授知识产权，教师普遍具有较为扎实的法学理论功底而缺乏知识产权管理、运营等方面的实战经验，因此在授课过程中大多偏重于法理教育而缺少实务技能培育。

3. 课程设置欠合理

目前各高校知识产权课程的设置欠缺合理性。很多高校知识产权相关的课程设置中缺乏最基本的理工科知识课程，绝大部分课程都是讲授知识产权法学方面的知识，使得学生难以将所学习的知识产权法学知识真正应用到实际中。因为凡是涉及知识产权的实务一般皆涉及理工科的知识，需要具有一定的理工科知识背景。而单纯的掌握知识产权法学理论很难处理相关实务，造成学无用武之地的后果。

4. 培养方式单一

我省知识产权的人才培养主要局限于专业性的学历教育，忽视了非学历教育。大多数知识产权的人才培养往往局限于大学、研究所等科研机构。而现实要求是行政部门、司法部门、执法部门以及企业等工作人员同样需要接受知识产权的实务培训。

（四）河南省知识产权人才培养的模式构建

知识产人才的培养有赖于合理的培养模式的构建。针对河南省高校知识产权人才培养存在的主要问题，建议学校与单位无缝对接、学历教育与非学历教育相互补充，从而达到加强对知识产权人才培养的目的。

1. 学校是培养知识产权专业人才的基础基地

社会对知识产权人才的渴求与目前省内这类人才的供给的巨大差距势必影响到整个地区的经济发展。而高校正是高素质专业人才培养的基地。因此，加快培养知识产权人才，高校责无旁贷。现代大学是高素质知识产权人才的主要来源，已经成为现代的知识产权库。胡东成认为：“要大规模培养知识产权专业人才，知识产权教育不能停留在普法阶段，要抓紧培养急需的中、高级人才。”在知识产权强国的美国，其知识产权专业教育以各大学内设立的法学院为主。全美由美国执业者协会认可的 183 所法学院中，都可提供正式的知识产权教育，形成适应知识产权人才多元化需求的培养机制知识产权重要性的日益提高呼唤大批的知识产权人才，尤其是高层次知识产权人才。依据当前的时代特点和我省知识产权人才现状，结合知识产权人才所需的素质结构，同时借鉴国外培养知识产权人才的先进经验，为我省知识产权人才的培养工作指明了方向。要解决我省知识产权人才供求矛盾，突破知识产权人才不足对知识产权发展限制的瓶颈，就必须改善我省知识产权人才培养途径，从适应知识产权人才多元化需求出发，完善我省的知识产权人才培养机制。

2. 单位培养是知识产权专业人才培养的重要促进

知识产权人才的培养是单位做好知识产权工作的保障，进一步重视知识产权人才的培养和人员培训，将对单位的发展起到非常重要的作用。单位应有计划地增加对知识产权工作的投入，加快知识产权人才的培养，通过多种办法吸引更多的优秀人才加入知识产权工作者的队伍中，同时注重科研人员的知识产权培训工作。就目前单位的知识产权人才需求来讲，一个现实的办法是从单位内部挑选研发人员，再进行法律和管理等方面的培训，自己培养。

培育人才一定要紧扣单位的人才需求，对单位需要何种人才做到心中有数，有的放矢：一要弄清单位有什么工作要人去做，做到因事用人；二要弄清对人才的结知识产权教育的跨越。实际上，单位对培养知识产权人才的培养方式可以是多种多样的。比如知识产权部门内部可以成立学习型团队，设置共同的奋斗远景，借助于绩效考核、薪酬激励等手段实现内部成员知识结构不断更新和其他能力渐进提升；也可将有潜力的知识产权人才送往高校进修，重新回炉锻造；当单位知识产权部门实力足够强大时，还可成立专门的培训机构，通过单位自身资源来进行；此外，还可以选派专门从事知识产权工作的人员，到专利制度比较健全的国家进行专项培训。

3. 学历教育与非学历教育相互补充

（1）学历教育

学历教育将打破专业限制，面向全校学生开放，分为本科、硕士、博士三个阶段。针对不同的专业体系采用具有针对性的不同的培养方式。

第一，兼修知识产权相关法律。这种方式主要适用于理工科学生。在其掌握所学专业的同时，促使其兼修知识产权尤其是专利相关法律知识。学生不仅能够获得所学专业的学士学位，而且通晓知识产权相关法律制度。

第二，辅修理工科双学位。这种方式主要适合法学专业的学生。引导法学专业的学生通过自考、成教（全日制脱产、非全日制脱产的夜大、函授等)、电大、网络远程教育（部分属于普通高等教育非全日制）等方式取得国家承认的理工科大专以上学历。学生不仅能够获得其主修专业的法学学士学位，而且还能同时取得理工科同等学力。

第三，培养硕士研究生。硕士研究生的培养主要采取“专业+ 强省重点任务+知识产权政策”为特色的研究项目支持培养模式。此种培养模式能够吸引各种专业背景的研究生参与，在项目中提升其理论水平与实践能力。

第四，培养博士研究生。博士研究生采取与协同单位联合培养的方式。基于支持河南省重大需求项目开展人才培养，类似于教育部推行的“国家特殊需求”的专业博士研究生培养。

上述培养方式具有以下四重优势：其一，将学历教育与创新创业、产业发展无缝对接。学生在知识产权产权所学即为我省发展所急需，培养内容的设计紧紧围绕知识产权强省战略与知识产权政策。由于学生在知识产权学院已经参与到相关项目中，在潜移默化中接受了系统的职业训练。因此毕业之后能够满足中原经济区、郑州航空港经济综合实验区、国家粮食核心区和郑洛新国家自主创新示范区相关产业集聚区企业和机构的人才需求。其二，将学历教育与资格考试相结合。尤其是上述对本科生的培养内容中即涵盖了专利代理人考试所需要具备的条件。其三，将专业学习与课外活动相结合。学生能够以所参加的项目为基础设计“挑战杯”全国大学生课外学术科技作品参与竞赛。其四，将日常学习与毕业论文/设计相结合。学生在参与项目的过程中能够发现学术热点、实践难点与自己的兴趣点，通过进行延伸、深入即能够完成毕业论文/设计。

（2）非学历教育

在承担学历教育任务的同时，充分挖掘知识产权学院在专业、师资、协同等方面的优势，发展非学历教育。非学历教育聚焦于系统型的教育和培训，亦即知识产权从业人员的专业培训。主要包括：产业领域内部的专业技术人员的再教育、知识产权职业专业资质的培训。培训主要有三种形式：一是举行大型报告会。通过邀请知识产权专家学者举办大型报告会，让知识产权从业人员了解更多的知识产权知识，增强知识产权意识。二是举办专题培训班。通过举办短期培训班，为知识产权从业人员进行知识产权培训和知识更新。三是利用网络培训。充分利用网络优势，对知识产权从业人员进行专业知识技能培训。

（五）河南省知识产权人才培养的实施路径

河南省上述知识产权人才培养方面存在的问题可以通过创新培养模式与提升培养层次的方式予以解决，具体而言，可以通过以下六个路径实施。

1. 扩大知识产权人才培养规模，合理设置培养层次

据调查显示美国知识产权专门人才有 5 万多人，而中国大学每年向社会输送知识产权人才不足一千人，我省则更少。这远远达不到社会对知识产权人才的需求，因此我省高等学校应该加大知识产权师资队伍的建设，扩大知识产权专业人才的培养规模。另外，有学者指出设置知识产权为本科专业是不科学的，认为该种培养模式在学科定位、培养目标以及专业课程的设置上，都与我国现行的教育体制存在着尖锐的矛盾。参考国外高校在本科专业的设置上，也没有哪一个国家设置了知识产权的本科专业。即使在一些知识产权专门研究教学机构，也只是招收知识产权的硕士和博士

生。因此，我省高校在知识产权人才的培养模式上，应该吸取国外高校的先进经验，招收本科为非法学专业的学生，设立知识产权法律硕士专业，按照知识产权专门法律人才的要求进行培养。

2. 明确培养目标，实现理论型与实务型的分类培养

知识产权人才可以简单分为理论研究型和实务型，不同类型的知识产权人才适应不同的岗位。我们在制订相关培养计划时，应区分这两类不同取向的培养要求，使其各具特色和优势。而且，当务之急是培养实务型人才以满足社会发展的需要，突破企业招聘不到合适的人才，解决知识产权硕士就业不理想的困境。

3. 加强师资培养，组建跨学科教学团队

当前，知识产权国际化程度越来越高，为了使知识产权的教学与研究能够与国际接轨，达到领先水平，我省应该高度重视搭建学术交流平台，促进专业教师的学术交流，以及在最快时间内组建一支强大的教师队伍。目前，我省高校的实际情况是知识产权师资力量不足，这显然不利于知识产权人才的培养，因此建议各高校应当把知识产权师资建设当作头等大事来抓。多学科背景知识产权师资的缺乏，是现阶段制约知识产权人才培养质量的重要因素。我省高校应当积极引进和培养一批具有跨学科背景的高素质教学人才，将精通经济学、法学、科技管理学等知识的复合型人才整合到知识产权教师队伍中来。同时可以借鉴美国经验，聘请政府知识产权管理部门、代理机构等有丰富实践经验的人员承担教学任务，组建一支专职教师和兼职教师各有所长、密切配合的教学团队。

4. 明确定位知识产权专业

目前，我省高校将知识产权教育放在法学院组织进行，这样不利于教学的组织管理，影响学生对知识产权各个角度的整体掌握性。为了更好地培养知识产权人才，更好地实施知识产权战略，必须将知识产权教育独立出来，才能促进其学科的发展，所以有条件的高校应该尽可能开设知识产权系以便组织知识产权的教学。该学科建设之初，要将高校内多学科的学者组织起来进行教育合作，循序渐进，逐步找到适合该学科不断发展和完善的道路。知识产权人才应该是一种复合型人才，因此要把知识产权学科作为交叉学科来建设。理想的知识产权人才应该具有一定的理工科学习背景和扎实的法律基础知识，并掌握一定的管理学和经济学理论知识。

5. 设置合理的知识产权教育课程

我省高校应该针对社会需求，根据不同知识产权人才培养层次来制定教学课程。就知识产权博士生和博士后的教育而言，课程设计应当以知识产权的前沿性问题研究为主，具体可包括知识产权哲学研究、知识产权基础理论研究、知识产权具体制度研究、知识产权国际保护研究、知识产权战略研究等。对于硕士生教育而言，应当以理论知识为主，具体可分为三类：第一类是外语、哲学等公共课；第二类是民法学、民事诉讼法、物权法法、法理学等法学课程；第三类是知识产权总论、著作权研究、专利权研究、商标权研究、知识产权的国际保护、知识产权管理等专门课程。针对第二学士学位的教育而言，课程设置应当包括法学核心课程及知识产权类的专门课程。

6. 培养学生的实践能力

根据当前各高校只重视知识产权理论教育而忽视实践的情况，今后各高校应该根据社会的需要，采取多种形式加强对学生实践能力的培养，培养更多的务实型知识产权人才。例如，学校可以组织学生在政府管理部门、法院、检察院、知识产权服务机构等部门实习，高校与公司联合培养知识产权人才，公司定期派资深的工作人员给同学授课、做讲座，将其务实的工作经验及工作中经常遇到的问题等传授给学生，从而使学生少走弯路，对于学生毕业后能够更快地走向岗位大有好处。只有为同学提供更多的锻炼机会，才能为社会输送更多真正适合社会需要的知识产权人才。

张　洋

第六章　河南省引领型知识产权强省建设的政策环境

2015年10月21日，国家知识产权局印发《加快推进知识产权强省建设工作方案（试行）》，河南省获批建设支撑型知识产权强省，并计划在2020年进入强省建设第二阶段——建设引领型知识产权强省。河南省知识产权强省建设由支撑型向引领型转变的过程，是河南省知识产权服务业成长壮大的过程，其中政策环境是起到决定性作用的因素之一，如何进一步明确河南省知识产权服务业发展需求，优化知识产权政策供给，有力支撑知识产权服务业乃至全省知识产权事业长期快速健康发展是一个重要命题。

知识产权政策属于公共政策的范畴，其表现形式多种多样，在此我们关注的是河南省、市政府和相关省直部门出台的知识产权政策，以及其他公共政策中涉及知识产权政策方面的内容。提出优化建设引领型知识产权强省政策环境建议的主要思路是：首先明确优秀政策环境的标准，以及引领型知识产权强省建设的政策环境特征，接下来通过分析河南省知识产权服务业政策的现状和政策主要参与者的需求，找出存在的问题以及问题出现的原因，将标准、现状、问题和原因综合梳理，得出建议。

第一节　知识产权强省的政策环境

知识产权强省的政策环境是强省建设的客观行政条件的集中展现。本文通过建立一个较为系统的评价模型，来解释说明政策环境的内涵，并选择了全国七个有代表性省区的政策环境进行评分对比，以期对知识产权强国建设中的政策环境有一个较为全面的认识。

（一）评价模型的建立

政策一般是指国家政权机关、政党组织和其他社会政治集团为了实现自己所代表的阶级、阶层的利益与意志，以权威形式标准化地规定在一定的历史时期内，应该达到的奋斗目标、遵循的行动原则、完成的明确任务、实行的工作方式、采取的一般和具体措施。政策本身具有制定的针对性，政策内容的全面性，上下政策的体系性，政策实施的有效性等特征。

根据对国家知识产权强省相关政策内容的梳理，确定了知识产权创造、运用、保护、管理和服务等五个重点方向进行政策评价，设立了创造、运用、保护、管理、服务等五个政策评价一级指标，总体评价按照百分制的原则，分别赋予五个一级指标20分的标准分；在每个一级指标下设立了四个二级指标，分别是政策制定的针对性，政策内容的全面性，上下政策的体系性和政策实施的有效性，分别赋予每个二级指标5分的标准分；三级指标主要是具体评价，根据里克特五级量表相关理论，分非常好、好、一般、差、很差等五个层级打分，最高等次赋予5分的标准分，以下四个层级依次递减1分。最终，根据三级指标评分标准，在基础政策资料库中进行分析评价，在经过加权计算，得出7个省区，知识产权强省建设政策的供给指数。评价模型详见表6-1。

表6-1 知识产权强省建设政策评价模型

一级指标（标准分）	二级指标	三级指标				
创造（20分）	政策制定的针对性（5分）	非常好（5分）	好（4分）	一般（3分）	差（2分）	很差（1分）
	政策内容的全面性（5分）	非常好（5分）	好（4分）	一般（3分）	差（2分）	很差（1分）
	上下政策的体系性（5分）	非常好（5分）	好（4分）	一般（3分）	差（2分）	很差（1分）
	政策实施的有效性（5分）	非常好（5分）	好（4分）	一般（3分）	差（2分）	很差（1分）

续表

一级指标（标准分）	二级指标	三级指标				
运用（20分）	政策制定的针对性（5分）	非常好（5分）	好（4分）	一般（3分）	差（2分）	很差（1分）
	政策内容的全面性（5分）	非常好（5分）	好（4分）	一般（3分）	差（2分）	很差（1分）
	上下政策的体系性（5分）	非常好（5分）	好（4分）	一般（3分）	差（2分）	很差（1分）
	政策实施的有效性（5分）	非常好（5分）	好（4分）	一般（3分）	差（2分）	很差（1分）
保护（20分）	政策制定的针对性（5分）	非常好（5分）	好（4分）	一般（3分）	差（2分）	很差（1分）
	政策内容的全面性（5分）	非常好（5分）	好（4分）	一般（3分）	差（2分）	很差（1分）
	上下政策的体系性（5分）	非常好（5分）	好（4分）	一般（3分）	差（2分）	很差（1分）
	政策实施的有效性（5分）	非常好（5分）	好（4分）	一般（3分）	差（2分）	很差（1分）
管理（20分）	政策制定的针对性（5分）	非常好（5分）	好（4分）	一般（3分）	差（2分）	很差（1分）
	政策内容的全面性（5分）	非常好（5分）	好（4分）	一般（3分）	差（2分）	很差（1分）
	上下政策的体系性（5分）	非常好（5分）	好（4分）	一般（3分）	差（2分）	很差（1分）
	政策实施的有效性（5分）	非常好（5分）	好（4分）	一般（3分）	差（2分）	很差（1分）
服务（20分）	政策制定的针对性（5分）	非常好（5分）	好（4分）	一般（3分）	差（2分）	很差（1分）
	政策内容的全面性（5分）	非常好（5分）	好（4分）	一般（3分）	差（2分）	很差（1分）
	上下政策的体系性（5分）	非常好（5分）	好（4分）	一般（3分）	差（2分）	很差（1分）
	政策实施的有效性（5分）	非常好（5分）	好（4分）	一般（3分）	差（2分）	很差（1分）

由表 6-1 不难看出，知识产权政策环境的营造主要体现在知识产权的创造、运用、保护、管理和服务等五个方面。

（二）样本的选择

省级层面，按照知识产权事业的发展水平选择了 7 个省区开展了研究检索。在地市级层面，主要针对了 7 各省区的省会进行了资料收集和研究。通过对以上样本地只是产权政策环境的评价，可以对河南省知识产权服务业政策环境的情况有一个较为客观的认识。详见表 6-2

表 6-2　7 个省区和省会城市名单

序　号	省　区	省　会
1	黑龙江	哈尔滨
2	江　苏	南　京
3	河　南	郑　州
4	广　东	广　州
5	四　川	成　都
6	甘　肃	兰　州
7	广　西	南　宁

（三）评价方法

各省级行政区知识产权政策供给指数首先按照百分制评价，五个一级指标分别是：创造、运用、保护、管理、服务，每项标准分 20 分；在每个一级指标下，二级指标均为：政策制定的针对性、政策内容的全面性、上下政策的体系性、政策实施的有效性，每项标准分 5 分。各二级指标中第一、三项大体相同，二、四项在基本标准不变的前提下，内容有所区别。以下分别对四个二级指标做出说明。指标体系详见表 6-3。

表 6-3　评价模型二级指标测度方法

一级指标	二级指标	测度方法
创造（20分）	政策制定的针对性（5分）	满足一项得1分。1. 有专门强省政策 2. 有针对创造的专项政策 3. 有对地市的创造工作的具体要求 4. 有明确的工作目标值 5. 有特色政策。
	政策内容的全面性（5分）	确定10个关键词有2个计1分，多一个加1分，计满5分为止。关键词：激励、专利质量、注册机制、职务发明、海外布局、附加值、国际影响、科技评价、收益分配、当然许可。
	上下政策的体系性（5分）	满足一项得1分。1. 省级响应国家政策 2. 省级政策对地市有要求 3. 地市对省级有响应 4. 省级对地市有具体数值要求 5. 地市有具体措施。
	政策实施的有效性（5分）	16年月均发明专利申请量与15年进行对比，对7个省的增长率进行排名。前2名得5分，3~6名分别得4、3、2、1分，第7名0分。
运用（20分）	政策制定的针对性（5分）	满足一项得1分。1. 有专门强省政策 2. 有针对运用的专项政策 3. 有对地市运用工作的具体要求 4. 有明确的工作目标值 5. 有特色政策。
	政策内容的全面性（5分）	确定10个关键词有2个计1分，多一个加1分，计满5分为止。关键词：知识产权交易平台、专利审查高速公路、密集型产业、知识产权附加值、知识产权国际影响力、知识产权信息开放、国际（海外）品牌、技术转化、海外股权投资、质押融资。
	上下政策的体系性（5分）	满足一项得1分。1. 省级响应国家政策 2. 省级政策对地市有要求 3. 地市对省级有响应 4. 省级对地市有具体数值要求 5. 地市有具体措施。
	政策实施的有效性（5分）	15年省登记技术合同交易总额，对7个省的增长率进行排名。前2名得5分，3~6名分别得4、3、2、1分，第7名0分。
保护（20分）	政策制定的针对性（5分）	满足一项得1分。1. 有专门强省政策 2. 有针对保护的专项政策 3. 有对地市的保护工作的具体要求 4. 有明确的工作目标值 5. 有特色政策。
	政策内容的全面性（5分）	确定10个关键词有2个计1分，多一个加1分，计满5分为止。关键词：知识产权法院、标准研制、专利布局、行政执法、海外专利、保护联盟、预警、风险防控、专利维权、维权援助。
	上下政策的体系性（5分）	满足一项得1分。1. 省级响应国家政策 2. 省级政策对地市有要求 3. 地市对省级有响应 4. 省级对地市有具体数值要求 5. 地市有具体措施。
	政策实施的有效性（5分）	15年省受理知识产权案件总数量进行对比，对7个省的案件总数进行排名。前2名得5分，3~6名分别得4、3、2、1分，第7名0分。

续表

一级指标	二级指标	测度方法
管理（20分）	政策制定的针对性（5分）	满足一项得1分。1. 有专门强省政策 2. 有针对管理的专项政策 3. 有对地市管理工作的具体要求 4. 有明确的工作目标值 5. 有特色政策。
	政策内容的全面性（5分）	确定10个关键词有2个计1分，多一个加1分，计满5分为止。关键词：知识产权管理体制、知识产权综合管理改革、确权审查、知识产权社会组织、一业多会、知识产权评议、知识产权目标评估、创新驱动发展评价、领导干部综合考核、知识产权奖励。
	上下政策的体系性（5分）	满足一项得1分。1. 省级响应国家政策 2. 省级政策对地市有要求 3. 地市对省级有响应 4. 省级对地市有具体数值要求 5. 地市有具体措施。
	政策实施的有效性（5分）	16年省专利代理人总数量，对7个省的总数量进行排名。前2名得5分，3~6名分别得4、3、2、1分，第7名0分。
服务（20分）	政策制定的针对性（5分）	满足一项得1分。1. 有专门强省政策 2. 有针对创造的专项政策 3. 有对地市的创造工作的具体要求 4. 有明确的工作目标值 5. 有特色政策。
	政策内容的全面性（5分）	确定10个关键词有2个计1分，多一个加1分，计满5分为止。关键词：知识产权服务、服务平台、服务业集聚、知识产权代理、知识产权法律、知识产权信息、知识产权商用、知识产权咨询、知识产权培训、知识产权市场。
	上下政策的体系性（5分）	满足一项得1分。1. 省级响应国家政策 2. 省级政策对地市有要求 3. 地市对省级有响应 4. 省级对地市有具体数值要求 5. 地市有具体措施。
	政策实施的有效性（5分）	16年省知识产权服务机构数量增长速度，对7个省的增长率进行排名。前2名得5分，3~6名分别得4、3、2、1分，第7名0分。

1. “政策制定的针对性”指标

是一个通用指标，各二级指标下对应的三级指标名称一样，评价方法也一样。五个打分项分别是：①有专门强省政策；②有针对“创造”的专项政策；③有对地市的“创造”工作的具体要求；④有明确的工作目标值；⑤有特色政策。某省级行政区满足一项得1分。

“有专门强省政策”是指该省级行政区是否制定有自己的知识产权强省政策；“有针对创造的专项政策”是指该省级行政区是否制定有自己的知识产权创造专项政策或在大政策中专门提出系列知识产权创造相关政

策；“有对地市创造工作的具体要求”是指该省级行政区的知识产权政策中是否对地市级行政区知识创造工作的发展目标等提出具体数值要求或状态描述；“有明确的工作目标值”是指该省级行政区有没有提出具体的与知识产权创造相关的强省建设目标值；“有特色政策”是指该省级行政区有没有提出结合本地实际的知识强省建设内容。

2. “政策内容的全面性”指标

是一个差异性指标，各二级标题下对应的三级指标的具体内容均有所区别。评价一个省级行政区知识产权政策是否全面的目的，是要看其强省建设目标是否和国家政策一致、理念高度吻合、思路精确统一。五个一级指标分别引领五项不同的知识产权政策内容，在差异性的前提下，在对应的三级指标中，分别确定 10 个关键词。某一省级行政区的政策中有 2 个计 1 分，多一个加 1 分，计满 5 分为止。关键词的选择以通用、通识且具有一定的知识产权专业辨识度为原则。

根据国家层面的知识产权强省建设相关政策内容，分别在五个一级指标对应的内容中选择确定了关键词。知识产权创造政策对应的关键词是：激励、专利质量、注册机制、职务发明、海外布局、附加值、国际影响、科技评价、收益分配、当然许可；知识产权运用政策对应的关键词是：知识产权交易平台、专利审查高速公路、密集型产业、知识产权附加值、知识产权国际影响力、知识产权信息开放、国际（海外）品牌、技术转化、海外股权投资、质押融资；知识产权保护政策对应的关键词是：知识产权法院、标准研制、专利布局、行政执法、海外专利、保护联盟、预警、风险防控、专利维权、维权援助；知识产权管理政策内容对应的关键词是：知识产权管理体制、知识产权综合管理改革、确权审查、知识产权社会组织、一业多会、知识产权评议、知识产权目标评估、创新驱动发展评价、领导干部综合考核、知识产权奖励；知识产权服务政策对应的关键词是：知识产权服务、服务平台、服务业集聚、知识产权代理、知识产权法律、知识产权信息、知识产权商用、知识产权咨询、知识产权培训、知识产权市场。

3. “上下政策的体系性”指标

这是一个通用指标，各二级指标下对应的三级指标名称一样，评价方法也一样。在全国知识产权事业发展中，国家、省、市政策体系性强，是知识产权供给水准高低的重要体现。其三级指标有：①省级响应国家政策；②省级政策对地市有要求；③地市对省级有响应；④省级对地市有具体数值要求；⑤地市有具体措施。某省级行政区满足一项得 1 分。

“省级响应国家政策”是指省级行政区在国家提出知识产权强省战略后，是否及时、准确的制定了本地区的相关政策；“省级政策对地市有要求”是指省级行这个区是否对下一级行政区的知识产权事业提出了具体的发展要求；“地市对省级有响应”地市级行政区在上一级政府提出知识产权强省战略后，是否及时、准确的制定了本地区的相关政策；“省级对地市有具体数值要求”是指省一级政府或知识产权管理部门是否对地市的知识产权工作目标又具体数值要求或详细的状态描述；“地市有具体措施”是指地市针对国家或省对自身知识产权工作的要求，有没有制定专门的政策措施来推进落实相关工作。

4. “政策实施的有效性”指标

囿于研究时间，研究力量有限，在创造、运用、保护、管理、服务等五个一级指标对应的政策实施有效性板块下的三级指标中，分别选择了一个有代表性的指标进行了测量和对比，其结果有较强的参考价值，但也存在一定的局限性。

在这些指标中均会对 7 个省区的相关目标值进行排名，前 2 名得 5 分，3~6 名分别得 4、3、2、1 分，第 7 名 0 分。在创造指标中，确定了 16 年 1~9 月，月均发明专利申请量与 15 年的进行对比；在运用指标中，确定了 15 年省登记技术合同交易总额与 14 年的进行对比；在保护指标中，确定了 15 年省受理知识产权案件总数量与 14 年的进行对比；在管理指标中，确定了截至 16 年省专利代理人总数进行对比；在服务指标中，确定了 16 年省知识产权服务机构数量进行对比。各项指标中涉及 16 年的数据项中，没有明示时间的均以 2016 年 8 月 31 日为截止日期。

（四）评价结果

在确定了评价模型和计分方法后，结合网络调研收集到的信息，进行打分。

1. 指数分换算公式

在模型中创造、运用、保护、管理、服务等五个方面分别按照20分满分打分，得出原始分；接下来，根据这五项工作在知识产权事业中重要性的差别，在百分制的前提下，分别赋予25、30、20、10、15的权重得分；最后，根据公式分别计算出单项指数得分并求和，计算出各省知识产权强省政策保障指数。

计算公式：原始分的计算和指数分的计算均在百分制的设定下展开，所以某省知识产权在创造、运用、保护、管理、服务等五个方面的某一项上的指数分，等于该项权重除以20，再乘以该项原始分。假设某省知识产权强省政策在创造、运用、保护、管理、服务等五个方面的原始得分分别为X_1、X_2、X_3、X_4、X_5；假设某省在以上五项中对应的指数得分分别为Y_1、Y_2、Y_3、Y_4、Y_5。具体换算公式见表6-4。

表6-4 知识产权强省建设政策保障指数分换算公式表

计分种类	指标	创造	运用	保护	管理	服务
原始分	各项满分	20	20	20	20	20
	假 设	X_1	X_2	X_3	X_4	X_5
指数分	各项权重	25	30	20	10	15
	假 设	Y_1	Y_2	Y_3	Y_4	Y_5
	得分计算公式	$Y_1=\frac{5}{4}X_1$	$Y_2=\frac{3}{2}X_2$	$Y_3=X_3$	$Y_4=\frac{1}{2}X_4$	$Y_5=\frac{3}{4}X_5$

2. 7省区知识产权强省建设政策保障评价结果

经过网络调研、文献分析、模型建造和计分评价，最终得出7省区知识产权强省建设政策保障指数，其中江苏以74.5分排名第一，广东、四川、河南、黑龙江、甘肃分列二到六位，广西名列最后一位。见表6-5。

表 6-5　7 省区知识产权强省建设政策保障指数表

序号	行政区	指数	分值类别	创造	运用	保护	管理	服务
1	江苏	74.5	原始分（x）	14	15	15	15	16
			指数分（y）	17.50	22.50	15	7.5	12
2	广东	65.5	原始分（x）	13	12	14	15	13
			指数分（y）	16.25	18	14	7.50	9.75
3	四川	64.5	原始分（x）	14	14	10	11	14
			指数分（y）	17.50	21	10	5.50	10.50
4	河南	64.25	原始分（x_3）	13	12	14	11	14
			指数分（y）	16.25	18	14	5.50	10.50
5	黑龙江	62.7	原始分（x）	10	15	12	9	15
			指数分（y）	12.50	22.50	12.00	4.50	11.20
6	甘肃	61.25	原始分（x）	11	12	10	13	16
			指数分（y）	13.75	18	10	7.50	12
7	广西	50.25	指数分（x）	11	10	11	6	10
			指数分（y）	13.75	15	11	3	7.50

注：指数得分中，各小项得分保留小数点后两位，各省总分保留小数点后一位。

3. 评价结果分析

（1）7 省区知识产权强省政策保障建设趋势

综合对 7 个省知识产权强省政策保障的评价，可以发现其建设趋势明显呈现以下特征：①政策保障覆盖面越来越全。各省都出台了与国家知识产权政策相对应的地方性政策，且内容涉及范围越来越全面，目标越来越清晰，相关措施越来越具体。②涉及“保护”的政策力度明显增强。7 个省都在对知识产权保护方面提出了相对系统的保障措施，重视对现有保护状态的改善，可以看出，在努力打破现有制度束缚，创新保护方法。③涉及“运用”的政策呈现较强的创新性。各省在利益分配、质押融资、技术转让方面有较多的创新性政策，且对国家政策的跟进比较快。

（2）7 省区知识产权强省政策保障建设的优缺点

在总排名中，江苏位列第一，其在政策制定的针对性，政策内容的全面性，上下政策的体系性和政策实施的实效性等方面均处在领先位置。相比较而言，广东在知识产权运用政策创新方面与江苏有一定的差距，在对发展知识产权服务业的重视程度上还有待加强。四川的短板在知识产权保护和服务政策方面，这两项指标共同反映出四川知识产权事业开放度不够高的现状。河南的各项得分都相对均衡，没有特别的长处和短板，但相较以前，在紧跟国家政策要求方面已经有一定的提升，这与河南由农业大省向制造业大省转型的经济社会大环境有较强关系。黑龙江的政策中，长处与短板都比较明显，在知识产权创造政策保障方面，政策制定有些滞后且全面性不够，在知识产权运用政策方面则相对全面的多，这与该省知识产权事业基础一般，但逐步开始加强该项工作有较大关系。甘肃和广西排名后两位，两个省都属于传统的西部省份，工业基础较差，知识产权事业不够发达，需要进一步加强知识产权政策建设，来有力推进知识产权事业快速发展。

（3）7省区知识产权强省政策保障建设的改进建议

进一步突出分类支持，特色发展的知识产权强省支持政策。我国幅员辽阔，东中西部产业基础差别较大，无法在短时间内实现均衡发展。只要相关省级政府重视本地的知识产权事业且本地区有现实需求，就应该给予相适应的政策和指导，支持其知识产权事业特色化发展。形成强、特均衡发展的局面。

建设覆盖东中西省份的知识产权事业协同发展机制。建议由国家局牵头，组织加强知识产权事业落后地区与发达地区的业务交流，建立并做实行政干部、专业技术人员交流机制，加强东中西业务交流平台建设；进一步发挥审协中心的人才优势，在地方加强知识产权社会服务，带动落后地区知识产权事业实现快速发展。

探索推进各级知识产区局垂直管理的行政体系。进一步在行政体制上为各级知识产权部门松绑，促进知识产权行政部门更加专业化，国家、省、市、县知识产权行政部门联系更加紧密化。

第二节　河南省知识产权服务业政策环境

通过上一部分的统计分析可以看出，河南省知识产权政策保障水平再全国处于中等或中等略微偏上的水平，这和河南省经济社会发展的总体情况基本吻合。下面主要从专利、版权、商标等三个方面梳理河南省知识产权政策供给现状。

（一）专利政策供给现状

从公共政策角度看，地方专利资助政策体现了地方政府对知识产权领域管理的宗旨与目的，形成了政府在私权领域推动科技进步和经济增长的引导机制。因此政府在制定和实施专利资助政策时都以本区域的经济、科技、文化和教育的发展现状为基础，同时也应以未来一定阶段的社会发展需要为愿景，所以不同地区专利资助政策就会有所不同。河南省的专利资助政策正是通过对受资助专利类型、专利申请者、产业领域的选择，利用公共财政有偏重地无偿资助本身专利产出结构中较为薄弱的环节，将本身社会群体使用专利制度的个体行为向符合河南经济利益需求的方向加以引导，在一定程度上起到了调整专利产出结构和优化创新资源配置的杠杆效应。

2002 年，河南开始设立专利申请资助资金。该项政策的目的是，政府试图用财政资助的手段激励本地区企业提高专利申请意识，尤其是提高本地区发明专利拥有量，达到增强本地区知识产权实力的目标。《河南省知识产权战略纲要》提出：到 2020 年，把河南省建设成知识产权制度体系完善、法制保护有力、专业人才充足、创造机制活跃、实施效果明显的知识产权强省。河南省专利费资助政策具有明显的导向性，在资助专利类型中，重点资助发明专利、选择性地资助符合规定的实用新型专利及外观设计专利；在资助条件中，只资助国家和河南省重点发展的高技术领域和支柱产业。这种导向性代表了专利费资助政策未来发展的主流方向。

在河南省专利费资助政策出台以后，各地市包括各县区也纷纷出台了专利费资助政策。根据2009年6月河南省知识产权局对全省专利资助情况的调查，目前全省18个省辖市中除了开封、信阳、周口3个市外，其余15个省辖市均设立了专利申请资助资金，其中郑州、洛阳两市年资助金额均在100万元（含100万元）以上。从县、区一级专利申请资助资金设立情况看，全省共有36个县（区）设立专利申请资助资金，其中新密、长葛两市年资助金额在100万元以上（含100万元）。省、市、县（区）三级专利资助资金的设立，使专利申请者可以得到至少三倍的资助，有力地促进了专利申请量的提高。总之，河南省专利资助政策促进了河南省总专利申请量和授权量的增长，明显改变了河南企业发明专利申请的数量和质量，但河南专利产出结构不合理、发明专利比例偏低的局面并没有明显改观。一方面有科技发展规律自身的因素，另一方面也说明专利资助政策还需要持续实施，并且应在资助对象和范围上有所调整。

（二）版权政策供给现状

版权政策环境的营造中，省版权协会起到的比较重要的作用，近年来，省版权学会采取多种形式宣传普及著作权法律知识，主要采取了以下几项措施。

一是充分利用新闻媒体开展宣传。如省版权学会多次请有关领导在省电视台发表电视讲话，积极为广播电台、电视台、报刊等新闻媒体撰写宣传、介绍著作权保护的稿件，使过去尚未为大多数人熟悉的知识产权重要组成部分的著作权，逐步为人们所了解。

二是与有关单位联合举办座谈会。为使人们进一步认识《著作权法》颁布实施的重要意义，更深入地学习宣传和贯彻落实《著作权法》，省版权学会配合省版权局与省委宣传部、省人大常委会教科文卫工作委员会、省政府法制局、省司法厅、省文化厅、省广电厅、省新闻出版局、省版权局、省知识产权办公会议办公室等单位联合多次举行座谈会，座谈实施《著作权法》的意义和我省贯彻实施《著作权法》取得的成就，研究如何进一步深入宣传普及著作权法律知识，加强著作权保护等问题，《河南日报》《郑州晚报》、省广播电台、省电视台均配合发了专题新闻报道，对提高全省公民的著作权法律意识，推动我省著作权保护工作的开展起到了积极作用。

三是编印内部资料和撰写有关稿件。省版权学会与省版权局共同编印了《河南版权工作》，该资料在宣传普及著作权法律知识，指导全省的著作权管理工作，都发挥了积极作用。此外，还编印了《著作权法规、公约汇编》《涉外版权培训班讲义》《著作权法规文件汇编》《著作权法律知识问答》等宣传册子，分别寄送学会各位理事、会员单位和有关部门，以帮助他们学习著作权法律知识，了解和掌握著作权保护的有关政策法规和信息。

四是开展多种形式的义务咨询活动。除了寓宣传普法于平时接待来访、信访中外，学会还利用会议、书市等机会开展宣传普法活动。利用中原书市在省会郑州举办，学会和省版权局在书市上设立版权咨询处，开展咨询宣传活动，播放了自己制作的专题录像节目和宣传《著作权法》的录像片，散发《著作权法律知识问答》等宣传资料。通过咨询活动，使广大群众受到著作权法制教育，受到社会各界的好评。

五是加强版权队伍业务培训，提高其业务素质。近年来，省版权学会和省版权局联合举办了《著作权法》培训班。通过培训，使市地新闻出版（版权）管理部门的领导和管理人员，较系统地掌握了《著作权法》的基本内容，提高了他们的业务素质和管理水平，推动了《著作权法》的有效贯彻实施。

六是配合有关单位开展社会服务活动。省版权学会多年来充分发挥社会团体的优势，开展了一系列社会服务活动。主要包括以下两类活动：积极开展咨询服务，接待来信来访，宣传著作权法律知识；调解版权纠纷，著作权纠纷属于民事纠纷，通过调解途径化解矛盾。

（三）商标政策供给现状

“十二五”期间河南工商系统全面落实河南省政府相关工作精神，积极推进商标战略实施，工作成效显著。

1. 商标发展情况良好，成效显著

一是推进商标注册工作取得了新成效。2013 年，全省注册商标申请量达到 57591 件，比 2012 年的 48823 件增长近 20%，是历年来申请量最多的一年。累计注册有效商标 18.49 万件，与 2012 年的 15.9 万件相比，增长 16%。截至 2017 年年底，全省有效注册商标总量达到 41.9 万件，有力促进了我省企业产品品牌提升。

二是争创中国驰名商标、河南省著名商标有新起色。2013 年，全省共申报驰名商标 66 件，比 2012 年增加 15 件，增长 30%，申报量是历年来最多的一年。在认定条件更加严格、总量下降的情况下，被国家工商总局初步认定中国驰名商标 34 件。截至 2017 年底，河南省中国驰名商标总量达到 244 件。

三是全省培育和发展中国地理标志有新突破。有关地方政府高度重视，积极组织协会、涉农企业，选择了一批具有河南当地特色的农产品，申请地理标志注册商标。2013 年，全省新增中国地理标志 7 件，总量达到 32 件。这 7 件地理标志分别是：信阳红、西峡猕猴桃、洛阳牡丹红、灵宝苹果、郏县红牛、栾川豆腐、固始鸡。此外，安阳林州市申报了两件中国地理标志，分别是东岗核桃、大红袍花椒。截至 2017 年年底，河南省中国地理标志总量达到 61 件。

2. “商标富农、商标强企”成效显著

全省工商系统积极推动商标战略实施，大力开展“商标富农、商标强企”工程。通过培育和发展“公司+商标+农户”“公司（协会）+地理标志+农业合作社+农户”等模式，引导帮助企业、农民合作组织运用商标扩大市场知名度，提升竞争力，做大做强品牌。

一是加强集群品牌基地建设。“十二五”末，省工商局确定了长垣起重设备集聚区、长葛三轮车、农用汽车集聚区、偃师化工、铁皮柜集聚区，以及固始、新郑养种植农产品加工集聚区为帮扶重点，仅这 5 个产业集聚区 2012 年以来就新注册商标 1045 件、国际注册 186 件，新增加中国驰名商标 8 件，河南省著名商标 67 件，在实施商标战略方面发挥了龙头作用。

二是围绕“农”字做文章。郑州、许昌、焦作、周口、驻马店、信阳等省辖市以扶持农业产业化龙头企业为重点，大力发展地理标志商标和农产品商标。河南秋乐种业科技股份有限公司、郸城县天豫薯业有限公司等一批企业成功争创中国驰名商标，进一步带动农产品的转化，促进农业产业现代化。

三是继续扶持重点企业做大做强。济源、洛阳、新乡、南阳、平顶山等省辖市围绕省重点企业和高成长型企业、现代服务业，确定专人帮扶，使其快速发展。近年来，河南豫光金铅股份有限公司高度重视商标战略实施，加大争创中国驰名商标力度，2012 年销售收入近 130 亿元，连续三年在全国同行业排名第一，2013 年，经工商部门帮扶，济源市政府推荐，一次争创中国驰名商标成功。同时，经过多年的培育，宝丰酒业有限公司、河南赊店老酒股份有限公司、河南养生殿酒业有限公司等一批老企业也成功争创中国驰名商标。四是注重宣传引导，全省实施商标战略氛围更加浓厚。全省工商系统积极利用“3・15”国际消费者权益日、“4・26”知识产权日等有利时机，大力宣传商标法律法规和《国家知识产权战略纲要》《河南省知识产权战略纲要》以及国家工商总局大力实施商标战略的实施意见，使河南省商标战略发展具备了良好的环境氛围，各类市场主体利用商标扩大市场、增强竞争力、做大做强的自觉性明显提高，申报驰名商标、著名商标的积极性进一步高涨。

3. 打假维权成效显著

2014 年，全系统坚决贯彻落实国务院进一步深入开展打击侵犯知识产权和制售假冒伪劣商品专项行动的意见，继续做好商标打假维权工作。按照国务院的总体部署安排，2014 年 3 月，省工商局专门召开全省深入持续开展打侵权假冒专项行动会议，部署全省打击侵犯知识产权和制售假冒伪劣商品专项行动。一年来，全省各级工商部门切实加强领导，周密安排部署，在狠抓工作落实的基础上，商标打假维权工作点、线、面巡查和打击严密结合，进一步净化了全省商标市场健康环境。据统计，2013 年全省各级工商机关共查处各类商标案件 5638 件，同比增长 9.7%；案值 2854 万元，同比下降 18.9%。其中，相继在全省开展了“莲花”“南街村”“好想你”“王守义”“十三香”等中国驰名商标维权打假行动，查处“莲花”假冒产品 1.8 万公斤、案值 30 多万元，查处“南街村”假冒产品 400 多箱、案值 16 万多元，查处“好想你”假冒产品 200 多件、案值 18 万多元。

第三节　引领型知识产权服务业政策环境

政策是国家机关、政党及其他政治团体在特定时期为实现或服务于一定社会政治、经济、文化目标所采取的政治行为或特定的行为准则，他是一系列谋略、法令、措施、办法、条例等的总称。从其定义我们不难看出，政策具有以下基本特征：首先，政策供给的主体是以政府为代表的公共事务管理机构；其次，政策本身具有系统性和连续性；第三，政策的制定和实施有目标性；第四，政策具有权威性、公共性和公认性。

（一）优秀知识产权服务业政策环境评价指标

根据我国《国民经济行业分类》标准（GB/T4754—2002）和国家统计局关于“三次产业划分规定”，知识产权服务业属于第三次产业中“租赁和商务服务业”中的子类。其中，知识产权服务（代码 745）是“指对专利、商标、著作权、软件、集成电路布图设计等的代理、转让、登记、鉴定、评估、认证、咨询、检索等活动；包括专利、商标等各种知识产权事务所（中心）的活动。知识产权服务业是提供知识产权“获权—用权—维权”相关服务，促进知识产权权利化、商用化、产业化的新兴业态，是高技术服务业的重要组成部分。知识产权服务主要包括知识产权代理与法律服务、知识产权信息服务、知识产权运用转化服务、知识产权咨询服务和知识产权培训服务等五种类型，贯串知识产权创造、运用、保护、管理各个环节，涉及专利、商标、版权、地理标志、植物新品种等知识产权领域（吴桐等，2012）。

国家知识产权局规划发展司在2010年第22期的国家知识产权局《专利统计简报》中对于知识产权服务业的定义为“包括专利、商标、版权转让与代理服务，著作权、软件的登记、集成电路布图设计、工商登记的代理服务，无形资产的评估服务，专利等无形资产的咨询与检索服务，其他知识产权认证、代理与转让服务（不含其中涉及的相关法律服务及科技中介服务）”，即排除了知识产权相关法律服务及科技中介服务之外的各类知识产权的创造、登记、转让、代理、评估、认证与检索等服务业务。

我国知识产权服务业起始于20世纪80年代的科技服务业，主要包括为技术创新提供直接服务的生产力促进中心、创业服务中心、工程技术研究中心等，为技术创新提供外围服务的科技评估中心、科技招投标机构、情报信息中心和各类科技咨询机构等，以及为科技创新提供各种要素条件的技术市场、人才市场等（王勉青，2006）。

政策环境是指政策制定者进行决策时所依据的各种外部的情况、条件、以及影响整个社会发展及其内部子系统发展的各种因素的聚合。政策环境是一个宏观系统，一个地区、一个部门是其中的一个开放型子系统，该子系统和外界的其他子系统不断相互作用、相互渗透。这种渗透和作用往往会产生出许多意外的情况，成为决策者必须考虑的外部因素。政策环境具有复杂性和多变性、不明确性的特点，这就使得决策者只能在政策环境模糊的情况下进行决策。一般来讲，构成政策环境有以下几种因素：社会经济基础，是公有制度，还是私有制度，是计划体制，还是市场机制，抑或兼而有之；政治制度，比如政治权力的归属和使用，人们在政治活动领域中的地位和相互关系，政治权力的分配和再分配；文化价值观念，包括人们的文化习俗、信仰、民族意志和精神；国际因素，国家与国家之间的关系，世界经济的发展，国际间的文化流动都构成政策的外部环境。

了解政策环境的变化率有助于制定出正确的政策。目前知识产权政策评估方面的文献可分为两类：一类是对知识产权政策进行介绍和述评，例如：袁晓东（2006）介绍了我国科技项目中知识产权政策的演变及不足之处；郭丽峰、高志前（2004）评价了我国鼓励自主知识产权的政策；彭茂祥（2006）初步探讨了如何构建我国知识产权公共政策体系的问题等。这些文献只是对知识产权政策的内容、功能等进行描述，并不是严格意义上的、规范的政策评估。第二类是对知识产权政策实施效果的评价，这类文献从2008年才开始出现，例如：黎运智、孟奇勋（2008）介绍了韩国知识产权政策运行的绩效，管煜武（2008）初步分析了上海市专利资助政策导致的专利价值的变化，齐欣、张继东（2008）评价了政府支持企业发展自主知识产权政策的效果等。这些文献只是对政策运行效果的评估，并没有涉及政策制定和实施等重要环节，可见，知识产权政策评估是我国知识产权研究中非常薄弱的环节，亟须加强。

要评价知识产权服务业政策环境的好坏，可以从技术指标和政治指标两个层面展开。技术指标主要关注政策投入和产出之间的关系，重点看投入力度、辐射范围和渗透程度；政治指标主要关注政策的溢出效应，重点看公平性、公益性和满意度。

1. 技术指标

知识经济时代，自主知识产权的数量和质量成为衡量国家综合竞争能力的重要指标，知识产权服务业也成为各国经济发展的重心，知识产权服务业的发展对于增强我国整体科技实力、加快推动经济结构转型升级具有重要意义。知识产权服务业主要是指提供专利、商标、版权、商业秘密、植物新品种、特定领域知识产权等各类知识产权“获权—用权—维权”相关服务及衍生服务，促进智力成果权利化、商用化、产业化的新型服务业，具有从业者素质高、资源消耗少、环境成本低和经济效益高的特性，是现代服务业的重要内容，是高技术服务业发展的重点领域。

（1）投入力度

投入包含诸多方面，如资金投入、科研设备投入、高学历技术人员设备、知识产权体系构建等，其中主要是人力投入、资金投入两方面。一项政策的投入力度能够真实的反映出政府对于该政策的重视程度，较大的投入力度能够极大地调动人们的积极性。

（2）辐射范围

政策的辐射范围表明政策在执行过程中的环节以及所涉及的方面的多少。辐射范围越广证明政策涉及的方面越多，执行过程中的环节也越多，进而政策的影响力也就越大。

（3）渗透程度

政策的渗透程度体现在人民群众对于政策的了解程度，渗透程度越深则表明人民群众对于政策的了解越深刻。公众对于知识产权保护的相关政策及法律制度的知晓度反映了知识产权政策的渗透程度。

2. 政治指标

近年来，从国家到地方都出台了许多知识产权政策，这些政策的科学性、实施的效果、对现有政策的完善措施、以及对于新的知识产权政策的制定和执行，都有赖于科学的知识产权政策评估要对知识产权政策进行评估，首先必须建立起一套科学的知识产权政策评估指标体系。

（1）公平性

政策公平问题是当前我国社会十分关注的热点问题。知识产权政策在实现产权公平过程中扮演着重要角色。对知识产权公平问题的研究也由原来统计式的现象描述转向对问题根源的分析。形形色色的知识产权公平问题与知识产权政策有着或远或近的渊源，知识产权政策应作为解决知识产权公平问题的出发点。不但知识产权公平问题可从政策上寻找原因，解决知识产权公平问题，而且必须依赖知识产权政策的调节。知识产权政策公平与否是问题的关键。“公平”属于伦理学范畴，对知识产权政策的研究应当从伦理的视角。从伦理学的角度来分析知识产权政策，进而探寻知识产权政策的公平机制，是知识产权公平问题解决的立足点。

（2）公益性

公益性是知识产权政策发展过程中不变的追求。知识产权局深入探究政策公益性的执行问题及产生的原因，对于发现政策目标与实际效果之间的差距促进知识产权局等相关机构全面认识政策和纠正执行偏差，对于更好贯彻政策的公益性具有重要的理论与实践意义。同时还能为政府部门和其他同相关机构提供借鉴，使广大公民公平地享有更多更优质的政策服务，对于推动知识产权服务业发展起到一定的积极作用。

（3）满意度

政策评价是权力民主化运行的过程，它需要公众参与这样一个民主的制度框架作支撑。公众的“意见表达”，亦被称为“利益表达”是政策制定的基础，为政府政策评价提供了持久的动力。

公民参与政策评价是一个利益综合的过程，是公民表达其利益的重要途径和载体。在政策评价过程中，不同的群众根据自己的观点、利益需求进行深入评价，得出客观科学的结论。因此，公众参与政策评价可以调动公众的积极性，提高政策评价的质量，发挥公众在政策评价中的应有功能。同时，公民参与政策评价是对政策回应性的体现。政府政策的最终目标是公众，接受政府推行政策的结果。政府通过制定政策影响社会利益格局，政策的最终效果如何，公众是最具有发言权的。同时，公民是通过授权的方式将公共权力委托给政府的，公民参与政策的评价是限制代理人的机会主义行为。公众只有通过一定平台对政策做出科学的评价，才能促使代理人能真正代表被代理人利益，能够监督政府权力的有效运行，体现政府政策运行的合法性。

公众参与度作为政策评价的一个衡量标准，对于深化政策评价制度具有重要的意义。公众满意度反映的是公众心里感受满足的程度，在政策的评价过程中，公众满意度用来表示公民在得到政府管理与服务时的感受，是预期获得与实际获得的比率。公众满意度也需要一个科学的测量，最终使政策评价制度建立在公众满意度的基础上。政策满意度是衡量知识产权政策对人民群众影响的指标，它是一种主观评价指标是确保知识产权政策顺利实施的关键参考。

（二）引领型知识产权服务业政策环境的特征

近年来，为深入贯彻落实科学发展观，提升河南省知识产权创造、运用、保护和管理能力，建设创新型河南，加快经济大省向经济强省、文化资源大省向文化强省的跨越，促进中原崛起，河南不断学习江苏、广东等知识产权强省先进经验，大力完善各项知识产权政策法规，发挥知识产权制度在加快实现经济发展方式转变方面的积极作用，为提升中原经济区核心竞争力，实现全省经济跨越式发展提供了智力支撑。

学习知识产权强省先进经验有利于河南省制定出更科学、更有效的知识产权政策。近年来江苏省知识产权工作取得了很多成绩，知识产权管理体系基本完善，拥有良好的知识产权保护的法律环境，为河南省落实知识产权战略提供有益的借鉴。

1. 政策制定紧跟国家战略

2010 年前后是“十一五”到“十二五”的过渡时期，也是江苏省知识产权事业大发展的时期，经过政策创新，重点培育，奠定了成为全国知识产权引领性强省的坚实基础。

我国国务院于 2008 年 6 月 5 日颁布实施了《国家知识产权战略纲要》，之后江苏省于 2009 年 1 月 15 日颁布实施了《江苏省知识产权战略纲要》（以下简称《纲要》）。实施知识产权战略，对于促进经济结构调整和发展方式转变，推进自主创新和创新型省份建设，提升企业市场竞争力和区域经济核心竞争力具有重大战略意义。近年来，江苏省知识产权工作取得了很多成绩，但也有很多方面存在不足。研究知识产权战略的实施进程，是对过去几年江苏省知识产权工作的阶段性总结和评价，也是对未来江苏省知识产权工作的督促和展望。知识产权战略目标的实现也需要一套统计指标体系以反映江苏知识产权综合能力、监测战略实施的进程。因此，根据《纲要》要求，构建一套知识产权战略实施进程监测指标体系，确定各监测指标的目标值，适时监测江苏省知识产权战略实施进程，对于推进江苏知识产权战略实施和创新型省份建设具有重要的理论和实际意义，也为全国其他地区落实知识产权战略提供有益的借鉴。

2. 知识产权管理体系健全

在“十一五”末，江苏省不断加大投入，进一步完善本省的知识产权管理体系。首先是江苏省知识产权机构和职能设置得到加强，新增知识产权保护工作组，新增宣传教育处并加挂人事处和政策法规处加挂专利执法处。知识产权经费投入进一步加大，2009 年江苏省知识产权财政预算达 8725 万元，市、县专利经费投入达 2.93 亿元，为知识产权战略的实施提供了有力的资金保障。江苏省人大还审议通过了《江苏省专利促进条例》，通过立法在激励措施、专项资金设置、规范管理等方面加强对知识产权管理。其次是初步建立了重大项目和产业发展知识产权评议机制，通过组织高层次创新人才引进项目知识产权评议工作，对省财政资助资金 1000 万以上的重大技改项目、省重点技术创新项目、重大技术引进项目和重大中外合资合作、企业并购等开展知识产权评议，此外，江苏省经信委、科技厅、中小企业局等部门还加强了对江苏省的重大科技成果转化项目进行审查，2009 年，委托知识产权局审查了 498 个申报项目的 2584 件专利情况，为科技厅的重大科技成果转化项目立项提供了重要的参考依据。为了加强对企业知识产权管理和进一步提升企业知识产权管理水平，2009 年江苏省发布并实施《企业知识产权管理规范》，并下发年度贯标工作指南，启动示范创建申报工作，同时制定《江苏省企业知识产权管理标准化建设评价指标体系及评分标准》，成立了专家授课组，分别在苏南、苏中、苏北，分三批次举办了企业知识产权工作培训班，到 2012 年，江苏省新增贯标企业 1233 家。2012 年，省工商局为了提升企业商标管理规范化水平，制定并颁布了《江苏省企业商标管理规范》。另外，江苏省科技厅实施科技企业培育百千万工程行动计划，着力培育创新型企业集群。

3. 知识产权执法力度较强

进入“十二五”时期，江苏省为了打造良好的知识产权保护的法律环境，采取各种措施加强知识产权执法保护。2012 年，江苏省知识产权局立案查处各类假冒专利违法案件和专利纠纷案件共 1189 件，最终结案 1097 件，查处案件的效率处于较高水平；江苏省版权局和工商局共查处商标侵权案件和版权侵权案件 6686 件，处理销毁了 202 万张侵权盗版物品；为了实现政府部门办公软件的正版化，江苏省投入约 1000 万元，其中国产正版软件使用率达到 80%；省质监局系统对涉及食品、农资、汽配、建材、化妆品等领域加大检查力度，共查处各类侵权和假冒案件 812 件；为保护江苏省的贸易安全，实现对进出口商品的监督和管理，南京海关系统加大对海关侵权商品的查处力度，共查获各类侵权案件 128 起；江苏省法院也加强了对知识产权案件的处理，共审理知识产权案件 9175 件，结案率达到 90%；并同时加快推进关于知识产权案件的三审合一制，处理案件 798 件，结案率高达 97%，在开展知识产权行政执法构成中，由行政机关处理案件 14 件，结案 7 件；检查机关共审查逮捕涉嫌侵犯知识产权刑事犯罪案件 204 件，涉案 636 人，批准逮捕 247 人；全省公安系统共立案侵犯知识产权犯罪案件 2804 起，破案 1784 起。另外，江苏省加快知识产权维权援助体系建设，2012 年，在原有的 8 个援助中心的基础上新增南通、镇江两个知识产权维权援助中心；省、市知识产权维权援助中心统一开通了“12330”知识产权维权援助公益热线，2012 年维权热线全年接听咨询投诉电话 1163 个，向执法部门移交案件 63 起，接听和投诉数居全国第三位。

第四节　河南省企业对知识产权服务需求

2016 年 5 月 4 日—2016 年 12 月 15 日，现代服务业河南省协同创新中心、郑州市知识产权协会对有关企业知识产权全产业链保障需求进行了调查，主要围绕河南省制造企业知识产权服务发展现状与特点、制造企业对知识产权公共服务的需求以及开展知识产权服务过程中遇到问题三部分进行。

调研采用实地调研方式，面向河南省各高校协同创新中心中的协同企业、河南省技术创新战略联盟中的骨干企业以及一般性企业的工作人员开展问卷调查。调研共收集 23 份高校省级协同创新中心中的协同企业问卷和 26 份省级产业技术创新战略联盟中的骨干企业问卷，以及 29 家一般企业调查问卷。根据收集调查问卷对河南省协同创新企业和一般企业发展现状以及对知识产权服务需求情况进行分析。

（一）企业创新活动影响因素分析

合并被调查的26家省级产业技术创新战略联盟中的骨干企业和23家高校省级协同创新中心，对合并数据进行了分析。

（二）影响省级协同创新组织的要素分析

结果显示，对这些省级协同创新组织创新活动的影响因素从大到小依次是：政府政策（频次为5.184，居于“高”和“很高”之间）、知识产权的创造和保护服务（频次均为4.51，居于“一般”和“高”之间）、知识产权运用服务（频次为4.49，居于“一般”和“高”之间）、技术环境（频次为4.47，居于“一般”和“高”之间）、知识产权管理服务（频次为4.43，居于“一般”和“高”之间）、信息技术（频次为4.31，居于“一般”和“高”之间）、金融服务（频次为3.49，居于“低”和“一般”之间）。由此可知，除了政府的政策具有最大的影响之外，被调查的协同创新组织目前普遍认为，知识产权创造、保护和运用等方面的服务对创新活动的影响也相对较高；而知识产权的管理服务虽然略低于前者及技术环境因素，但略高于对各行业影响巨大的信息技术，这也间接地显示出知识产权管理服务对创新活动的重要影响作用，反映了相关企业对知识产权管理创新的期待。

（三）影响一般企业的要素分析

对于29家一般企业调查数据，通过分析显示，对于一般企业知识产权影响因素从大到小依次是：市场需求（频次为5，对企业知识产权创造数量和类别影响程度较高），信息技术（频次为4.375，居于“一般”和“高”之间），知识产权保护和管理服务（频次为4.28，居于“一般”和“高”之间），知识产权咨询服务（频次是4.24，居于“一般”和“高”之间），知识产权代理服务（频次是4.23，居于“一般”和“高”之间），政府政策（频次是4.153，居于“一般”和“高”之间），中介机构（频次是3.96，居于“低”和“一般”之间）。由此可知，对于一般企业而言，除了市场需求影响最大之外，和高校协同创新组织和技术战略联盟中的骨干企业一样，知识产权保护服务和知识产权管理服务都对企业知识产权创造数量和类别有较大影响。

（四）企业对不同知识产权服务需求

为了揭示协同创新组织对具体知识产权服务的需求，以下从知识产权服务的完善程度视角，分别分析协同创新组织中骨干企业和一般企业获得不同类型的知识产权服务所映射出的知识产权服务供给状态及其特征。

1. 企业在知识产权创造过程得到的服务完善程度及其特征

（1）面向省级协同创新联盟的调查

对于高校省级协同创中心中的协同企业和技术战略联盟中的骨干企业，课题组选择了“申请”“政策信息”“知识共享”“客户需求”“人员合作”“融资”等六类服务，请协同创新组织的核心管理人员进行打分；结果显示，这六项服务的完善程度的排序依次为：申请（被选频次为4.06，略高于“一般”）、人员合作（被选频次为4.04，略高于“一般”）、知识共享（被选频次为3.92，接近“一般”水平）、政策信息（被选频次为3.9，接近“一般”）、客户需求（被选频次为3.61，处于“不太完善”和“一般”之间）、融资服务（被选频次为3.14，略高于“不太完善”）。

由此可知，即使在知识产权创造服务完善程度排序前列的“申请”和“人员合作”服务，也还有进一步完善的空间，而“知识共享”“政策信息”“客户需求”、“融资服务”等四类服务还需要针对不同类型协同创新组织的需求，打造相关的公共服务平台、培育市场主体、构建和完善服务运行机制，以显著提升知识产权创造服务的层次和质量，推进创新成果的产权化质量和规模。

（2）面向一般企业的调查

对于一般企业，课题组选择了“政策信息”“知识共享”“产业联盟”“校企合作”“融资”等服务，请企业主要负责人进行打分；结果显示，这些服务的完善程度的排序依次为：校企合作（被选频次为4.115，略高于“一般”）、政策信息（被选频次为4.11，略高于“一般”）、知识共享（被选频次为3.925，接近“一般”）、产业联盟平台（被选频次为3.777，处于“不太完善”和“一般”之间）、融资服务（被选频次为3.74，处于“不太完善”和“一般”之间）。

由此可知，企业在知识产权创造过程中得到的校企合作和政策信息服务的完善程度虽然高于一般水平，但是还需要进一步完善，而“知识共享”“产业联盟”“融资服务”等三类服务均没有达到“一般”水平，还需要针对不同类型企业完善知识产权创造激励政策，提高知识产权创造数量，提升知识产权附加值和国际影响力。

2. 企业在知识产权运营过程得到的服务完善程度及其特征

（1）面向省级协同创新联盟的调查

对于高校省级协同创中心中的协同企业和技术战略联盟中的骨干企业，课题组选择了“价值评估”“质押融资”“保险”“转让”“托管”“实施”“展会”等七种具体的知识产权运营服务，请协同创新组织的核心管理人员进行打分。结果显示，这七项服务的完善程度的排序依次为：转让服务（被选频次为3.53，介于“不太完善”和“一般”之间）、实施服务（被选频次为3.22，略高于“不太完善”，介于“不太完善”和“一般”之间）、展会服务（被选频次为3.18，略高于“不太完善”，介于“不太完善”和“一般”之间）、价值评估服务（被选频次为3.14，略高于“不太完善”，介于“不太完善”和“一般”之间）、托管服务（被选频次为2.96，接近“不太完善”，介于“不完善”和“不太完善”之间）、保险服务（被选频次为2.92，接近“不太完善”，介于“不完善”和“不太完善”之间）、质押融资服务（被选频次为2.76，介于“不完善”和“不太完善”之间）。

（2）面向一般企业的调查

对于一般企业，课题组选择了“价值评估”“质押融资”“保险”“转让”“托管”“许可”等六种具体的知识产权运营服务，请企业负责人进行打分；结果显示，这六项服务的完善程度的排序依次为：知识产权许可服务（被选频次为3.708，介于“不太完善”和“一般”之间）、知识产权价值评估（被选频次为3.55，介于“不太完善”和“一般”之间）、知识产权质押融资服务（被选频次为3.385，略高于“不太完善”，介于“不太完善”和“一般”之间）、知识产权托管服务（被选频次为3.33，略高于“不太完善”，介于“不太完善”和“一般”之间）、知识产权转让服务（被选频次为3，291，接近“不太完善”，介于“不完善”和“不太完善”之间）、知识产权保险服务（被选频次为3.260，接近“不太完善”，介于“不完善”和“不太完善”之间）。

以上结果表明，目前协同创新组织中企业获得的知识产权运营服务，其完善程度尚处于不太完善的水平，还没有达到与省级协同创新组织的创新能力和创新成果产出水平相匹配的知识产权运营服务水平，这势必会阻碍高水平的创新成果的商业化应用、弱化协同创新组织在推进河南传统优势产业和支柱产业的转型升级引领和支撑作用。

3. 企业在知识产权保护过程中得到服务完善程度及其特征

（1）面向省级协同创新联盟的调查

对于高校省级协同创中心中的协同企业和技术战略联盟中的骨干企业，课题组选择了“代理服务”“调解服务”“诉讼服务”“监管服务”“舆论引导”等五种具体的知识产权保护服务，请协同创新组织的核心管理人员进行打分；结果显示，这五项服务的完善程度的排序依次为：代理服务（被选频次为4.0，刚刚达到“一般”的程度）、调解服务（被选频次为3.33，略高于“不太完善”，处于“不太完善”和“一般”之间）、舆论引导（被选频次为3.22，略高于“不太完善”，处于“不太完善”和“一般”之间）、诉讼服务（被选频次为3.20，略高于“不太完善”，处于“不太完善”和“一般”之间）、监管服务（被选频次为3.14，略高于“不太完善”，处于“不太完善”和“一般”之间）。

以上结果表明，目前协同创新组织获得的知识产权保护服务，除了法律事务的代理服务相对完善外，从整体上看知识产权保护的相关服务完善性程度还不够高，需要面向河南经济社会发展的重点产业领域和重大战略需求，大力培育提供高层次、高水平的知识产权保护服务的市场主体，完善政府知识产权行政执法机制，充分发挥市场和政府“两只手”来促进知识产权保护能力的全面提升。

（2）面向一般企业的调查

对于一般企业，课题组选择了“知识产权行政执法服务”“知识产权司法鉴定服务”“知识产权公证服务”“知识产权诉讼服务”“知识产权预警服务”“技术秘密备案咨询服务”等六种具体的知识产权运营服务，请企业负责人进行打分；结果显示，这六项服务的完善程度的排序依次为：知识产权价值评估（被选频次为4.16，超过“一般”的程度）、知识产权质押融资和知识产权保险（被选频次为3.92，基本达到“一般”的程度）、知识产权托管（被选频次为3.782，介于“不太完善”和“一般”之间）、知识产权转让（被选频次为3.75，介于“不太完善”和“一般”之间）、知识产权许可服务（被选频次为3.695，介于“不太完善”和“一般”之间）。

以上结果表明，目前企业获得的知识产权保护服务，除了知识产权价值评估服务的完善程度超过一般水平，其他知识产权保护服务完善程度基本接近于一般水平，还有很大提升空间，需要完善知识产权保护法律制度和政策，建立健全知识产权保护机制。

4. 企业在知识产权管理过程中得到服务完善程度及其特征

（1）面向省级协同创新联盟的调查

对于高校省级协同创中心中的协同企业和技术战略联盟中的骨干企业，课题组选择了“知识产权奖项申请”“知识产权咨询”“知识产权培训”“知识产权基础信息平台”服务等四种具体的知识产权日常管理服务，请协同创新组织的核心管理人员进行打分。结果显示，这四项日常管理服务的完善程度的排序依次为：知识产权奖项申请（被选频次为3.61，介于“不太完善”和“一般”之间）、知识产权咨询服务（被选频次为3.39，介于“不太完善”和“一般”之间）、知识产权基础信息平台服务（被选频次为3.37，介于“不太完善”和“一般”之间）、知识产权培训服务（被选频次为3.31，介于“不太完善”和“一般”之间）。

尽管知识产权管理服务还有很多其他具体的服务形式，但以上结果表明，对于日常科研活动及成果管理较为规范的省级协同创新组织来说，其对日常获得的知识产权状态信息管理公共服务平台提供的服务、创新过程中所需要的知识产权咨询和管理培训活动，以及其重点关注的高价值知识产权奖项申请服务等，其完善程度都不够高，和知识产权运营相关服务类似，目前知识产权管理的公共服务和市场化服务的完善程度尚未达到与省级协同创新组织的创新能力和创新成果产出水平相匹配的知识产权管理服务水平，这势必会阻碍高水平的创新成果的产权化，及其后续的应用，难以有效支撑协同创新组织在推进河南传统优势产业和支柱产业的转型升级的核心驱动作用。

（2）面向一般企业的调查

对于一般企业，课题组选择了“知识产权奖项申请”“知识产权展会”“知识产权咨询”“知识产权培训”“知识产权基础信息平台”服务等五种具体的知识产权日常管理服务，请企业负责人进行打分；结果显示，这五项服务的完善程度的排序依次为：知识产权奖项申请（被选频次为4.36，介于“一般”和“比较完善”之间）、知识产权咨询服务（被选频次为4.17，介于“一般”和“比较完善”之间）、知识产权培训服务（被选频次为4.04，略高于“一般”，介于“一般”和“比较完善”之间）、知识产权展会（被选频次为4，正好达到“一般水平”）、知识产权基础信息平台服务（被选频次为3.95，基本达到“一般”水平，介于“不太完善”和“一般”之间）。

以上数据表明，对于一般企业的知识产权管理服务，从整体上看知识产权管理的相关服务完善程度基本都达到一般水平，甚至大部分都已经高于一般水平，只有知识知识产权基础信息平台服务完善程度相对较低，还不能达到一般水平，因而后续还需要进一步加强知识产权基础信息服务平台服务建设。

（三）企业对知识产权服务的需求

通过对相关企业的调研，发现他们对知识产权服务业存在四个方面的共性需求。

1. 知识产权创造服务方面

针对知识产权创造服务，要加强完善“知识共享”“政策信息”“客户需求”“融资服务”等四类服务，通过完善知识产权激励政策，进一步提高知识产权创造数量和质量；通过完善知识产权确权审查和注册机制，进一步激发智力产品创造主体的创造热情和积极性；通过加强知识产权海外布局等措施，进一步提升企业知识产权创造的全球视野。

2. 知识产权运营服务方面

根据知识产权创造分析，“价值评估”“质押融资”“保险”“转让”“托管”“许可”等六种具体的知识产权运营服务整体服务完善程度都较低，还需要进一步完善。要重视提高知识产权相关政策运用能力，包括激励（奖励）政策、利益分配政策、许可政策等；加速知识产权实施及产业化、商品化；培育知识产权试点示范项目；加速知识产权交易平台、市场体系建设等途径提高企业知识产权运营能力。

3. 知识产权保护服务方面

根据以上数据分析，“代理服务”“调解服务”“诉讼服务”“监管服务”“舆论引导”等五种具体的知识产权保护服务的服务完善程度较低，大部分都未达到一般服务水平。因此，要通过完善知识产权保护法律制度和政策，包括新业态知识产权保护，加大侵权行为惩治力度等；建立知识产权保护机制，包括快速维权、协同执法、维权援助、社会预防与调解、诚信体系等措施来提高企业知识产权保护能力。

4. 知识产权管理服务方面

根据前文数据分析，目前协同创新组织获得的知识产权管理服务，从整体上看知识产权管理的相关服务完善性程度还不够高，需要面相河南经济社会发展的重点产业领域和重大战略需求，加强知识产权行政管理机构建设和人才队伍建设、培育知识产权文化、充分发挥政府知识产权保障作用来促进知识产权管理能力的全面提升。

对于知识产权创造、应用、保护和管理需求相对较大、层次较高的企业来说，目前河南省知识产权服务的完善程度还不够高，存在类别扩展和层次提升的内在要求。从不同类型的知识产权服务的完善程度，可以看到未来知识产权创造、应用、保护和管理各个环节的服务存在较大的上升空间，需要河南省积极引进和培育具有较强知识产权服务能力的主体，通过政、产、学、研、金、介、用协调合作，来共同促进河南产业协同创新活动规模扩大、质量提升。

第五节　河南省知识产权服务业政策环境存在的问题

以前文提出的优秀政策环境标准为基础，结合前期调研积累的资料，分析得出河南省知识产权服务业政策环境存在的问题。

1. 专利政策供给存在的问题

(1) 缺乏具有专利行政执法职权的上级主管机关

我国2008年《专利法》虽然将专利行政执法的主体界定为管理专利工作的部门，但未对管理专利工作的部门的范围做出具体规定。与我国2008年《专利法》配套实施的2010年《专利法实施细则》将管理专利工作的部门界定为由省、自治区、直辖市人民政府以及专利管理工作量大又有实际处理能力的社区的市人民政府设立的管理专利工作的部门，没有将国务院专利行政部门纳入专利行政执法主体的范围。国家知识产权局作为负责管理全国专利工作的行政部门，不享有专利行政执法的职权，致使河南省的专利行政执法主体缺乏具有专利行政执法职权的上级主管机关。这种专利行政执法管理体制既不利于国家知识产权局领导全国的专利行政执法工作，又不利于国家知识产权局对全国的专利行政执法工作进行管理、协调与指导。

（2）专利行政执法主体的法律地位亟待提高

就我国省级专利行政执法主体的法律地位而言，既有隶属于省级人民政府的知识产权局，也有隶属于其他厅（局）的知识产权局；既有行政机关性质的知识产权局，也有事业单位性质的知识产权局；既有正厅级、副厅级的知识产权局，也有县（处）级的知识产权局。河南省知识产权局为隶属于河南省科技厅的参照公务员管理的副厅级事业单位，属于隶属于其他厅（局）的、事业单位性质的副厅级的知识产权局。河南省 18 个省辖市知识产权局均隶属于该省辖市的科技局，开封市知识产权局为正县级行政单位，郑州、洛阳等 13 个省辖市的知识产权局为副县级事业单位，新乡、许昌等 4 个省辖市的知识产权局为正科级事业单位。河南省专利行政执法的主体既不是同级人民政府的组成部门，也不是行政机关性质的行政执法主体，省辖市级的专利行政执法主体的级别高低不一，这种专利行政执法管理体制既不利于开展专利行政执法工作，又不利于建立科学的专利行政执法机制。

（3）对市场实施有效干预的方式有待更加审慎与科学

政策的本质即为干预。对政策制定者来说，用市场失灵理论给予政策正面评价的同时，更应关注政府失灵问题。在某些领域，市场机制无法实现资源的最优配置，政府介入很可能使情况更加恶化。领导偏好、政策短期效用等因素增加了对政策实施市场干预进行讨论的必要性。现阶段，河南省专利政策对于市场的干预突出表现在专利数量激励和税收激励等方面。以专利数量激励为例，现阶段河南省政府实施了“以数量布局、以质量取胜”的竞争策略，政府期望通过数量积累实现向高质量增长模式的转化。但是创新活动本身具有强异质性和非线性本质，专利数量导向将促使经济价值不高的专利出现。考核可能刺激专利活动强度，但过度的行政激励一定会扭曲市场创新动机，导致资源错配。以专利数量为导向的资助造成财政资金使用效率偏低，行政要求、资格职称认定降低了专利申请质量。

2. 版权政策供给存在的问题

（1）无法有效治理侵权、盗版现象

盗版是非法盗用版权（著作权）的行为，包括盗用出版者的名义、版号以及享有版权的制成品等用于牟利的行为，法律将其定义为“未经许可，出版、制作他人享有著作权（包括专有出版权）的作品”的行为。由于盗版制作简便，成本低廉，不付报酬，近年来成为一些不法之徒迈向“暴富”的捷径。他们把正版书刊、音像制品以最快的速度翻印、翻录成质次价廉的盗版品，大量销往市场，牟取暴利，严重干扰了正规出版社的出版活动，侵犯了著权人的权益。尽管国家颁布了保护版权的法律，但由于种种原因，盗版者并不收敛，依然我行我素，在局部甚至愈演愈烈。只要有好作品，有钱赚，就有人盗版。近年来，河南省被盗版面之大、损失之多，前所未有。

（2）制度运行环境和保障协调机制有待进一步改善

从理论上讲，版权政策在功能定位中的偏差能够借助强工作保障机制实现调整优化。在我国知识产权发展历史上，国家曾借助知识产权委员会和知识产权战略制定工作领导小组协调知识产权工作。目前涉及国家知识产权协调的机构包括打击侵犯知识产权和制售假冒伪劣商品领导小组和国家知识产权战略实施工作部际联席会议。类似的协调机制是中国政策实施过程中所特有的模式，主要用以解决条块分割下的多头管理问题。但问题在于，国家知识产权战略实施工作部际联席会议层级较低，版权政策与商标政策不能实现有效协同，知识产权政策合力尚未形成；国家创新体系也未能建立起以版权（知识产权）为内核的技术创新政策体系，由此可能削弱知识产权在创新驱动发展中的实际效用。但除此之外，版权政策还进一步体现出版权的市场价值。在创新驱动发展背景下，版权的市场价值实现必须通过配套政策加强，涉及多重要素安排。版权政策的特征决定了只有在协同发展的公共政策体系下，其政策效用才能得到充分保障。

（3）政策实施的评价主体和评估方式有待优化

实际上，在对政策的总结和评价是否应由政策的规划与执行主体承担的问题上一直存有争论，当政府承担了政策制定、实施和评估环节后，政策的修正概率与运转效果也存在降低的风险。而实践中，我国各层级的版权行政管理部门既没有考虑评估主体，也并没有将版权政策评估纳入政府决策的一般性流程。从政策研究的趋势看，国内外学者对政策分析框架的研究正呈现出从概念性框架向可操作性、实用性更强的分析框架转变，更加注重政策过程的后评价。对此，非常有必要在政策制定前端和评估后端引入外部第三方机构，加强对专利政策的绩效检验，发现专利制度框架下的经济规律，审慎观察专利政策的市场影响，建立更趋理性的政策体系。

3. 商标政策供给存在的问题

（1）基础理论研究、经济学研究亟待加强

河南省商标政策在经历了制度实践后，尽管具备了体系化功能，却缺少了高水平的基础理论升华与系统思考。理论是商标政策实践运行的基础，涉及商标政策的边界与内涵、商标政策的传导机理、商标政策的运行绩效等内容。目前，河南省绝大部分商标政策均遵循着背景目标、价值观念、政策范畴、行动方案、实施保障的结构化模块，缺少对于政策基础理论意义与实现路径的分析与探讨，时常出现“为政策而政策”的情况，政策实施基础并不稳固，某些情况下对于“问题政策”实施强执行，更可能引发负面影响。我国也缺乏对于商标经济学的系统性研究。在我国经济转轨的大背景之下，商标已经从制度构建转向与经济社会发展相适应的新阶段，迫切需要加强对商标经济学问题的研讨。对此，必须加强对政策实施背后的经济学问题的讨论，积极开展商标经济学研究工作。

（2）对实施商标战略重视不够

近年来，全省商标申请量虽然不断增长，但新申请的商标及时转化为注册商标的比例并不高，暴露出申请质量不高、有的注册商标不及时申请续展被撤销等问题。这是因为，对贯彻落实全省商标战略不力，对实施商标战略的重大意义认识不够充分。一些领导和地方政府还没有认识到经济全球化不断深化的背景下，商标的重要意义，在实施商标战略中行动迟缓。甚至一些地方政府对当地的商标发展情况还不清楚，对具体目标和措施没有认真研究，有些该调整的目标还没有及时调整。

（3）实施商标战略的体制机制急需健全完善

实施商标战略是一项长期的系统工程，必须坚持长抓不懈，持续稳步推进。这就要求建立健全组织领导、定点联系、宣传培训、联合维权、督查考核、政策帮扶等一套工作机制，形成各方协力推进、上下联动、全省一盘棋的工作格局。但是河南省实施商标战略气氛还不够浓厚。各地还没有形成强有力的宣传攻势，特别是作为商标战略实施主体的广大企业主动性不够。有的地方单靠工商部门唱独角戏，上上下下、方方面面还没有形成共识、形成合力。

第六节　河南省知识产权服务业政策环境问题产生的原因

结合理论、实际，以及前提调研中深度访谈成果，分析问题存在的原因。

（一）专利政策供给问题出现的原因

近年来，河南省在专利事业发展方面取得了较大成绩，专利数量、专利结构、科技投入能力与专利能力都有了很大提高，专利申请量和授权量成倍增长，且专利结构较为合理。但从横向比较来看，河南省专利申请量和授权量在全国排名并不靠前。

1. 专利资助政策的资助范围和激励方式有限

虽然专利资助政策实施后专利申请量和授权量大幅攀升，但专利结构不合理、发明专利比例总体偏低事实没有明显改观，说明资助政策的目的还没有完全达到。这种状况的出现固然有研发规律和区域产业结构的因素，但制度本身的某些缺陷，也限制了专利结构的显著改善。该政策的一个重要缺陷是资助范围有限：资助范围过于向省重点支柱产业倾斜，并且资助重点是大型优势企业和优势区域，资助的种类不够丰富，辐射的领域不够广泛。但有限领域有限数量企业的专利增长潜力有限，理性的专利申请量和授权量的增长是以技术研发能力的提高、技术发展的预测和市场需求的分析为基础的。

激励的方式有些单一，没有建立激励的长效机制。如果仅靠提高资助和奖励额度来推动个别企业和局部地区专利申请的快速增长，其结果必定催生专利申请泡沫，泡沫效应下的专利产出不仅不能促进技术进步，反而产生大量“垃圾专利”，阻碍技术进步和经济福利。

2. 政策具体办法规定模糊和操作性不强

河南省的专利资助政策虽然起步较晚，但政策设计起点较高，专利资助目标非常明确。河南省重点资助发明专利兼顾实用新型专利和外观设计专利，但由于具体办法规定模糊和操作性不强，比如“对促进本领域的技术进步与创新有突出作用的实用新型专利和获得较高市场知名度的外观设计专利”，在“突出作用”和“较高市场知名度”上的认定就不容易操作，这就导致相当比例不符合规定的实用新型专利和外观设计专利也能得到资助，并且增加资助工作中主观因数影响的可能性，不仅浪费宝贵的财政资助，更导致了“劣币驱逐良币”的负面效应。

（二）版权政策供给问题出现的原因

人们对于盗版者有一种表述：“硕鼠过街，人人喊怕”。这说明盗版者无法无天已成一害，同时也反映了版权拥有着对盗版现象的无能为力。

1. 执法的力度不够

一方面法律对盗版、侵权行为制裁较轻，一般仅限于罚款，承担民事责任等，对违法者获利的认定模糊且不够彻底，违法者的违法成本远远低于其违法所得；另一方面执法部门政出多门，都管都不管，目前对盗版行为行使查处权的有宣传、文化、计划经济、广播电视、新闻出版、工商、海关、版权等部门，而具体实施的新闻出版和版权部门又由于机构、人员、经费等问题而处于进退两难的境地，开展工作困难很大，多头管而多头不管。

2. 对盗版的打击没有形成机制

现在对付盗版侵权案，一般采取诸单位集中联合行动，声势浩大，确实能够在短时间内形成不小的震慑力。但，往往会出现一阵风扫的现象，缺少经常性的依法管理，因此风过之后，盗版制品重新出现，市场还是原来那个市场。

3. 侵权赔偿令人失望

查处盗版后，被盗者得不到应有的赔偿，挫伤了他们配合查处的积极性，影响查处的进行。此外，地方保护主义和行政管辖的协调、相关执法部门的配合不够等因素，也程度不同地影响了查处侵权、盗版工作。

（三）商标政策供给问题出现的原因

1. 对实施商标战略重视不够

诚然，在经济发展的起步阶段，对于一个发展中国家来说，进行模仿和模仿创新比一开始就严格按照知识产权制度进行创新更加有利。我国正处在融入全球市场的转型阶段，商标战略的实施就是应时推进的，有些政府部门还用老思想思考问题，妄想通过简单粗暴的模仿短时间取得经济成绩，多商标战略的认识和重视严重不足。

2. 实施商标战略气氛还不够浓厚

河南全省各地还没有形成强有力的宣传攻势，作为商标战略实施主体的广大企业主动性不够，广大人民群众在日常小商品消费中还没有广泛养成重视商标的习惯。

3. 实施商标战略的体制机制不够健全完善

实施商标战略是一项长期的系统工程，必须坚持长抓不懈，持续稳步推进。这就要求建立健全组织领导、细化推进措施、全面开展宣传、做实监督维权。

第七节　河南省引领型知识产权强省政策环境建设的建议

河南省正在推进支撑性知识产权强省建设，并计划在2020年开始引领型知识产权强省建设的新征程，基于以上对问题的分析，提出几点建设的意见。

（一）加强贯标工作，出台涉及其他主体的知识产权管理标准

由国家出台的《企业知识产权管理规范》于2013年3月开始实施，该项标准的实施有利地促进了企业专利管理水平的提升，建议河南省进一步加快企业贯标工作的推进力度，努力使该项工作向更多行业延伸。但目前针对企业以外，知识产权相关部门的管理标准还没有制定完善，国家相关部门应尽快出台知识产权管理规范标准，明确知识产权管理原则、管理标准以及管理流程。加快知识产权制度管理体系的建设，提升知识产权管理水平。

（二）突出制度创新，建立健全现代化管理体制机制

目前，国家新一轮政府机构改革的已经开始，要重新组建知识产权局，为保障知识产权强省建设，我省应尽快按照国家部署，利用机构改革契机，在全省建立完善的知识产权工作体系，切实保障强省建设稳步推进。同时，省有关部门应加快推动科技、教育等知识产权联席会议主要成员单位明确设立内部知识产权管理机构以及知识产权事务管理人员。

（三）多措并举，培养高素质的知识产权工作人才队伍

河南省要进一步丰富知识产权人才培养方式，重点培养高素质的知识产权工作人才，组建一批精干的工作队伍。在更多高校建设高水平的知识产权学院，探索培养管理学背景下的知识产权管理人才；规范知识产权服务业，严格市场主体准入制度，扩大专业人才培养力度。

（四）加强执法监督，营造严格的知识产权保护环境

行之有效的知识产权保护是激励发明创新的根本保障。一方面，要发

挥明确监督主体，发挥行政保护简单、便捷等优势，弥补各部门知识产权保护力量薄弱、经验不足、经费缺乏等问题；另一方面，要普及维权知识，壮大执法队伍，积极发挥司法保护的主导作用，加强知识产权法等法律法规在各部门的宣传普及，增强公民的知识产权意识和维权能力，帮助公众有效保护自身合法权益。

（五）突出市场导向，积极促进知识产权转化运营

知识产权能否有效转化是判断其价值的关键因素。建议鼓励有条件的市、县、园区，通过政府引导、社会参与的方式，围绕当地重点产业组建知识产权运营机构，引导知识产权事业以市场为导向发展，对有市场价值的知识产权进行集中管理、孵化和资本化运营，盘活知识产权资产。加快质押融资、专利证券、专利保险等金融产品的研究和开发，鼓励多元化资本进入专利运营事业，着力构建多层次、多渠道的知识产权运营体系。

（六）保量提质，努力提升知识产权产出质量

创新工作方式，强化质量意识，把有效发明专利、PCT 专利、国际注册商标等作为知识产权考核的主要指标，着力推进知识产权从量的增长向质的提升转变，切实把提高质量的理念变为完善的制度和政策。鼓励知识产权服务机构改进服务模式，早期介入创新研发活动，引导创新主体申请创新程度高、技术含量多、市场价值大的知识产权。

（七）顺应市场需求，着力知识产权密集型企业

遵循经济全球化的客观规律，结合“中国制造 2025”行动计划，坚持把企业作为知识产权工作的主体，引导和支持高新技术企业、创新型企业构建标准化知识产权管理体系，实施企业知识产权战略；鼓励重点行业龙头企业、大型骨干企业设立知识产权总监；以拥有高密度、高价值、高收益专利技术、知名品牌和版权产品的企业为重点，全面推进知识产权密集型企业的培育、认定和奖励工作。

任丙超

参考文献

［1］刘菊芳．发展知识产权服务业的关键问题与政策研究［J］．知识产权，2012，(5)：67-73.

［2］杨武，付婧，郑红．知识产权服务体系研究［J］．中国发明与专利，2011，(12)：78-80.

［3］毛昊，毛金生．对我国知识产权服务业发展的思考［J］．知识产权，2013，(12)：75-80.

［4］刘介明，杨祝顺．我国知识产权服务业发展的法律环境分析及其完善建议［J］．知识产权，2016，(4)：96-101.

［5］王勉青．知识产权服务业发展概述［J］．探索与争鸣，2010，(10)：65-67.

［6］杨宇，马铭泽．我国知识产权服务业重点领域发展情况综述［J］．中国发明与专利，2015，(8)：121-125.

［7］郭罗生．对评估知识产权的思考［J］．无形资产评估，2009，(9)：37-39.

［8］刘利民．工业设计产业协同创新模式研究［J］．企业活力，2011，(1)：49-52.

［9］路甬祥．对国家创新体系的再思考［J］．求是，2002，(20)：6-20.

［10］Bharat, N. Anand, Tarun Khanna. Do firm s learn to create value? The case of alliances［J］. Strategic Management Journal, 2000, (3)：295-315.

［11］Powell, Walter, W., Koput, K. W. and Smith-Doerr L. Interorganizational collaboration and the locus of control of innovation: Networks of learning in biotechnology [J]. Administrative Science Quarterly, 1996, (1): 116-145.

[12] Takeishi, A.. Bridging inter - and intra - firm boundaries: management of supplier involvement in automobile product development [J]. Strategic Management Journal, 2001, (22): 403-433.

[13] 许庆瑞，等. 应用全面创新管理提高中小型企业创新能力研究 [J]. 管理工程学报，2009，(S1)：1-6.

[14] 陈劲，阳银娟. 协同创新的理论基础与内涵 [J]. 科学学研究，2012，(2)：161-164.

[15] 曲洪建，拓中. 协同创新模式研究综述与展望 [J]. 工业技术经济，2013，(7)：132-142.

[16] 王楠，刘菊芳. 知识产权服务纳入国家“十二五”规划纲要 [J]. 局内简讯，2011，73.

[17] 杨红朝. 知识产权服务业培育视角下的知识产权服务体系发展研究 [J]. 科技管理研究，2014，(8)：176-180.

[18] 陈希，殷倩倩. “互联网+”与我国知识产权服务业发展 [J]. 湖北省社会主义学院学报，2015，(3)：66-70.

[19] 常荔，邹珊刚，李顺才. 基于知识链的知识扩散影响因素研 [J]. 科研管理，2001，22 (5)：122-127.

[20] 盛安平，李泽. 大力发展首都知识产权服务业——对《关于促进首都知识产权服务业发展的意见》[J]. 中国发明与专利，2012，(4)：50-51.

[21] 张国伟，韩萌. 创新驱动环境下商业化知识产权服务机构发展研究 [J]. 科技创新导报，2015，(23)：13-14.

[22] 洪勇. 企业要素创新协同模式研究 [J]. 管理案例研究与评论，2010，(5)：386-394.

[23] 赵兰香，乐惠兰. 合作创新中知识传递与制度创新的和谐问题 [J]. 科学学研究，2002，20 (6)：654-658.

［24］ Hertog，P. D.. Knowledge-intensive business services as co-producers of innovation ［J］. International journal of innovation management，2000，4（04）：491-528.

［25］ 刘舒．协同创新成果的类型划分及其对商业模式构建的影响——以个体健康协同创新领域为视野［J］. 南京：东南大学，2015.

［26］ 王明辉．基于产业链的纵向协同创新模式研究［J］. 现代管理科学，2015，（8）：57-59.

［27］ 陶丹，胡冬云．产业集群背景下的产学研协同创新运行机制研究［J］. 科技管理研究，2013，（22）：167-171.

［28］ 颜敏．产业集群中协同创新和知识产权的关系研究［J］. 现代情报，2014，34（9）：71-74.

［29］ 王玉梅，罗公利，周光菊．产业技术创新战略联盟网络协同创新要素分析［J］. 情报杂志，2013，32（2）：201-207.

［30］ 郑刚，梁欣如．全面协同：创新致胜之道——技术与非技术要素全面协同机制研究［J］. 科学学研究（增刊），2006，24（S1）：268-273.

［31］ 刘雪琴，张贵．京津冀产业协同创新路径与策略［J］. 中国流体经济，2015，（9）：59-65.

［32］ Johan Bruneel，Pablod ' Este，Amon Salter. Investigatingg the factors that diminish the barriers to university-industry collaboration ［J］. Research policy，2010，（39）：858-868.

［33］ 何郁冰．产学研协同创新的理论模式［J］. 科学学研究，2012，30（2）：166-173.

［34］ Borys B.，Jemison D. Hybrid arrangements as strategic alliances：theoretical issues and organizational combinations ［J］. Academy of Management Review，1989，14（2）：234-249.

［35］ Koschatzkyk. Networking and knowledge transfer between research and industry in transition countries：empirical evidence from the Slovenian innovation system ［J］. Journal of Technology Transfer，2002，27（1）：27-38.

［36］谢志宇．产学合作绩效影响因素研究［D］．杭州：浙江大学，2004.

［37］童金杰，林良，左毅．江西中小企业协同创新影响因素的实证分析——以产业技术创新联盟为例［J］．科技广场，2015，（2）：172-177.

［38］张钢，陈劲，许庆瑞．技术、组织与文化的协同创新模式研究［J］．科学学研究，1997，15（2）：56-62.

［39］吴笑，魏奇锋，顾新．协同创新的协同度测度研究［J］．软科学，2015，29（7）：45-50.

［40］解学梅，刘丝雨．协同创新模式对协同效应与创新绩效的影响机理［J］．管理科学，2015，28（2）：27-39.

［41］［美］道格拉斯·C．诺思，罗伯特·托马斯．西方世界的兴起［M］．北京：华夏出版社，1999. 23-24.

［42］蔡宝刚．知识产权法制与“李约瑟之谜”的破解［N］．中国知识产权报，2002. 10. 30.

［43］易玲．专利确权机制研究［D］．湘潭：湘潭大学，2012.

［44］王虎．专利确权制度研究［D］．成都：西南政法大学，2012.

［45］王行鹏．版权产业：区域经济发展的新源泉［J］．中国版权，2013，（4）：29-32.

［46］张世如．商标的内涵与价值变动分析［J］．中国资产评估，2009，（3）：30-32.

［47］李永伦，郭栋．现代标志的功能特征及发展需求［J］．艺术探索，2010，24（2）：111-112.

［48］王寒．我国地理标志初级农产品发展模式研究［D］．天津：天津大学管理学院，2008.

［49］吴春岐．地理标志及原产地名称等相关概念的探究［J］．山东大学学报（哲学社会科学版），2003，（4）：94-97.

［50］王志本．我国传统名特优农产品的地理标志保护［J］．农业经济问题，2005，（4）：54-57.

[51] 朱岩，周绪晨，朱敏．中国农业植物新品种保护进展及影响研究［J］．农业科技管理，2017，36（6）：1-7.

[52] 李菊丹．论我国植物发明专利保护制度的完善——兼论专利制度与植物新品种保护制度的关系［J］．河北法学，2017，35（4）：2-17.

[53] 高景贺．品种二元属性实证研究［D］．新乡：河南师范大学，2017.

[54] 任端阳．我国农业知识产权与智慧农业发展对策研究［D］．合肥：中国科学技术大学，2017.

[55] Antonipillai，Justin；Lee，Michelle K.；Rubinovitz，Robert；Marco，Alan C.；Langdon，David；Toole，Andrew A.；Yu，Fenwick；Tesfayesus，Asrat；Hawk，William. Intellectual Property and the U.S. Economy：2016 Update［R］．Woshington：Economics & Statistics Administration & U.S. Patent and Trademark Office，2016.

[56] 王瑛，吕月珍，施勇峰．英国等发达国家知识产权服务业发展的启示［J］．今日科技，2014，(9)：30-31.

[57] Wajsman，Nathan；Ménière，Yann；Kazimierczak，Michał；Rudyk，Ilja；Burgos，Carolina Arias；Terzić，Karin；Dvořáková，Adéla. Intellectual Property Rights Intensive Industries：Contribution to Economic Performance and Employment in the European Union［R］．Munich：EPO & EUIPO，2016.

[58] 吴汉东．政府公共政策与知识产权制度［J］．中国版权，2006(1).

[59] 燕继荣．协同治理：公共事务治理新趋向［J］．学术前沿，2012(24).

[60] 李伟，董玉鹏．协同创新知识产权管理机制建设研究——基于知识溢出的视角［J］．技术经济与管理研究，2015（8）.

[61] 刘菊芳．我国知识产权服务业现状与发展目标思考［J］．科技与法律，2015（4）.

[62] 杨宇，马铭泽．我国知识产权服务业重点领域发展情况综述

[J]. 中国发明与专利，2015（8）.

[63] 朱雪忠．知识产权管理（第二版）[M]. 北京：高等教育出版社，2016.

[64] 多米尼克·格莱克，布鲁诺·范·波特斯伯格．欧洲专利制度经济学：创新与竞争的知识产权政策 [M]. 北京：知识产权出版社，2016.

[65] 李杨．知识产权法政策学论丛 [M]. 北京：知识产权出版社，2013.

[66] 贺化．中国知识产权区域布局理论与政策机制 [M]. 北京：知识产权出版社，2017.

[67] 王珍愚．TRIPS 协议与中国知识产权公共政策 [M]. 北京：中国社会科学出版社，2018.

[68] 郭俊华．知识产权政策评估：理论分析与实践应用 [M]. 上海：上海人民出版社，2010.

[69] 周璐．利益驱动下的专利质量控制政策体系研究 [M]. 北京：知识产权出版社，2017.

[70] 马德普，霍海燕，高卫星，等．[M]. 北京：北京大学出版社，2017.

[71] 吴继英，赵喜仓，刘丹．江苏省知识产权战略实施进程监测指标体系研究 [A]. 科技管理研究，2012.

[72] 李园春，李彦伟．知识产权保护与河南技术创新优势 [C]. 经济研究导刊，2009.

[73] 张颖举．河南省专利资助政策效应实证分析 [A]. 科技管理研究，2010.

[74] 河南省知识产权办公会议办公室．河南省版权学会积极开展知识产权保护工作 [J]. 河南科技，1998.

[75] 周春艳，吴凤军，梅乐意，河南省实施商标战略成效显著 [J]. 中华商标，2014.

［76］金多才．河南省专利行政执法机制改革研究［A］．公民与法，2012.

［77］吴桐，刘菊芳，马斌，等．我国知识产权服务业发展现状与对策研．

［78］中国发明与专利，2012.

［79］袁晓东．论我国科技项目中的知识产权政策［J］．科学学研究，2006.

［80］郭丽峰，高志前．我国鼓励自主知识产权政策措施评述［J］．科学学与科学技术管理，2004.

［81］彭茂祥．我国知识产权公共政策体系的构建［J］．北京：知识产权，2006.

［82］王先林．产业政策法初论［J］．中国法学，2003.

［83］王瑞祥．政策评估的理论、模型与方法［J］．预测，2003.

［84］韩可平．河南省关于版权的调查［J］．中国出版，1994.

［85］杨早立，陈伟．中国知识产权管理系统协同发展研究［M］．北京：清华大学出版社，2018.

［86］朱雪忠．理性看待我国知识产权贸易逆差［N］．中国知识产权报，2015.

［87］朱雪忠，贾辰君．知识产权的垄断性及其与反垄断规制的关系研究［J］．知识产权，2016.

［88］陈宇萍，魏庆华，袁攀．广东知识产权服务业发展现状及对策研究［C］．广东科技，2011.

［89］王勉青．知识产权服务业发展述评［J］．探索与争鸣，2010.

［90］吴继英，赵喜仓．企业知识产权统计指标体系研究［J］．科技进步与对策，2012．

［91］See Bronwyn H. Hall & Dietmar Harhoff, Recent Research on the Economics of Patents（NBER, Working Paper No. 17773, 2012）.

［92］Federal Trade Commission. To Promote Innovation：The Proper Balance of Competition and Patent Law and Policy, Oct, 2003.

[93] Glenn Hess. Patent Reform Effort Revived: Legislation Could Help the Patent Office Reduce a Massive Backlog of Applications. Chemical and Engineering News, 89 (8): 27-30.

[94] Donald S. Chisum, Craig Allen Nard, Hernert F. Schwartz, and etc. Principles of Patent Law-Case and Materials (Third Edition), NY: Foundation Press, 2004, 327 .

[95] Stephen A. Merrill, Richard C. Levin, and Mark B. Myers. A patent System for the 21th century. Washington, D. C. : the National Academic Press.

[96] Intellectual property rights and human rights [Z]. Sub-commission on Human Rights resolution 2000/7, E/CN. 4/SUB. 2/2000/7.

[97] Hepburn C. Environmental policy, government, and the market [J]. Oxford Review of Economic Policy, 2010, 26 (2) : 117-136.

[98] Srinivas K. R. Climate Change, Technology Transfer and Intellectual Property Rights [R]. RIS Discussion Papers. RIS-DP # 153. RIS Publishing, 2009. 王锋 . 知识产权法学 [M]. 郑州: 郑州大学出版社, 2010 (02): 47.

[99] 郭民生, 王锋 . 区域专利发展战略 (河南卷) [M]. 北京: 知识产权出版社, 2005.

[100] 戴理达 . 知识密集性服务企业智力资本融资研究 [J]. 商业研究, 2013, (04).

[101] http: //www. hnzl. com: 8001/, 2018 年 4 月 1 日。

[102] 河南省专利权质押融资超 30 亿元, http: //www. miit. gov. cn/newweb/n1146285/n1146352/n3054355/n3057527/n3057540/c5772337/content. html, 2018 年 4 月 1 日。

[103] 2014 年河南省国民经济和社会发展统计公报, http: //www. ha. stats. gov. cn/sitesources/hntj/page_ pc/tjfw/tjgb/qstjgb/article07adb4b634f64cbb90e061f9e93e72ec. html, 2018 年 4 月 1 日。

[104] 2015 年河南省国民经济和社会发展统计公报，http：//www.ha.stats.gov.cn/sitesources/hntj/page_ pc/tjfw/tjgb/qstjgb/articlee8c37a8bdd004cfaa64ef0dcd060a0b9.htm，2018 年 4 月 1 日。

[105] 2016 年河南省国民经济和社会发展统计公报，http：//www.ha.stats.gov.cn/sitesources/hntj/page_ pc/tjfw/tjgb/qstjgb/articlee418631b25894908880653f068973028.html，2018 年 4 月 1 日。

[106] 首期规模 3 亿元 河南省拟设立重点产业知识产权运营基金，http：//baijiahao.baidu.com/s？id=1578946492920020124&wfr=spider&for=pc，2018 年 4 月 1 日。

[107] 中国军民融合平台携手河南 首个交易中心在济揭牌，http：//www.xatrm.com/dscdtzxbd/309480.jhtml，2018 年 4 月 1 日。

[108] 邓志云，管怀明，吴达，高续波，严静．知识产权交易平台建设［J］．天津科技，2015.9.15.

[109] http：//www.xjipo.gov.cn/Article/ShowArticle.aspx？ArticleID=16925，2018 年 4 月 3 日。

[110] 纠结法学类专业还是工科类专业选择的重要因素除了培养计划设定之外，还包括学生考取律师资格证和专利代理人资格证的问题，在本科层次上，律师资格考试要求是法学本科专业或者是研究生，而专利代理人资格考试要求具备工科学历．

[111] 粟勤生，朱声敏．浅议知识产权出资及其对高新技术产业的影响［J］．网络财富，2009.7.1.

[112] 刘庆振．知识产权证券化的美国案例［EB/OL］．http：//blog.sina.com.cn/s/blog_ 8f52da1301018epa.html，2018.4.1. 王锋．知识产权法学［M］．郑州：郑州大学出版社，2010（02）：47.

[113] 郭民生，王锋．区域专利发展战略（河南卷）［M］．北京：知识产权出版社，2005.

[114] 戴理达．知识密集性服务企业智力资本融资研究［J］．商业研究，2013，（04）.

[115] 杨晓娟，樊志民．发达国家农业知识产权服务体系对我国的启示［J］．西北农林科技大学学报（社会科学版），2017（1），136-143.

[116] 魏龙．日本实施科技创新立国发展战略的措施［J］．技术与创新管理，2009（7），424-427.

[117] 中澤正彦，吉田有祐，吉川浩史「ラザ合意と円高、バブル景気」，资料来源：http：//www. mof. go. jp/pri/research/special_ report/f01_ 2011_ 04. pdf；访问时间：2017 年 2 月 1 日．

[118] 科技部：2015 年中国创新能力世界排名提升至第 18 位 http：//www. ce. cn/xwzx/gnsz/gdxw/201603/05/t20160305_ 9294670. shtml，访问日期：2016 年 8 月 6 日．

[119] 申明．知识资本运营伦［M］．北京：企业管理出版社，1998：8.

[120] 刘亮、宁凌．广东省科技服务业发展激励政策体系的构建［J］．科技管理研究，2011（12），18-21.

[121] http：//ip. people. com. cn/n/2013/1204/c136655-23740524. html，上海知识产权服务业拉近理想与现实的距离，2017 年 10 月 4 日访问．

[122] 国家知识产权局 2014 年专利统计年报．

[123] 国家知识产权局公布的世界五大知识产权局年度统计报告．

后 记

在知识经济时代，知识价值化和价值知识化的趋势已经超越了过去任何时代，世界各国越来越重视知识产权创造、知识产权保护和知识产权运用。改革开放以来，中国经济社会发展和进步曾经得益于知识产权服务业的发展，也曾经受困于知识产权服务业的滞后。河南省在追赶发展潮流的过程中，越来越认识到加快知识产权服务业发展的重要性和紧迫性，提出了力争建成支撑和引领优势明显的知识产权强省的奋斗目标。为了助力知识产权强省建设，在河南财经政法大学有关领导的高度重视和支持下，我们策划撰写了《河南省知识产权服务业发展研究》这本书。

本书是集体智慧的结晶。赵传海教授、方润生教授联合设计了本书的研究和写作框架，并组织了实施。第一章由赵传海教授撰稿，第二章由方润生教授撰稿，第三章由李培才副教授撰稿，第四章由许辉猛副教授撰稿，第五章由张洋副教授撰稿，第六章由任丙超讲师撰稿。赵传海教授审阅了部分书稿，最终由方润生教授统稿。

本书在撰写过程中，借鉴了国内外学者的很多重要观点和研究成果。在此对这些研究成果的作者表示衷心感谢！

鉴于本书作者的理论水平有限及时间仓促，难免有疏漏和不当之处，恳请专家学者批评指正。

本书由河南财经政法大学现代服务业河南省协同创新中心和政府经济发展与社会管理创新研究中心共同出版。

赵传海

2017 年 3 月